Henriette Kaiser

Schlussakkord

Das Buch

»Das Sterben muss bekannter werden. Wir wissen doch alle nicht, was da passiert. Vielleicht kann mein Sterben anderen Leuten helfen. Ich bin doch erst 37. Vielleicht hilft es zu sehen, wie das ist, wenn ein so junger Mensch gehen muss.«
Niemand denkt gerne ans Sterben. Auch Katja und Henriette nicht. Aber sie müssen: Katja hat Krebs und liegt im Sterben. In den letzten Monaten besucht Henriette Katja fast täglich und versucht, ihrer Freundin auf dem Weg in den Tod beizustehen. Erst nach dem Tod von Katja wird Henriette bewusst, was für eine ungeheuerliche Reise sie selbst, als Begleiterin, erlebt hat. Und diese Reise schildert sie hier, mit allen Ratlosigkeiten, aber auch den tief erlebten Erfahrungen.

Die Autorin

Henriette Kaiser, geboren 1961 in München, studierte nach einer Gesangsausbildung Germanistik in Berlin, assistierte bei Bühne und Film und absolvierte 1997 die Münchener Hochschule für Fernsehen und Film. Sie lebt in München und arbeitet als Autorin und Regisseurin für verschiedene Fernsehformate und Medien. 2006 erhielt sie den Ehrenpreis für Künstler und Journalisten von der BAG Hospiz. Sie ist Co-Autorin des Beststellers »Ich bin der letzte Mohikaner« von Joachim Kaiser.

Henriette Kaiser

Schlussakkord

Die letzten Monate mit Katja

HERDER

FREIBURG · BASEL · WIEN

HERDER spektrum Band 6308

In memoriam
Katja
18. Januar 1965 – 23. April 2002

MIX
Papier aus verantwortungsvollen Quellen
FSC® C083411

Bearbeitete Neuausgabe des gleichnamigen Buches von 2006

www.herder.de

Umschlaggestaltung: Verlag Herder
Umschlagfoto: © privat; Katja Anfang 20

Herstellung: CPI books GmbH, Leck

Printed in Germany

ISBN 978-3-451-06308-4

Inhalt

Prolog

8. April 2002. »Fassbinder würde einen Film über diese Situation drehen. Oder eben meine Freundin Henriette?« Ich zucke zusammen. Katja kann nicht wissen, dass mir vor wenigen Tagen jemand vorgeschlagen hatte, ihr Sterben zu filmen. Ich sei Filmemacherin und würde vermutlich nie wieder etwas gleichermaßen Bewegendes miterleben, das auf individuelle Art ein so großes Thema erzählt. Aber alles in mir sträubte sich, trotz meines Interesses. Nie und nimmer hätte ich Katja fragen können, ob ich sie filmen dürfe, bei ihrem Kampf, bei ihrer Verzweiflung. Jetzt aber fordert sie mich mit funkelnden Augen von selbst auf. Ich schlucke meine Verwunderung hinunter und frage, warum sie solch einen Film machen wolle. Die Zeit würde allmählich doch arg knapp, sagt sie. Sie müsse endlich gewisse Gedanken formulieren. Schriftlich sei ihr das einfach nicht möglich. Auch mein Diktiergerät habe sie nicht angerührt. Sie glaube, dass die »dialogische Form« eines Filmes bei der Auseinandersetzung helfen könne. Sie hoffe auch, ihre bettlägerigen Tage durch die »Arbeit« zu strukturieren, ihnen damit einen Sinn zu geben. Dann seufzt Katja: »Und es gibt noch etwas. Das Sterben muss bekannter werden. Wir wissen doch alle nicht, was da passiert. Vielleicht kann mein Sterben anderen Leuten helfen. Ich bin doch erst siebenunddreißig. Viel-

leicht hilft es zu sehen, wie das ist, wenn ein so junger Mensch gehen muss. Wo doch immer mehr Menschen in meinem Alter Krebs bekommen.«

Wir filmen ein paar Tage. Am 23. April 2002 stirbt Katja.

Auch drei Jahre später habe ich die Aufnahmen noch nicht gesichtet. Nicht nur die Scheu vor einer Konfrontation hindert mich daran. Ich kann aus diesem Material keinen Film über ihr Sterben machen. Es ist zu wenig für einen eigenständigen Film, und Katjas Perspektive zu ergänzen verbietet sich mir. Etwas Allgemeines oder meine Sicht im Nachhinein hinzuzufügen, finde ich ebenfalls abgeschmackt. Ich sehe mich außerstande, Katjas Anliegen mit filmischen Mitteln gerecht zu werden. Auch in schriftlicher Form scheint es mir ausgeschlossen, die Sicht eines Betroffenen einnehmen oder das Sterben objektiv gültig darstellen zu können. Ich kann nur berichten, was ich bei Katjas Sterben in monatelanger Begleitung erlebt habe. Und das möchte ich versuchen.

Wie Katja ist auch mir eine vielfältige Verleugnung des Todes bewusst geworden, ganz abgesehen von deren Konsequenzen beim Sterben. Abstraktes Wissen um den Tod nützte weder ihr noch mir. Während aber meine Freundin im Sterben um das Annehmen des Todes ringen musste, hatte ich die Möglichkeit, ihm zu Lebzeiten einen Platz in meinem Bewusstsein einzuräumen. Ein großes Geschenk von Katja an mich.

Hilfreich für mich war, dass Katja in einer Palliativstation und einem Hospiz lag, Institutionen, die auf das Ende eines Menschen eingerichtet sind. Ihr Sterben, so schmerzhaft es war, wurde dort letzten Endes normal. Und das ist es wohl, egal, welche erschreckenden Ausnahmebilder wir davon haben.

Lange habe ich überlegt, wie ich die Intimität der Vorgänge relativieren, die Subjektivität umgehen könnte. Ohne Erfolg. Das Problem ist ja, dass man theoretisch über das Sterben Bescheid weiß. Darüber hinaus gibt es genügend Philosophien, Religionen, Gedichte, Romane, Bilder, ironische Aperçus, medizinische Abhandlungen zu diesem Thema. Wie wenig das alles mit einer echten Auseinandersetzung zu tun haben kann, erlebte ich ziemlich verwirrend. Deshalb schildere ich meinen Umgang mit Katjas Sterben so persönlich wie möglich. Ein wissenschaftliches Sachbuch oder ein vollständiger Bericht über das Sterben ist also nicht beabsichtigt. Ich hoffe eher, dass der Leser meinen verschlungenen Weg aus der vollkommenen Ahnungslosigkeit durch Unverständnis, Verzweiflung, Hilflosigkeit, Schmerz, Erahnen, Leere, Reichtum, Wut und Liebe nachempfinden kann. Um die Widersprüchlichkeit und den Facettenreichtum des Erlebten ein wenig zu spiegeln, vermische ich meine spontanen Tagebuchnotizen und E-Mails aus Katjas Sterbenszeit mit nachträglichen Reflexionen und Passagen aus meiner Radiosendung »Annehmen und Loslassen«, die auf Bayern 2 lief. Dazu zwei Gedichte von Katja, die sie wenige Monate vor ihrem Tod kommentarlos ihren Eltern überreicht hat.

Ich war nicht die einzige kontinuierliche Begleitperson von Katja. Die weiteren Vertrauten haben einiges anders erlebt und empfunden als ich. Aber wir haben die Punkte abgesprochen und sie akzeptieren meine Sicht. Alle Betroffenen, Familienmitglieder und Freunde, erlauben, dass sie als Handelnde oder Anschreibpartner unter ihrem authentischen Namen vorkommen. Ich bin ihnen für diese Unterstützung und ihr Vertrauen sehr dankbar. Zu ihrem Schutz vermeide ich allerdings Nachnamen. Die Korrespondenzpartner bezeichne ich nur mit ihren Initialen.

Ein paar Wochen vor ihrem Tod sagte Katja zu mir: »Das Sterben ist nichts anderes als die Fortführung des Lebens.« Das klingt banal und ist es auch. Als theoretischer Satz. Als gelebtes Prinzip aber machen die meisten nur zu gerne einen Bogen um diese Aussage. Als ob es einen Schlussakkord geben könnte, der von der Komposition losgelöst steht.

Krebsausbruch

DIE AUTOFAHRT

7. April 1999. Auf der Autofahrt nach Berlin platzt Katja wütend heraus: Diese unmögliche Ärztin, die behauptet, sie solle froh sein, schon ein Kind zu haben, und sich die Gebärmutter herausnehmen lassen. Wie bitte? Ich höre wohl nicht recht. Katja faucht weiter, ihr Pap-Abstrich sei zu hoch. Sie hätte vermutlich Krebs. Am liebsten möchte ich sofort wenden und nach München zurückfahren. Wie kann Katja bei dieser Gefahr jetzt einen Job in Berlin machen und dann mit ihrem Freund in Urlaub fahren? Nicht nur das. Sie möchte zuallererst einen Homöopathen aufsuchen. Ein Termin in Berlin ist schon vereinbart. Ich habe keine Chance mit meinen Einwänden. Ich kenne mich zu wenig aus. Wir fahren weiter nach Berlin und ich bete, dass dieser Heilpraktiker nicht zu der Sorte gehört, von der man immer wieder Erschreckendes lesen kann.

Meine Gebete werden erhört. Dieser Heilpraktiker und alle weiteren, die später in und um München aufgesucht werden, sehen sich nicht in der Lage, Katjas Krankheit zu heilen. Sie stimmen überein, dass die Gebärmutter entfernt werden müsse. Und zwar bald. Besorgnis erregend sind diese Aussagen trotzdem. Katja hat also aller Wahrscheinlichkeit nach einen ziemlich fortgeschrittenen Krebs. Krebs, diese Krankheit, die … Für einen Moment huscht der Tod durch meinen Kopf, aber mehr als ein Schreckgespenst wird er nicht, und verschwindet sofort wieder in einer Ritze der Unmöglichkeit. Es steht einfach nicht zur Debatte, dass Katja stirbt. Die Gebärmutter wird geopfert und damit das Unheil gebannt. Ein für alle Mal, Schluss, aus, vorbei. Katja allerdings möchte die Gebärmutter unter allen Umständen retten. Aber sie findet keinen Chirurgen, der eine Teiloperation in Betracht zieht. Alle sagen, der Tumor säße so ungünstig, die Gefahr der Streuung sei zu groß, die Gebärmutter müsse im Ganzen entfernt werden. Im Mai lässt sich Katja operieren.

NACH DER OPERATION

So oft wie möglich besuche ich Katja im Krankenhaus und versuche die Frühlingsstimmung dieses außergewöhnlich heißen Mais in ihr Zimmer zu bringen und ihr eine freundschaftliche Stütze zu sein.

Zahlreiche Probleme tauchen auf, mit denen Katja fertig werden muss. Sie muss zum Beispiel pinkeln lernen. Bei der Operation wurden auch die Nerven zur Blase durchtrennt. Diese medizinische Maßnahme schien uns bisher unbedeutend. Erst jetzt, als es darum geht, den Blasenkatheder zu entfernen, zeigt sich die Auswirkung. Katja spürt ihre Blase nicht mehr. Sie weiß nicht, wann sie voll oder leer ist. Eine nicht restlos entleerte Blase aber neigt zur Entzündung. Der Katheder kann erst abgenommen werden, wenn Katja wieder ein Gefühl dafür hat, wann die Blase entleert ist. Eine Demütigung der besonderen Art. »Dümmer als ein Baby« kommt sich Katja vor, da sie es nicht auf Anhieb schafft, den bis vor kurzem noch selbstverständlichsten aller Vorgänge zu erlernen. Irgendwann hat sie wieder einen Bezug zu der Blase. Der Katheder kann entfernt werden.

Ein anderes Problem lässt sich nicht so einfach lösen. Die Entfernung der Gebärmutter bedeutet für Katja nicht nur die Entfernung eines Organs. Katjas Weiblichkeit ist weg. Bisher hatte sie sich über ihre Weiblichkeit nicht allzu viele Gedanken gemacht. Aber jetzt fühlt sich Katja als geschlechtsloses Neutrum. Wenig hilft die Tatsache, dass das Organ krank war und die Operation an sich sinnvoll. Es tröstet auch kaum, dass die Ärzte mit Absicht die Eierstöcke da ließen, damit der Zyklus weiter funktioniert und Katja nicht als Vierunddreißigjährige in die Wechseljahre geschleudert wird. Das belastende Gefühl der Geschlechtslosigkeit betrifft konkret ihren Freund. Katja macht sich große Sorgen, ob Thomas sie verlassen wird, da sie nun keine richtige Frau mehr ist und keine Kinder bekommen kann. Sie würde es gut verstehen, wenn er sie verlässt. Es müsse für ihn äußerst schwierig sein, eine Frau zu lieben, »die nach fünf Monaten Freundschaft mit so einem Problem aufwartet«. Aber Thomas verlässt sie nicht. Er steht weiterhin zu ihr. Immer deutlicher wird, wie sehr sich Katja danach gesehnt hat, mit Thomas eine neue Familie zu gründen, nachdem ihre frühere Beziehung in die Brüche ging. In ihrer Verzweiflung überlegt sie sogar, eine Leihmutter im Freundeskreis zu finden. An mich denkt sie auch, aber letztendlich scheint ihr mein schmales Becken zu eng für das Baby, das bei ihrer Körpergröße von ein Meter achtundachtzig bestimmt überdurchschnittlich groß werden würde.

Und dann die Warum-Frage. Warum sie, warum nicht ich? Ich lebe doch viel ungesünder, wirft sie mir vor. Ich rauche mehr, ich gehe aus und trinke regelmäßig meinen Wein. Ich kann mich nur schwach verteidigen: Ich könne schließlich auch noch Krebs bekommen und so ungesund würde ich gar nicht leben. Ich sorge für genügend Bewegung, für frische Luft und müsse mir ernährungstechnisch keine Vorwürfe machen.

Um besser verstehen zu können, was in Katjas Innerstem vorgehen mag, versuche ich Ende Mai das Geschehen mit Katjas Formulierungen in Ich-Form wiederzugeben. Der Versuch scheitert, der Text bricht mittendrin ab.

Die Reise
Bis eben noch war ich vierunddreißig, verliebt und glücklich. Jetzt bin ich immer noch vierunddreißig und verliebt. Aber nicht mehr glücklich.
Mein Freund und ich wollten eine Reise machen. Weit weg, in ein Land mit sagenhaften Wasserfällen und anderen Naturspektakeln, ungeheuer exotisch und tropisch. Ich war happy. Endlich heraus aus dem Alltag, wo ich meinen Freund nur abends sehe, endlich wir zwei im Paradies. Dann der Schock. Es gibt keine Impfungen gegen Würmer, die sich durch die Fußsohlen in den Körper bohren und einen von innen auffressen. Nein, in ein Land mit solch ekligen Viechern wollte ich nicht reisen. Auf keinen Fall, nie und nimmer. Da würde ich keinen Schritt vors Haus setzen können. Ich schlug Alternativziele vor, aber die Reise ließ sich nicht mehr umbuchen. Ich gab nach. Dann also auf in dieses Würmerland. Wird schon gut gehen.
Ich ließ mich gegen alles impfen, wogegen man sich impfen lassen kann. Tabletten und Spritzen, so viele, dass mir ganz schwindlig wurde. Das konnte nicht gesund sein. Prompt bekam ich eine Blasenentzündung und einen

Juckreiz im Genitalbereich. Ich suchte meine Frauenärztin auf. Sie bestätigte meinen Verdacht auf Blasenentzündung und Pilz, dann nahm sie Abstriche und schickte mich mit diversen Cremes nach Hause. Ein paar Tage später erhielt ich einen Anruf der Praxisassistentin. Ich müsse dringend zu einer Nachuntersuchung kommen. Der Abstrich sei nicht einwandfrei. Nicht einwandfrei? Noch ein Medikament mehr? Und das, wo ich mir jetzt schon wie eine achtzigjährige Großmutter vorkam, bei der Batterie von Kügelchen und Kapseln, die ich schluckte? Okay, dann halt noch eine Kapsel mehr. Ist auch egal, wenn ich mich wie eine einundachtzigjährige Großmutter fühle.
Die Ärztin sah mich durchdringend an. Dann blickte sie auf das Formular und sagte: Ihr Pap-Abstrichswert ist 4,5. Ab 5,0 ist Krebs garantiert. Seien Sie froh, schon ein Kind zu haben. Um alle Gefahren auszuschließen, ist es unumgänglich, dass die Gebärmutter entfernt wird. Sie hätte in einer Klinik bereits einen Termin vereinbart.
Ich war erzürnt. Gebärmutter raus. Und das, obwohl Krebs noch nicht einmal garantiert ist. Nicht mit mir! Wenn dieser Pap-Wert so schnell steigen kann, dann kann er genauso schnell sinken. Und das wird er tun. Mit allen Mitteln, die ich zur Verfügung habe, und mit allen mir noch nicht bekannten Methoden. Das wäre doch gelacht. Natürlich drängte sich auch das mulmige Gefühl auf: Was passiert, wenn die Ärztin Recht hat? Was, wenn ich wirklich Krebs habe? Was ... Weiter konnte ich nicht denken. Ich durfte nicht weiter denken. Ich musste mich stärken zum Kampf. Zum Kampf gegen diese Krankheit, die eigentlich nur Leute bekommen, die sie sich herbeireden, die sie selbst zu verantworten haben, warum auch immer. Mist. Ich wusste doch, dass diese Impfungen ungesund

sind. Sie haben mein Immunsystem geschwächt. Ich habe diesem unerbetenen Gast den Zugang erleichtert. Ihn eingeladen.
Und dann brach ich zusammen. Ich ahnte, dass aus der Reise nichts wird. Ich ahnte, dass ich mein ganzes Leben ändern muss, um diese unklare Zukunft zu überstehen …

DER SELBSTVORWURF UND DIE KRAFT

Auch nach der Unterleibsoperation kann niemand von uns Katjas Krebs als gegeben hinnehmen. Je nach Temperament und Veranlagung überwiegen esoterische Selbstverantwortungsthesen oder medizinische Kampfstrategien, wie der Krebs als Feind zu besiegen sei. Eine Erklärung für seine Entstehung, eine Methode zur Konkretisierung brauchen wir alle, um einen Weg zu finden, gegen ihn angehen zu können. Katja wählt schließlich eine Kombination aus Selbstverantwortung und Kampf.

Acht Monate vor der Krebserkennung hat sie Jakob, ihren sechsjährigen Sohn, zu seinem Vater nach Zürich gegeben. Natürlich war das kein einfacher Schritt für Katja. Aber in der Summe aller Überlegungen schien es den getrennten Eltern am sinnvollsten und für Jakob das Beste, ihn zumindest für die Grundschuljahre beim Vater leben zu lassen. Katja zog von Berlin nach München, um ihm näher zu sein. So schmerzhaft die Weggabe des Sohnes für Katja war, vieles sprach für die Richtigkeit und erhielt meine Unterstützung. Jakob fühlte sich in Zürich wohl und auch Katja blühte in München auf. Sofort fand sie eine hübsche Wohnung, kurz darauf die große Liebe, dann gute Jobs.

Jetzt aber bringt Katja die Trennung von ihrem Sohn mit dem Krebs in Zusammenhang. Der Krebs sei die Strafe, weil sie der Frucht ihrer Gebärmutter nicht genügen konnte. Warum habe sie ausgerechnet Unterleibskrebs bekommen, wenn das nicht der Grund sei? Vielleicht habe sie ihn sich sogar herbeigeredet, um sich zu bestrafen? Für mich führt diese Argumentation in eine fatale Richtung. Weder glaube ich an eine derart direkte Verknüpfung von Schuld und Strafe, noch, dass die Psyche solche organischen Auswirkungen haben kann. Aber ohne Gegenbeweise kann ich kaum Widerspruch leisten. Ihre Begründungen kommen nicht aus Selbstmitleid oder Naivität. Sie sind schlüssig in ihrer Konsequenz. Uneitel, unkokett. Sie entspringen der puren Verzweiflung. Da kann ich nicht sagen: »Hey, jetzt mach mal halblang. Der Krebs ist nun mal da, da musst du durch.« So lange kein anderer Grund erklärt, warum sie diesen Krebs hat, wird vermutlich die Theorie von Schuld und Bestrafung herhalten müssen. Bei Katja erzwingt der Selbstvorwurf noch einen weiteren Schritt.

Das Lymphsystem ist befallen, ein paar Krebszellen werden ausfindig gemacht. Die Ärzte schlagen eine Chemotherapie vor. Eine Chemo, die die geretteten Eierstöcke auf jeden Fall zerstört und Katja in die Wechseljahre katapultiert. Eine Chemo, die nicht garantieren kann, die Krebszellen zu erwischen, wie die Ärzte zugeben müssen. Katja wendet sich voller Inbrunst gegen die Chemo. Nicht nur wegen der drohenden Wechseljahre und der Unsicherheit auf Heilungserfolg. Sie will gegen den Krebs mit eigener Kraft angehen. Diese lächerlichen Krebszellen wird sie selbst besiegen. Oder die Zellen igeln sich irgendwie ein und werden unschädlich, wie es wohl manchmal passiert. Damit das geschehen kann, wird sie ihr bisheriges, »falsch« geführtes Leben ändern. Sie wird ihren Geist und ihren Körper umpolen, damit sie den Feind, den sie zugelassen hat, beherrschen lernt.

Befreundete Ärzte rasten aus. Das sei Katjas Todesurteil. Tod? Was wissen die denn! Es geht um das Leben! Sie schämt sich sogar für ihre »Schwäche«, die Gebärmutteroperation zugelassen zu haben. Wäre sie doch auf eine einsame Insel gegangen und hätte dort, wie in einigen Büchern beschrieben, den Krebs besiegt. Mein Einwurf, dass diese Fälle die absoluten Ausnahmen seien, wird überhört. Die Erinnerung daran, dass auch Heilpraktiker und Homöopathen für die Operation plädierten, wird ebenfalls weggewischt. Katja ist entschlossen. Keine Stellungnahme, aus welcher Richtung auch immer, kann sie umstimmen. Ich bin zerrissen. So wenig ich mich auf diese esoterische Form der Selbstheilung einlassen kann, so traurig muss ich zustimmen, dass die vage Chance der Schulmedizin kein schlagendes Argument ist. Und angesichts der allgemeinen Ratlosigkeit bin ich in erster Linie dankbar, dass Katja so viel Power hat. War sie bisher eher schicksalsgläubig zu nennen, mit einem Hang zum Phlegma, der mich nur deshalb nicht auf die Palme brachte, weil sie ihn stets herzlich und selbstironisch auslebte, weil ich ihren romantischen Idealismus liebte und sie immer eine intelligente Erdung beibehielt, freue ich mich jetzt über ihre Kraft. Ich bin entschlossen, sie zu unterstützen, egal was passieren wird. Das Leben, so sagen wir, ist eine Sache, die wir selbst bestimmen. Wir sind keine Opfer. Wir haben das Schicksal in unserer Hand. Und jetzt wird das Schicksal in Angriff genommen. Jetzt geht es los. Jetzt wird gekämpft. Jetzt wird gelebt.

Für den Kampf muss Katja erst einmal wieder körperlich fit werden. Ohnehin schlank, hat sie nach der Operation zwölf Kilogramm abgenommen. Sie sucht eine Reha in den Alpen auf. Dort gibt es auch Therapierunden für die Krebspatienten. Halbseidenes, larmoyantes Geschwätz, das ihr nichts bringen könne, resümiert Katja voller Verachtung. Ich stimme ihr zu. Sie ist in der Lage, alle Facetten alleine durchzuspielen. Professionelle Hilfe ist da nicht nötig. Sie scheint innerlich gewappnet, sich dem Kampf zu stellen. Als Beweis ihrer Stärke dient mir auch ihre abgebrühte Reaktion auf den plötzlichen Tod einer Tischnachbarin. Voll Ironie erzählt sie, dass just diese Frau sich mit Plüschdeckchen und Nippes auf mehrere Monate in der Reha eingerichtet habe, nur um dann so schnell zu sterben. Wir wandern frohgemut durch die beeindruckende Berglandschaft, genießen die warmen Sommertage und begrüßen die Zukunft.

Nach der Reha beginnt Katja mit einer speziellen Yogaform. Gewissenhaft zieht sie die Übungen durch und versucht, sich auf die Meditationen einzulassen. Außerdem ist sie konsequent in der Nahrungsumstellung. Eine rigorose Körnerkur, kombiniert mit Alkoholverbot und Nikotinverzicht. So geht das ungefähr ein halbes Jahr. Die ersten Computertomographien sind zufrieden stellend. Metastasen sind nicht zu erkennen. Ein Freund aus dem Yogakreis wird sehr wichtig. Mit ihm reist sie zu einem Meister nach Florida.

Von dort zurück, normalisiert sich Katjas Essverhalten. Irgendwann trinkt und raucht sie auch in bescheidenem Maße wieder. Als ich sie einmal besuche, drückt sie mir eine Vorratspackung mit Kondomen in die Hand, die bei ihr nur

»verschimmeln« würden, weil nichts mehr zu verhüten sei. Sonst taucht das Thema Krebs kaum noch auf und verschwindet irgendwann ganz aus unseren Gesprächen. Sie arbeitet viel, dringt in neue Bereiche vor. Katja wird eine gefragte Spezialistin für CD-ROMs, die Kindern die Vielfalt der Welt erklären. Darüber hinaus gehört sie der Gründungsgruppe an, die für Blinde die Audiodescription im Bereich Film vorantreibt. Mit jeweils einem sehenden und einem blinden Partner erarbeitet sie Filmschilderungen, damit Sehbehinderte die Möglichkeit haben, Filme im Fernsehen hörend zu erleben. Häufig spricht sie die Texte auch selbst ein. Mit jener hellen Stimme, in der stets sanfte Wärme, aber auch jugendlicher Trotz mitschwingt und die Vokale so eigentümlich flapsig abbrechen.

Durch die Arbeit an den Audiodescriptionen werde ich immer auch an die frühe Zeit unserer Freundschaft erinnert, die wir, nachdem wir uns in München kennengelernt hatten, gemeinsam in Berlin verbrachten. Es waren die achtziger Jahre, wir waren Anfang zwanzig und ausgehungert nach Leben. Partys, Konzerte, Kunst, Kreuzberg, durchfeiern, verlieben. Katja machte eine Ausbildung als Buchhändlerin in einer großen Kunstbuchhandlung und ich stob an der Universität zwischen den geisteswissenschaftlichen Fächern Germanistik, Musikwissenschaft und Philosophie herum oder arbeitete als Volontärin und Regieassistentin an Opernbühnen. Natürlich waren wir beide chronisch pleite und ständig auf der Suche nach einem lukrativen Job. Und da kam Katja auf die Idee, als Vorleserin tätig zu werden. Es war eigentlich jedermann klar, dass man damit kein Geld verdienen kann, aber Katja verliebte sich immer mehr in die Vorstellung, altersschwachen oder vereinsamten Herrschaften mit aufregenden Vergangenheiten in ihren verfallenen Villen die große Weltliteratur vorzulesen. Sie feilte an ihrer Sprachtechnik herum, dann gab sie Annoncen auf. Wenn mich meine Erinnerung nicht trügt, meldete sich ein einziger älterer Herr. Und der Blindenverband kam auf sie zu. Dort las sie fortan ehrenamtlich, ohne Gehalt. Das verdiente sie, wie eh und je, in einer Kneipe.

Nach abgeschlossener Lehre studierte Katja auch ein wenig herum. Aber zwischen der Arbeit im Buchladen und den Kneipenjobs fand sie weder die rechte Muße zum Studieren noch zum Schreiben eines Romans, was sie im Grunde ihres Herzens eigentlich wollte. Mein eigener Studienelan und mein Opernfanatismus stießen ebenfalls an ihre Grenzen. Film musste es sein, da war ich mir jetzt sicher. Nur im Film würde ich meine Inszenierungsideen umsetzen können. Ich wurde an der Filmhochschule in München aufgenommen, und somit hatte meine Berlin-Ära nach knapp fünf Jahren ihr Ende gefunden.

Katja blieb weiter in Berlin. Wir hielten regelmäßig Kontakt, in Briefen und über das Telefon. Wir sahen uns, so oft es ging, und waren jedes Mal erleichtert, dass sich durch die Entfernung nie ein Bruch zwischen uns einschlich. Während ich meine Erfahrungen als Drehbuchautorin und Filmregisseurin machte, beschloss Katja, nach Spanien zu ziehen. Zuerst fuhr sie mit ihrem damaligen Freund Robert durch die Gegend, dann zog sie alleine nach Madrid, um dort in einer deutschen Buchhandlung zu arbeiten. Sie war sehr einsam in Madrid. Und zu groß. Mit Schaudern schilderte sie mir, wie sie nur mit krummem Rücken durch die Straßen schlich, damit nicht alle Madrilenen mit dem Finger auf sie zeigten. Zurück in Berlin wurde sie bald von Robert schwanger. Mit ihm und dem kleinen Jakob zog sie in das

Berliner Umland, in ein, wie sie sagte, idyllisches Bahnwärterhäuschen an einer stillgelegten Zuglinie. Andere öffentliche Verkehrsmittel gab es jedoch auch nicht und Katja hatte keinen Führerschein. Ich hatte meine Bedenken, ob diese Einsamkeit das Richtige für sie sei. Anfangs wollte sie solche Einwände nicht hören. Dann aber gab es ziemlich prompt wieder einen Rückzug nach Berlin. Bald darauf trennte sich Katja von Robert. Der zog zurück in seine Heimatstadt Zürich. Katja war nun allein erziehende Mutter mit sehr bescheidenen Geldmitteln. Alle beruflichen Idealziele verpufften endgültig. Sie hatte schon genügend Schwierigkeiten, ihren Kneipenjob mit der Betreuung des Kindes zu koordinieren.

Und jetzt ist Katja also innovative Vorreiterin für den Blindenverband, genießt ihr abwechslungsreiches Arbeitsleben und das Hotelzimmerdasein auf ihren vielen Geschäftsreisen. Sie liebt auch ihre privaten Fernreisen und Nahurlaube mit Thomas, mit dem sie meistens glücklich in der Beziehung ist, nur manchmal etwas traurig. Und wann immer es möglich ist, fährt sie zu Jakob nach Zürich.

Mit mir verreist Katja nicht. Mit mir geht sie ins »Adria«. Wir wollen uns nur für eine kurze Arbeitspause in unserem Stammcafé treffen, bleiben dann aber meist stundenlang, quatschen und zelebrieren eine spezielle Reihenfolge von Getränken und Speisen als feststehendes Ritual: Cappuccino, Eis, ein weiterer Cappuccino, ein Glas Prosecco, dann noch eines. Das erste Glas Prosecco ist Katjas Auslöser für eine Zigarette: »Du bist meine Verführerin. Nur mit dir rauche ich. Aber ich liebe es.« Genussvoll saugt sie den Rauch ein und grinst.

Ein Jahr nach der Operation geht es hauptsächlich um den Kummer, weil Jakob nicht bei ihr ist. Aber egal, welche Wege man vorschlägt, ihn zu holen, sie findet stets Gründe dagegen. Überall sieht sie Komplikationen, nichts ist ihr einleuchtend genug. Ich insistiere nach Leibeskräften, es ließe sich eine Lösung finden, wenn sie nur zu irgendetwas stehen, eine Änderung wagen, einen Kompromiss akzeptieren würde. Es sei der reinste Hohn, dass sie lieber leide, als ihren Sohn zu holen, ganz gleich, welche Reglements mit Robert vereinbart wurden. Aber es ist nichts zu machen. Es bleibt alles beim Alten.

Fragen ihren Krebs betreffend wischt Katja weg, als ob es diese Krankheit nicht gäbe. Dabei verschwindet der Krebs keineswegs aus unserem Umfeld. Überall taucht plötzlich Krebs auf. Auch bei unseren eigenen Eltern. Meine Mutter bekommt Brustkrebs. Katja unterstützt mich mit wertvollen Tipps und Anregungen. Sie versteht auch sofort, dass meine Mutter Seminare und alternative Hilfsangebote neben der schulmedizinischen Behandlung verweigert, die mir durchaus einleuchtend scheinen. Aber Bücher, die Katja mir empfiehlt, kann ich bedenkenlos meiner Mutter geben, ohne allzu sehr ins Fettnäpfchen zu treten.

In welcher Form auch immer der Krebs in Katjas Gesichtsfeld rückt, sie tangiert das alles nicht. Sie hat einfach keinen Krebs mehr. Sie hat ihn noch viel weniger, als ihr eigener Vater an Leukämie – Blutkrebs – erkrankt. Abgeklärt stellt sie nur fest, dass sie als junge Frau im Krankenhaus besser behandelt wurde als ihr Vater. Wenn ich manchmal frage, wie ihre eigenen Nachuntersuchungen verlaufen, geht sie nicht darauf ein. Ich gewinne den Eindruck, dass sie sich nicht mehr untersuchen lässt.

Dann kommt der Mai 2001. Ich verbringe ihn in Indien. In aufregender Form nehme ich wahr, wie dort der Tod seinen festen Platz in der Alltäglichkeit hat, wie dicht und farbenfroh dadurch das Leben wird, wie künstlich und steril dagegen die Realität bei uns wirkt, weil diese Intensität fehlt. Aufgeweckt und aufgewühlt kehre ich im Juni nach München zurück. Katja hat sich in der Zwischenzeit von Thomas getrennt. Alle Gespräche für und wider diese Entscheidung sind aber belastet. Katja hat Schmerzen im Rückgrat. Die Bandscheiben, vermutet sie. Oder eine psychosomatische Reaktion auf die Trennung. Orthopäden und andere Spezialisten können nichts entdecken. Ich selber spekuliere, dass bei ihrer Körpergröße, ihrem sitzenden Beruf und dem Mangel an Sport solche Schmerzen kein Wunder seien. Die Schmerzen werden heftiger, ziehen auch in das linke Bein. Es muss etwas geschehen. Nur was? Endlich lässt sich Katja von einer anderen Freundin überreden, zur Sicherheit eine Computertomographie zu machen. Damit ist zynischerweise der Tod, den ich eben noch in unserem Alltag vermisst habe, nicht mehr aufzuhalten.

Metastasen

DER ANRUF

4. Juli 2001. Katja ruft morgens an. Sie hat einen Tumor am Beckenknochen, so tief verwachsen, dass er vermutlich inoperabel ist. Ob ich Zeit für einen Besuch im Krankenhaus habe? Ich sage zu, lege den Hörer auf und klappe zusammen. Ein neuer Tumor so kurz nach dem ersten Auftreten in diesem jungen Alter, in dem sich die Zellen so schnell teilen, bedeutet das Ende. Ich bin derart durcheinander, dass ich unmöglich in diesem Zustand zu Katja kann. Ich rufe meine Mutter an. Ohne Rücksicht auf ihre Labilität wegen des eigenen Krebses im Jahr zuvor brülle ich ihr meine schlimme Befürchtung entgegen. Als meine Mutter anbietet zu kommen, werde ich wieder ruhiger.

Dieses Mal werde ich mich mehr in Katjas Vorhaben einmischen. Wenn Katja phlegmatisch zu nennen ist, bin ich ein Aktivist. Häufig zu rasch, zu ungeduldig. Aber als Filmemacherin darauf programmiert, dass es keine Probleme gibt, die nicht zu lösen sind. Ich maße mir nicht an, Katjas Leben retten zu können, aber ich bin entschlossen alles aufzutreiben, was ihr helfen könnte. Was auch immer das sein wird. Aufbaukuren, pflanzlich, chemisch, ich weiß nicht, was. Aber rasch muss es gehen und durchorganisiert sein. Und weder Katja noch ihre Familie sind Organisationstalente. Das bin ich. Und deswegen sind Katja und ich vielleicht auch so eng befreundet, weil wir uns ergänzen. Undundund. Die Zeit der esoterischen Abenteuer jedenfalls ist vorbei. Jetzt muss gehandelt werden.

Ein wenig spirituelle Unterstützung muss trotzdem sein. Ich nehme von meinem Bücherregal einen kleinen Kristall, der angeblich ganz viel Glück spendet, und schwinge mich auf das Fahrrad. Im Weltmeistertempo durchquere ich die Stadt. Vor dem Krankenhaus muss ich erst einmal ausdampfen. Und als ich Katja sehe, schäme ich mich. Wie konnte ich nur eine Sekunde glauben, dass Katja zu naiv mit dem Tumor umgehen würde. Sie ist tief verzweifelt. Aber auch derart gefasst, dass mein Aktionismus geradezu lächerlich wirkt. Uns beiden hockt ein Kloß im Hals. Wir unterdrücken ihn und besprechen, was vermutlich die beste Vorgehensweise ist. Den Kristall nimmt sie dankbar an: »Hoffentlich hilft er.«

5. Juli. Lieber M.,
in der Tat gibt es seit vielen Jahren in München ein Filmfest. Natürlich ist es seit 1992 nicht mehr so strahlend, weil es das letzte Jahr war, in dem ein Film von mir lief. Himmel, sind das plötzlich Zeitabschnitte, die man da ansammelt. Wie auch immer. Ich versuche möglichst viele Filme meiner deutschen Kollegen anzusehen, damit ich weiß, was gerade gemacht wird, und ich gehe auf diese Empfänge von Sendern und sonstigen Geldgebern, wo lauter gottähnliche Redakteure herumstehen, die über das Schicksal der Filmprojekte entscheiden. Grauenhaft. Gehört aber leider dazu, da hin und wieder seine Visage zu zeigen, und manchmal macht es natürlich auch Spaß. Ich übertreibe dieses Jahr aber nicht. Außerdem passieren dann plötzlich auch Dinge, bei denen das alles furchtbar unwichtig wird.

Erfahre ich doch gestern früh, dass Katja einen neuen Tumor am Beckenknochen hat, der so tief sitzt, dass er wohl gar nicht zu entfernen ist. Man darf überhaupt nicht bis zum Ende durchdenken, was es heißt, wenn sich der Krebs nach so kurzer Zeit wieder zeigt. Für mich hieß es erst einmal, dass ich sofort alles stehen und liegen ließ und wie auch immer versuche, ihr Kraft zu geben. Aber es fällt mir schwer. Ich weiß nicht, was ich sagen soll, wenn sich Katja fragt, warum und was der Sinn der Krankheit ist. Sie hatte vor zwei Jahren so viel Elan gezeigt, ist so tapfer damit umgegangen, keine Gebärmutter mehr zu haben, aber jetzt ist sie am Ende. Auch ich bin vollkommen ratlos und komplett neben der Spur. So viele Gedanken schwirren durch meinen Kopf, keinen kann ich fassen, keiner bringt etwas. Und eine Erklärung, um irgendetwas begreifen zu können, erhalte ich auch nicht.

Vermutlich muss man das alles akzeptieren und ganz langsam Schritt vor Schritt setzen. Und man muss wohl begreifen, dass man jede Minute wertschätzen soll, die man bekommt. Es reduziert sich auf das Banalste. Ich versuche in Ansätzen zu verstehen, wie Hindus oder Buddhisten damit umgehen würden, aber das bringt mich auch nicht weiter. Ich bin nicht religiös. Und dieser Spruch mit der Lebensfreude wirkt manchmal auch nur schal.

CHAOS

Das zögerliche Abwägen der Ärzte, ob eine Operation sinnvoll oder sinnlos ist, frustriert. Ebenso die kaum gegebenen Verbesserungsmöglichkeiten durch Bestrahlung. Eine Chemo würde nichts bringen, heißt es. Mit der Nachricht von dem Tumor tritt Katjas Schwäche deutlich hervor. Die Operation vor zwei Jahren steckt noch in ihr. Außerdem ist sie sehr deprimiert. Die Schmerzen erinnern sie permanent an den Krebs. Sie kann ihn nicht verdrängen. Dieser Tumor ist reell vorhanden, keine schwammige Masse auf der Gebärmutter, keine abstrakte Zelle, die irgendwo im Körper herumschwirrt. Rückblickend betrachtet kommt es mir vor, dass wir zwei Jahre zuvor den Krebs wie ein Spiel oder einen Wettkampf angegangen sind. Wie ein lebensbedrohliches Spiel, wie einen gefährlichen Wettkampf zwar, aber eben doch sehr leichtfertig. Von Leichtfertigkeit ist jetzt nichts mehr zu spüren. Der Tod ist auch kein huschendes Schreckgespenst mehr. Die Vorstellung des Todes liegt schwer auf uns allen. Wir wissen um seine drohende Gefahr, um seine furchtbare Wahrscheinlichkeit. Aber die konkrete Bedeutung entzieht sich uns trotzdem. Dementsprechend nichtssagend sind auch die Zeitangaben der Ärzte und werden von uns emotionslos hingenommen. Sie sprechen von ein bis zwei Jahren Lebenserwartung. Sie könnten auch zehn Monate oder fünf Jahre sagen. Der Schrecken ist nicht mit Prognosen zu fassen. Wir wissen nicht, was das bedeutet, auch wenn das Ende selbst klar scheint. Außerdem sind wir auf Hoffnung und Heilung ausgerichtet, obwohl die Schulmedizin den Kopf schüttelt und, wenn überhaupt, nur von lebensverlängernden Maßnahmen unter Einbußen der Lebensqualität spricht.

Eine Aufbaukur scheint unumgänglich. Katja wird von Tag zu Tag schwächer. Nicht nur ich kümmere mich um Möglichkeiten. Auch Katjas Familie und viele Freunde eruieren Zentren der Krebs-, Immun- und Stabilitätsbehandlung, die es in unzähligen Varianten und Kombinationen zwischen Homöopathie und Schulmedizin gibt. Heiler,

Schamanen werden ausfindig gemacht. Katja verliert sich in den Angeboten. Immer wieder erinnere ich sie wie eine Sekretärin an notwendige Anrufe oder nehme ihr irgendetwas ab. In meinen Augen zögert sie zu sehr, entscheidet sich nicht kämpferisch genug.

Irgendwann kommt dann allerdings auch heraus, dass Katja etwas zurückhaltend ist, weil sie und ihre Familie nicht genügend Geld für Zusatzbehandlungen haben. Leider wird da längst nicht alles von der Krankenkasse übernommen. Natürlich sind viele der Angebote nicht ganz seriös, aber eines ist klar: Wegen Geldmangel darf Katjas Leben jetzt nicht gefährdet werden. Ich grüble über Geldquellen nach. Mit einem engen Freund von Katja und mir, der gerade in München zu Besuch ist, entwickle ich eine Spendenaktion. Wir wollen alle Menschen, die Katja kennen, anschreiben und um Geld für sie bitten. Katja hört sich den Vorschlag an und lehnt ab. Sie könne diese Hilfe und das Geld nicht annehmen. Ich sage: »Doch, du kannst.« Katja lässt sich überreden. Nachdem auch Freunde und Katjas Bruder zustimmend reagieren, lege ich meine eigenen Restskrupel ab.

Ich beginne mit den Listen. Da wir seit knapp zwanzig Jahren eng befreundet sind, kann ich viele Namen eigenständig zusammenstellen. Aber natürlich kenne ich nicht alle Menschen aus Katjas Leben. Besonders in Berlin müssen sich, nach meinem Rückzug, viele Freunde angesammelt haben, die mir fremd sind. Ich bitte Katja, ihr Adressbuch mit mir durchzugehen. Dieser Moment wird zu einem der intimsten Augenblicke, den ich mit Katja bisher erlebt habe. Der Blick in ihr System, wie sie Bekannte, Freunde, Familienmitglieder, Arbeitskollegen ordnet, lässt mich vieles erkennen. Wie vielfältig ein Leben ist. Wie vieles man auch bei nahen

Freunden nicht mitbekommt. Und ich erschrecke. Die Unvollständigkeit, die unterschiedliche Notierungsart zeugen nur von einem abwechslungsreichen, lebendigen Dasein. Ein absehbares Ende ist da nicht eingeplant. Ich nehme mir augenblicklich vor, meinen eigenen Verhau besser zu ordnen. (Bis heute noch nicht geschehen und auch in Zukunft vermutlich nur ein Plan.) Wir tauchen anhand der Namen und Kürzel in Katjas Leben ein. So viele Geschichten, Ereignisse. Bei einigen Namen zögert sie, ob sie auf die Liste sollen. Manchmal kann ich die Bedenken entkräften, manchmal nicht. Oft bin ich überrascht, dass Katja nicht sieht, wie sehr sie gemocht wird. Sie macht sich wirklich keine Vorstellung davon, wie beliebt sie ist und welchen Eindruck ihr einnehmendes Wesen auch bei Menschen hinterlässt, die sie nur wenig kennen.

Und Katja weiß auch nicht, wie viele Menschen an ihrem Schicksal Anteil nehmen. Die Nachricht von ihrer Krankheit breitet sich wie ein Flächenbrand im Netz der Freunde, Familienmitglieder und Bekannten aus. In Berlin, München, Zürich und anderen Orten gibt es zahlreiche Leute, die bestürzt sind. Längst nicht alle können oder wollen das Katja direkt zeigen. Sie ziehen es vor, sich an Personen aus ihrem nahen Umfeld zu wenden. So auch an mich. Neben der Sympathie und dem Mitleid für Katja äußern alle das Bedürfnis zu helfen. Nur wie? Vielleicht kann eine Spende wenigstens bewirken, dass sie nicht ganz tatenlos zusehen müssen. Ein Aspekt der Aktion, den ich zu Beginn nicht einkalkulierte, der Katja auch nicht selbst betrifft, der aber doch nicht unwesentlich ist.

Eine ehemals gute Freundin darf ich auf keinen Fall anschreiben. Katja hat sich vor kurzem mit ihr zerstritten. Der Streit sei hier erwähnt, weil er symptomatisch für ein Phänomen steht, das bis zu Katjas Tod immer wieder in unterschiedlichsten Facetten auftauchen wird und zu traurigen Missverständnissen führen kann.

Diese Freundin also warf Katja vor, dass sie zu ernste Literatur lese, zu traurige Musik höre. Die nötige Überlebenskraft könne sie nur aufbringen, wenn sie sich mit positiven Dingen umgebe. Bei diesem Hang zur Schwermut sei es kein Wunder, dass eine Krankheit über sie herfiele. Katja, wahrlich genügend esoterisch veranlagt, wehrte sich. Kunst baue sie auf, gebe ihr Kraft, und große Kunst sei nun einmal meistens eher melancholisch und ernst. Ihre Vorliebe für diese Art von Kunst sei ganz bestimmt nicht schuld an ihrem Krebs. Die beiden fanden keinen Ansatz für eine Versöhnung. Die Freundin beendete die Freundschaft.

Ich vermute, dass Katjas Darstellung ein wenig einseitig ist. Aber das ist egal. Es geht nicht um das, was gesagt wurde, auch wenn es mich gehörig überrascht, welche Formen von Lebenskonzepten möglich sind. Ich stimme Katja von ganzem Herzen zu, dass dieser Vorwurf absurd ist. Aber ich dränge auf Versöhnung. Vergebens. Katja, nachvollziehbar überempfindlich, hat sich da verschlossen.

Mein Versöhnungsversuch entspringt nicht nur meinem ach so großen Harmoniebedürfnis. Ich versuche indirekt, mich selber zu schützen. Auch ich könnte nämlich nur zu leicht mit Katja in Konflikt geraten. Und ich ahne, dass dafür eben jenes Phänomen verantwortlich ist, das zu diesen Missverständnissen führen kann.

Einmal von außen betrachtet: Was passiert hier überhaupt? Katja hat ein großes Problem, man möchte helfen. Dann aber lehnt Katja die Hilfe, die Ratschläge ab. Das kann verletzen. Ich muss immer wieder kräftig schlucken, wenn sich Katja meine Vorschläge zu einer möglichen Behandlung anhört, sich vielleicht bedankt, dann aber etwas anderes oder nichts macht. Es gibt genügend Situationen, in denen Katja in meinen Augen etwas »falsch« macht, mich enttäuscht, mir widerspricht. Aber irgendetwas in mir verhindert, das zu problematisieren. Sie handelt nicht gegen mich, wenn sie ablehnt, sondern sie sucht ihren Weg, mit der Krankheit umzugehen. Entweder unterstütze ich sie auf diesem Weg, um vielleicht sogar die in meinen Augen größten »Irrtümer« zu verhindern, oder ich muss mich verletzt zurückziehen. Das aber will ich nicht. Katja ist meine Freundin, und die ist in Not. Allerdings bleibt mir gar nichts anderes übrig, als in all diesen Momenten mein Ego zurückzunehmen und eine sehr ungewohnte Art der Selbstlosigkeit zu beherzigen. Das hört sich vielleicht übertrieben an, aber meines Erachtens geht es genau darum. Und es ist verdammt schwer, sich mit all dem Mitleid, der Liebe, dem Kummer einzubringen, ohne sich selbst als Person ins Zentrum zu setzen oder wichtig zu nehmen.

Warum ist das so schwer, so ungewohnt? Warum kann man so leicht verletzt werden? Es ist doch nur zu selbstverständlich, dass man sich als Person zurücknimmt, wenn ein anderer ein ernstes Problem hat. Aber eine tödliche Krankheit ist nicht nur ein Problem. Sie ist *die* existenzielle Gefahr überhaupt, mit der man als Mensch konfrontiert werden kann. Und angesichts einer solchen Bedrohung bekommen vermutlich auch die Hilfsversuche eine außerordentliche Bedeutung. Sie sind nicht nur nett und altruistisch, wie sie vordergründig wirken. Sie sind im Grunde recht egoistisch. Die Hilfsvorschläge entspringen nämlich einem Konzept, einem Schutzsystem, das man für sich selbst aufgebaut hat. Das Schutzsystem für das Leben, für das möglichst erfolgreiche Ausschließen eben dieser Gefahren, oder auch für die Gesundung. Wenn man so oder so lebt, lässt sich das oder das eher vermeiden. Mein Schutzsystem ist ganz bestimmt auf Aktionismus ausgerichtet, der alles regeln und nichts unversucht lassen will. In ähnlicher Weise hoffen andere Menschen durch fröhliche Literatur, durch Gebete an den richtigen Gott, durch Ernährung, Sport oder Spaß ihr Schutzsystem aufrechtzuerhalten. Wenn dann aber jemand anderer plötzlich dieses existenzielle Problem hat, vor dem man sich so emsig schützt, kann der natürlich nicht einfach nur Pech gehabt haben. Der ist wahrscheinlich in einem Punkt nachlässig gewesen. Wenn dem nicht so wäre, wäre man ja selbst der puren Willkür des Schicksals ausgeliefert. Man macht demjenigen also Vorschläge, wie er vorgehen könne, solle, müsse. Und wenn derjenige dann ablehnt, ist das nicht nur eine Verweigerung der Hilfe, sondern kann als Angriff auf das eigene Schutzsystem empfunden werden. Das aber ist bei solch einem drohenden Unheil schlimm. Die Gefahr, sich in Moral zu retten, ist groß, auch wenn eigentlich nur die gute Absicht zur Hilfe vorhanden war.

DER HEILER

Bei der Übereinstimmung, dass die esoterische Haltung dieser Freundin übertrieben sei, findet irgendwann auch unser gemeinsames Sternzeichen Steinbock seinen Einsatz, dessen typische Charaktereigenschaften ein Hereinfallen auf derartige Hirngespinste per se ausschließen würden. Wie schon häufiger genießen wir auch jetzt die Auslegung unserer spärlichen Astrologiekenntnisse und noch mehr die freudige Überraschung, wenn sich trotz aller Skepsis Parallelen auftun. Ein wenig erstaunt bin ich nur, wie hoch Katja jene erdverbundene Solidität einstuft, die jeden Steinbock markant prägen würde. In meinen Augen birgt sie durchaus viele irrationale Seiten in sich. Aber vielleicht bietet ihr die Betonung der Vernunft eine Stütze für das Bewältigen der Krankheit. Was auch immer der Grund sein mag, ich habe das beruhigende Gefühl, dass Katja gegen weitere spirituelle Manöver gewappnet ist.

Da irre ich. Ein Heiler taucht auf. Nichts gegen Heiler und kluge Menschen, die in solchen oder anderen Situationen Kraft geben. Aber dieser Heiler behauptet, Katjas Krebs säße in ihrem Kopf. Sie müsse nur ihr Denken, ihr Ich ändern, dann würde der Krebs verschwinden. Katja nimmt sich ernsthaft vor, ihr Ich zu ändern. Ich verstehe sie nicht und habe Angst. Angst vor den zwangsläufigen Schuldgefühlen, wenn sie merkt, dass sie ihr Ich nicht ändern kann und wegen ihres »falsch gepolten« Ichs selber für den Krebs verantwortlich ist. Abgesehen davon bin ich stocksauer. Ihr Krebs ist nicht im Kopf. Er ist am Beckenknochen. Da Katja aber eine geistige Kraftquelle durch den Heiler entdeckt, drossle ich meinen Unmut. Nur wenn ich um meine Meinung gefragt werde, äußere ich Bedenken. Aber Katja fragt mich nicht viel, was diesen Heiler angeht. Sie kennt mich ja auch ein wenig.

Katja richtet sich immer mehr nach dem Heiler und folgt ihm bedingungslos. So kommt es auch, dass sie plötzlich ihren Sohn in einer Münchener Schule anmeldet, ohne sich mit Robert in Zürich abzusprechen. Der Heiler hätte gesagt, wenn Jakob nach München zöge, dann würde Katja gesund. Ich bin entrüstet. Wie kann jemand eine Notsituation so perfide ausnützen und just die größte Schwachstelle des Patienten ausspielen. Wie kann jemand mit der Hoffnung eine derartige Schweinerei anrichten und die Verantwortung auf ein Kind übertragen. Wie kann jemand so viel Macht ausüben, dass der Kranke all seinen Verstand, seine zwischenmenschlichen Grundsätze über den Haufen wirft und blindlings eine Aktion startet, in der genau der Mensch übergangen wird, der sich drei Jahre – wie auch immer, recht und schlecht – um das Kind gekümmert hat. Des Weiteren spricht inzwischen leider auch Katjas Zustand gegen Jakobs Übersiedelung. Sie ist entsetzlich schwach geworden. In vier Wochen hat sie bereits zwölf Kilogramm abgenommen. Sie liegt größtenteils im Krankenhaus. Sie wird bei den Bestrahlungen über Wochen dort bleiben. Deren Auswirkungen sind vollkommen unklar. Und niemand weiß, was der Krebs noch alles mit ihr anstellt. Und nicht zuletzt Jakob selbst. Jakob musste sich schon einmal von der Mutter trennen. Man kann ihm jetzt nicht zumuten, die Mutter dahinsiechen zu sehen, nur damit sie dann ziemlich sicher stirbt. Ich bin also fassungslos. Wenigstens verspricht Katja mir, Robert in ihre Pläne einzuweihen und sich die Sache noch einmal zu überlegen. Die verzweifelte Hoffnung, mit Jakob all ihre Probleme lösen zu können, lässt sich nicht so leicht tilgen. Da stecken zu viele Selbstvorwürfe und Sehnsüchte in meiner Freundin.

Robert ist, wie erwartet, erzürnt. Katja weint. Ich bemühe mich, sie dahingehend zu beruhigen, dass es vermutlich für alle Beteiligten das Beste ist, wenn Jakob zumindest so lange in Zürich bleibt, bis ein wenig klarer ist, wie die Krankheit verlaufen wird. Und er könne doch immer wieder auf Besuch kommen. Das tut er äußerst selten. Seitdem Katja nicht mehr reisen kann, fällt das erschreckend auf. Er ruft auch nie an. In seinen jungen Jahren übernimmt er bereits dieses Männersyndrom, unter dem schon viele Frauen gelitten haben. Nicht nur todkranke, verzweifelte Mütter. Aber die natürlich besonders. Arme Katja. Armer Jakob.

2. August. Hey M.,
ich war gerade ein paar Tage in Berlin. Ach ... Ich werde wohl ein Zimmer da suchen und meine Münchener Wohnung dann monatsweise vermieten. Jetzt muss ich aber erst einmal ein Filmkonzept umarbeiten, wie immer bis gestern und ohne Geld. Aber wenn das Konzept dann dem WDR gefällt, sieht es nicht schlecht für einen Drehbuchvertrag mit anschließender Regie aus.

Meiner Freundin, nach der du so lieb fragst, geht es berg- und talmäßig. Sie versuchte in den letzten Wochen die Operation zu umgehen. Die Operation scheint zwar die einzig mögliche Lebensverlängerung zu sein, aber mit gewaltigen Lebensqualitätseinbußen. Und zudem sehr gefährlich. Aber Heiler und sonstige nichtoperative Hilfen nützen vermutlich auch nichts. Katja hat elendige Schmerzen, die wandern, was wohl heißt, dass der Tumor wächst. Diese Woche wird eine neue Computertomographie die Entscheidung fällen. Ich bewundere, wie relativ gelassen sie ist.

Da Katja wegen einem Heiler stark dazu neigt, den Krebs psychologisch zu begründen, habe ich erst einmal die Position der Skeptikerin übernommen. Mir behagt das nicht mit diesen Sprüchen, dass der Tumor im Kopf sei und man sich nur total ändern müsse, damit man gesund wird. Shit. Man weiß natürlich nicht, wie man selbst in so einer Situation reagieren würde, aber … Mehr als hoffen kann man nicht. Alles Liebe.

Ein paar Wochen später atme ich auf. Katja geht auf Abstand zu dem Heiler und sie will ihr Ich nicht mehr ändern. Weder sei ihr Ich so schlimm, um verändert werden zu müssen, noch könne so ein Versuch überhaupt gelingen.

SPENDENKONTO

Wenn man sich im Bankwesen nicht auskennt, ist das mit einem Spendenkonto gar nicht einfach. Es soll natürlich vermieden werden, dass irgendjemand von uns hohe Gebühren zahlen muss oder mit dem Finanzamt Schwierigkeiten bekommt, auch wenn da nichts illegal sein soll. Und es muss überlegt werden, was passiert, wenn Katja stirbt. Das versuche ich ohne sie zu eruieren. Nach allen Überlegungen mit einem Bankangestellten scheint es doch am sinnvollsten, ein normales Girokonto für Katja einzurichten. Als wir das Konto gemeinsam eröffnen, schlägt sie mich als zweite Vollmachtsperson vor. Vielleicht sei sie eines Tages zu schwach, um Geld abheben zu können. Ich nicke und denke: Hoffentlich muss ich mich nie um die Auflösung kümmern.

ADRIA I

Es soll doch operiert werden. Die Operation wird zwar nichts erreichen, wie die Ärzte sagen, aber man möchte es versuchen. Vielleicht lässt sich irgendetwas retten, was man von außen nicht erkennen kann. Kompliziert wird der Eingriff in jedem Fall. Da der Tumor so seltsam im Lymphsystem hockt, ist er nicht nur chirurgisch zu operieren. Neurologen müssten hinzukommen. Da die Klinik aber nicht auf Operationen in Kombination mit mehreren Fachkompetenzen eingestellt ist, wird organisiert, dass der Chirurg während der OP mit den anderen Verantwortlichen telefonisch kommunizieren kann.

Katja ist ruhig. Sie plant ihre Wohnung unterzuvermieten, da sie ab der Operation für längere Zeit im Krankenhaus bleiben wird.

Im August gehen wir noch einmal ins »Adria«. Sie bestellt sehr früh ein Glas Prosecco und möchte ein Zigarette von mir. Ich zögere. Aber Katja ist entschieden. Das wird sie schon nicht umbringen, sagt sie. Nein, das wird sie nicht umbringen. Wir lachen. Dann sieht Katja, wie ein vager Bekannter Blicke zu ihr wirft, die seinen Schrecken nicht verbergen können. Ja. Katja ist dürr geworden. Mickrig, auch wenn das zu ihrer Größe und erhabenen Erscheinung nicht passt. Sie flüstert: »In der nächsten Zeit werde ich nicht mehr herkommen. Ich mag das nicht, wenn mich die Leute mitleidig ansehen.«

Es gibt kein allgemein gültiges Gesetz, wann Menschen dünn, dick oder normal zu nennen sind. Aber trotzdem haben wir Maße im Kopf, die Über- oder Untergewicht einordnen, die einen Körper abnorm oder durchschnittlich wirken lassen. Wenn wir einen Menschen als unnormal dick oder dünn empfinden, wirkt er meist auch krank auf uns.

Das Zusammenwirken von Fleisch, Muskeln und Fett als Indiz für Gesundheit und Leben offenbart sich bei Katjas rapidem Gewichtsverlust nur zu deutlich. Ihr schwinden die Lebenssäfte, und nichts kann dagegen getan werden. Auch wenn ich es abstoßend finde, dass bei uns derart viel Fettleibigkeit vorherrscht, momentan macht mich das Gegenteil, dieser Schlankheitswahn, richtiggehend aggressiv. Modejournale und abgemagerte Models ekeln mich an, und wenn ich auf der Straße eines dieser blutleeren Mädchen sehe, das stolz seine ätherische Dürre präsentiert, würde ich es am liebsten zu Katja ins Krankenhaus zerren. Wie kann man so töricht sein, sich mit Absicht die Lebenskraft wegzuhungern, wenn man eigentlich gesund ist und dankbar darüber sein müsste, was einem die Natur als Schutz mitgegeben hat. Bevor ich zu einer aufgescheuchten Moralistin mutiere, nehme ich mir allerdings vor, erst einmal bei mir selber anzufangen. Auch ich kann aus einem Kilogramm »Übergewicht« ein Drama machen.

20. August. Mon cher T.,
ich war heute bei Katja im Krankenhaus. Riesenzimmer mit schönen alten Möbeln. Eher ein Ballsaal. Für sie alleine. Ungewöhnlich. Katja wird nicht am Dienstag, sondern erst am Donnerstag operiert, aber sie bleibt jetzt schon dort. Hier ihre Nummer.

Meine Güte. Heute hat der Arzt noch einmal betont, wie aussichtslos die OP ist. Natürlich muss er sich mit solchen Ankündigungen schützen, sagt Katja, aber ... Saublöd ist auch, dass ein Tumor blutet. Katja ist wahnsinnig tapfer, sehr gefasst. Aber ich hatte heute Panik, dass ich sie nach meiner Reise nicht mehr sehen werde. Wahrscheinlich übertrieben. Entweder wird die OP ganz kurz, dann ist eh alles zu spät, oder die OP wird extrem aufwendig, dann bestehen auch kaum Chancen. So sieht es also aus. Sehr beruhigend für Katja ist, dass eine Freundin ihre betreuende Ärztin ist. Und falls sie bei der OP nicht dabei sein kann, wird sie jemanden abkommandieren, Katja alles genau zu berichten.

Katja hat noch gesagt, dass sie vergessen hat, sich auch bei dir für die Spendenaktion zu bedanken. Ich habe sie natürlich beruhigt. Sie weiß schon, was sie mit dem Geld vorhat. Irgendeine Ganzheitsmethode auf Teneriffa für ein paar Wochen. Ich bin froh, dass sie Pläne hat. Sie gibt noch nicht auf.

Also Daumendrücken auf Donnerstag verschieben.

KRÖTEN

23. August. Ich bin mit meinen Eltern im ehemaligen Ostpreußen. Es ist nach sechsundfünfzig Jahren die erste Reise meines Vaters in seine Heimat. Das wollte ich mir nicht nehmen lassen. Aber die Reise ist für mich überschattet. Ich habe Angst, Katja nie mehr zu sehen. An dem Tag, als sie operiert wird, überqueren wir die Memel und fahren auf die litauische Seite der Kurischen Nehrung. Die wehmütige Welt aus Sanddünen und Nadelwald zwischen dem Haff und dem offenen Meer passt zu meiner Stimmung. Ich besichtige auf dem alten Friedhof fremdartig dunkle Holzgrabmäler, die litauischen Kröten. Mein Handy klingelt. Eine Freundin teilt mir mit, dass die Operation gut verlaufen sei. Ein paar Tumore konnten entfernt werden. Aber der Haupttumor nicht. Er säße noch ungünstiger als von außen sichtbar. Mit einem Wort, jegliche Hoffnung, die wir ohnehin nicht hatten, war vergebens. Der Tumor ist inoperabel.

3. September. Lieber T.,
ich bin von meiner Ostpreußentour zurück. Es war äußerst spannend, unterhaltsam, aufschlussreich, schön und hässlich. Bin noch ganz aufgerüttelt.

Gestern habe ich gleich Katja besucht. Die Operation war nur ein Teilerfolg. Jetzt beginnen Chemo und Bestrahlung, aber die Chancen sind nicht berauschend. Das wird eine harte Zeit für sie. Und blöderweise ist auch nicht geklärt, was mit ihrem Bein, ihrem Darm etc. passieren wird. Sie hat aber konkrete Vorstellungen von Zusatzbehandlungen und Kuren, die sie aufpäppeln können. Vielleicht. Hoffentlich. Dementsprechend habe ich das Anschreiben geändert. Ansonsten sollten wir die Spendenaktion jetzt starten. Ich hoffe, es geht dir gut, alles Liebe.

Liebe Familienmitglieder,
Freunde und Bekannte von Katharina!
Wie Ihr vermutlich alle wisst, sind bei Katja erneut Krebstumore ausgebrochen. Sie konnten leider nur zum Teil operativ entfernt werden. Die Situation ist also immer noch äußerst unsicher.
Katja nimmt sich weiterhin vor, mit allen Mitteln zu kämpfen. So beginnt sie jetzt eine Bestrahlungs- und Chemotherapie. Parallel dazu möchte sie auch verschiedene Behandlungsmethoden, Medikamente, Kuren etc. beanspruchen, die in erster Linie dazu dienen sollen, ihr Immunsystem zu stärken. Leider werden da nicht alle Kosten von der Krankenkasse übernommen. Katja benötigt also Geld. Geld, das sie nicht hat und zurzeit auch nicht verdienen kann.
Deshalb bitten wir für Katja um finanzielle Unterstützung.

Es spielt keine Rolle, ob jemand einmal, häufiger oder regelmäßig eine Spende aufbringen kann. Auch kleinere Beträge von zum Beispiel DM 50,– sind eine Hilfe. Eine Garantie auf Genesung ist natürlich auch mit Geld nicht gegeben. Aber es darf nicht sein, dass Katja aus Geldmangel einen Versuch ausschlagen muss. Da stimmen sicher alle zu.
Ein kleines Anliegen ist mit jeder Spende verbunden. Bringt Katja bitte nicht unnötig in Verlegenheit, darüber sprechen zu müssen. Es war nicht leicht, sie zu überzeugen, die potenziellen Spenden annehmen zu können.
Wir stehen euch aber natürlich gerne für alle Auskünfte über das Konto zur Verfügung.
Wenn euch auffällt, dass wir jemanden aus Katjas Freundeskreis übersehen haben, gebt die Kontonummer bitte selbständig weiter. VIELEN DANK!

BESTRAHLUNGEN UND SCHLANGEN

Die Bestrahlungen sind für sechs Wochen angesetzt. Obwohl eine Chemo bei diesem Tumor nicht wirken kann, wird sie als Unterstützung geplant. Die Bestrahlungen nehmen Katja sehr mit. So sehr, dass die Chemo nicht mehr in Frage kommt. Ich weiß nicht, was ich denken soll. Ich denke aber doch, dass die Mediziner auch nicht wissen, wie sie Krebs behandeln können. Krebs kommt zu vielfältig und unterschiedlich vor, als dass es eindeutige Methoden gäbe. Rückblickend betrachtet war es vielleicht ein Riesenfehler, bei dem ersten Krebsausbruch auf die Chemo zu verzichten. Aber letztendlich war das alles auch damals nicht mehr als schwammiges Gerede von Eventualitäten. Man ist bei Krebs ausgeliefert und kann nur Glück haben. Auch wenn es aus heutiger Sicht geradezu wahnsinnig erscheint, dass die Wechseljahre, die durch die Chemo ausgelöst worden wären, überhaupt als Argument berücksichtigt wurden.

Ein Freund meldet sich auf den Spendenaufruf hin. Er leitet ein Patentbüro und einer seiner Klienten forscht mit Schlangengift bei der Behandlung von Krebs. Das alles klingt verrückt und ist auch nicht ganz ungefährlich. Dieser Mann muss das Gift illegal importieren. Andererseits steht sein Fall Aufsehen erregend in der Presse. Offenbar hat er auch Erfolg mit seiner Methode. Aber sie ist in Deutschland verboten. Nicht mehr lange, wie uns versichert wird. Katja wird kühn. Jetzt ist schon alles egal. Ich begleite sie zu dem ersten Termin. Sie kann die wenigen Schritte von der Klinik ins Auto, vom Auto ins Büro kaum noch gehen. Wir sitzen dann beide etwas ratlos vor unserem Freund und dem Schlangengiftexperten. Tja. Katja will erst einmal die Bestrahlung beenden. Dann vielleicht. Sie ist immerhin so interessiert, dass sie ein weiteres Mal zu dem Giftfachmann geht. Aber dann passiert irgendetwas, was sie von dem Plan abbringt.

NEUER SCHWUNG

Die Spendenaktion bringt die unterschiedlichsten Reaktionen zu Tage. Viele Freunde und Bekannte atmen erleichtert auf. Endlich wird etwas getan. Ich erhalte auch von Leuten, die ich nicht oder kaum kenne, aufbauende E-Mails und Anrufe. Aber ich bekomme auch Vorwürfe zu hören. Manche fühlen sich auf den Schlips getreten, gemaßregelt, dass sie noch nichts unternommen hätten. Manche haben das Gefühl, dass das ein Angriff auf die Schulmedizin sei. Manche fragen nach, wie sie anonym spenden können, ohne dass der Kontoauszug den Namen preisgibt. Manche verweigern eine Spende und begründen das in ausführlichen Briefen. Eine mir unbekannte Freundin von Katja rügt, dass die Aktion mein Vorschlag gewesen sei. Es sei schon immer Katjas Fehler gewesen, nicht von sich aus auf solche Ideen zu kommen. Aber diese Freundin spendet, wie sehr viele andere auch. Jeder bringt auf, was er aufbringen kann. Nicht die Summe zählt, nur die Geste. Gerührt bin ich allerdings doch, dass auch viele von meinen Freunden, die Katja nur wenig kennen, sehr großzügig sind.

Im Großen und Ganzen kommt die Aktion gut an und bringt Schwung in die Verzweiflung. Katja wird euphorisiert. Sie fühlt sich sicher durch den Finanzschub und sieht sich aufgehoben in dieser großen Menge von Menschen, die alle zu ihr halten. Sie schmiedet Pläne, welche Kuren sie machen kann.

Über meine Mutter erfahre ich von einer Krebs-Foundation. Ich nehme Kontakt mit den Organisatoren auf. Sie haben großes Verständnis. Sie kennen die oftmals absurden Heilversuche der Krebspatienten. Sie wissen, dass diese Therapien meist nichts nützen und dass alles sehr teuer ist. Und sie wissen um die Notwendigkeit, trotzdem alles auszuprobieren. Katja solle sich melden. Mit einer ärztlichen Überweisung wird die Foundation alle weiteren Kosten übernehmen. Aber noch ist dieses Angebot nicht nötig. Katja will erst einmal nach Teneriffa und im Anschluss daran eine weitere Kur machen. Wie es aussieht, sind beide Vorhaben finanziert. Es tut trotzdem gut zu wissen, dass es danach aufgrund der Foundation weitergehen kann.

11. September. Lieber T.,
Katja bekommt seit heute Infusionen und fühlt sich etwas besser. In den letzten Tagen zerfiel sie quasi zu Staub, wenn man sie berührt hat.

Ich habe für heute alles eingestellt, weil ich zeitgleich zu den Twin-Tower-Zusammenbrüchen einen Durchfall bekommen habe, der mich bis jetzt am Klo festhält. Salutas.

Dieser 11. September ist das erste Ereignis, das auch Katja in die Realität außerhalb ihrer Krankheit schleudert. Wie jeder andere will sie genau informiert sein. Eine Filmfirma, bei der sie einmal jobbte, stellt ihr einen großen TV-Apparat für das Krankenhaus zur Verfügung.

15. September. Lieber T.,
ich kann deine verzweifelte Lost-Stimmung gut nachvollziehen, auch wenn ich mit Amerika nie so intensiv verbunden war wie du. Und ich habe das große Glück, dass sich alle meine Bekannten aus NY inzwischen gemeldet haben.

Meine Gefühlswelt, bzw. meine Weltanschauung, wird allerdings ähnlich herumgeschleudert. Du hast Recht, man wird auf die existenzialistischen Werte zurückgestoßen, die uns alle geprägt haben. Und ich spüre, es ist bitter nötig, dass, ähnlich wie nach dem Zweiten Weltkrieg, die Intelligenzia eine Bewegung schaffen muss. Und zwar ganz schnell. In den letzten Jahrzehnten, das wird jetzt überdeutlich, konnten sich plakative Klischees und unreflektiertes Herumgrölen von Parolen viel zu weit verbreiten. Die vermeintliche Intelligenzia selbst hat sich ja nur noch mit Privatem hervorgetan: Houellebecq etc. Das wirkt jetzt doch reichlich infantil, wenn ich ehrlich bin.

Ich weiß zwar nicht wie, aber die Welt muss differenzieren lernen. Und zwar sofort! Ich bin froh, heute ein paar kluge Reaktionen von amerikanischen Intellektuellen gelesen zu haben. Ich bin auch froh, dass Schröder inzwischen nicht nur bedeutungsvoll betroffen auf Trauergottesdiensten herumsteht, sondern ein ernsthafter Politiker zu sein scheint. Aber nichts täuscht darüber hinweg, dass Amerika, zumindest Bush, diesen Westernheldenzug im Alleingang durchziehen möchte. Und das ist fatal. Natürlich kann Bush jetzt gar nicht mehr von seinen Kriegsplänen zurück, das wäre ein Eingestehen seiner Dummheit. Aber eigentlich müsste er. Er müsste das Zurücknehmen als bewussten Akt der USA vollziehen. Es geht ja nicht darum, dass Amerika passiv ist und nichts unternimmt. Niemand darf mehr nichts unternehmen. Das ist ja der Fehler. Wir haben alle zu lange nichts getan und immer nur weggeschaut.

Wie auch immer, ich fühle meine alten Anarchowurzeln ganz schön gären, auch wenn ich leider keinen Plan habe, wie man irgendetwas bewegen kann.

Kurz zu Katja. Bitte nenn mir die Namen, die du angeschrieben hast. Dann kann ich den Restschwung machen. Es gibt übrigens schon Erfolge und Katja ist happy. Außerdem gehen wir jetzt Zusatzbehandlungen an, um die Bestrahlung intensiver zu unterstützen. Es ist zu wichtig, dass die gut anschlägt. Aber das läuft alles. Seltsam. Das rückt alles ganz nah zusammen: Katjas Krebs, die Ereignisse der Weltpolitik, das eigene Dasein. Das sind alles Teile eines Ganzen. Auch deshalb die Notwendigkeit im existenzialistischen Sinne, das Jetzt zu leben und nichts auf das unbekannte Später zu verschieben. Also, salutas.

Eine Freundin fährt für mehrere Monate weg und macht eine kleine Feier. Katja wird abgeholt. Sie kauert in sich zusammengesackt auf dem Sofa. Sie kann nicht mit uns essen, nicht teilhaben an der Unterhaltung. Sie ist zu schwach. Wir sind alle deprimiert. Katja wird früh ins Krankenhaus zurückgebracht. Die Stimmung wird nicht besser. Der Schreck über ihre Schwäche steckt in uns. Da hilft nur ein gigantischer Streit über Bin Laden, Bush und diese vertrackte Situation in Amerika und den islamischen Ländern.

7. Oktober. Hey C.,
du hast von einer Krebsklinik am Bodensee berichtet. Bitte gib mir so bald wie möglich die Adresse. Mit Katja geht es so schnell bergab, sie ist so unglaublich schwach, dass ich mir große Sorgen mache. Gestern hatte ich das erste Mal konkret das Gefühl, dass sie es nicht schaffen wird. Und zwar gar nicht unmittelbar wegen des Tumors, sondern weil sie schlicht zusammenkracht. Ich gebe zu, dass diese Aussicht meine ohnehin vorhandenen Depressionen nicht gerade lindert. Muss mir allmählich um mich selbst Sorgen machen. Nicht zu fassen, aus welch absurden Gründen meine Projekte weggebrochen sind. Na, man ist ja zäh als Freiberufler. Das wird schon wieder. Also, vielen Dank für die Adresse, dir alles Liebe und bis denne.

Katja nimmt immer mehr ab. Sie wiegt nur noch knapp über vierzig Kilogramm. Zum Glück wirken die Morphinpflaster, die ihr auf den Arm geklebt werden. Da spürt sie die Schmerzen wenigstens nicht so stark. Wir wackeln mit ihrem Bruder über den alten Friedhof hinter dem Krankenhaus und stützen sie. Nach wenigen Metern muss sie sich setzen. Meine Großmutter fällt mir ein, als diese über achtzig war. Katja ist sechsunddreißig. Trotz der Schwäche ist Katja nicht davon abzubringen, nach Teneriffa zu fliegen. Sie setzt all ihre Hoffnung in eine hoch gepriesene Frau mit einer Behandlungsmethode, die irgendwie auf Astralkörperheilung beruht. Ich bin äußerst skeptisch. Aber in den geplanten sechs Wochen wird schon nichts passieren, beruhige ich mich. Das warme Klima, das Meer, die Sonne werden ihr in jedem Fall gut tun. Ähnlich empfindet auch Katjas Familie, und wir überlegen, wer sie auf dem Flug begleitet. Eine mir unbekannte Freundin aus Berlin bietet sich an.

Ich bin froh, dass nicht ich mitfliegen soll, auch wenn ich das im Notfall getan hätte. Aber für mich ist Katjas Reise nicht nur der Versuch, eine Heilung zu finden. Ich glaube, sie will eine Auszeit. Eine Auszeit auch von uns, die wir sie aus ihren gesunden Jahren kennen. Wir sind gnadenlose Zeugen, wie sich ihr Leben verändert hat. Auch wenn wir uns zusammenreißen, wir können nicht so normal mit Katja umgehen wie früher. Das heißt nicht, dass wir nur mit gesenktem Haupt bei ihr sitzen. Ganz im Gegenteil. Aber es dreht sich alles um die Krankheit, auch in den hoffnungsvollen Momenten. Dazu ihre Schwäche, der Krankenhausaufenthalt, die unsichere Zukunft. Bei Menschen, die Katja nicht von früher kennt, muss sie zumindest diese Veränderung im Umgang nicht ertragen. Sie kann mit ihnen eine Freiheit erfahren, die wir ihr nicht bieten können.

Obwohl es mir fast unmöglich scheint, jetzt den Kontakt zu Katja abzubrechen, biege ich mir derart die Richtigkeit ihrer Vorgehensart zusammen. Und ich merke, wie ausgelaugt ich selbst bin. Ihre sechs Wochen auf Teneriffa werden auch meine Aufbauwochen sein. Ohne Katja, Krankheit und Kummer.

21. Oktober. Lieber M.,
da kann man nur ganz laut »iiiihhhhh!!!!!« denken, bei dem Bin-Laden-Bush-Sex-Bild.

Meiner Freundin geht es »mittel«. Sie fährt übermorgen auf eine mehrwöchige Kur nach Teneriffa. Hoffentlich päppelt sie das wieder auf. Körperlich und seelisch.

Ich habe gerade einen kreativen Höhenschub. On verra. Und ich war ein paar Tage in Wien wegen einer Hochzeit. Prächtige Stadt, wirklich städtisch, barock, überdimensional, schräg. Vielleicht quartiere ich mich da mal ein paar Wochen ein. Ich hätte eine Wohnung für mich mitten im Zentrum. Auch bei diesem Plan: Man wird sehen.

Zum Glück also viel gute neue Ansätze – und leider gerade Bauchweh. Das wird aber morgen vorbei sein, und eigentlich kann ich froh sein, dieses Bauchweh noch zu haben. Meine arme Freundin ist jetzt durch die Bestrahlung schon fast in die Wechseljahre gerutscht und nicht sehr erbaut darüber. Alles Liebe.

21. Oktober. Hey T.,
wenn du die Mail empfängst, antworte doch kurz. Katja hat einen Dankesbrief geschrieben, den ich an alle Spender schicken werde, während sie auf Teneriffa ist.

Wie ist es in den USA, in NY? Wie geht es dir? In München steht es ganz gut. Neue Jobmöglichkeiten bahnen sich an. Und allmählich gewöhne ich mich an meine Midlifecrisis, die ich offenbar wegen dieser blöden Vier bekommen habe, die sich so schnöde noch dieses Jahr bei mir einstellt. Was heißt gewöhnen, vielleicht stolpere ich auch bereits darüber weg. Komische Sache, so ein Leben. Irgendwie hätte ich mit dreißig ein Regelbuch gebraucht, das einem glaubhaft verklickert, dass das Gerede von »der Zeit, die immer schneller rast«, und vieles andere stimmt. Ich finde es ja eigentlich gut, dass die Zeit schnell vergeht, da passiert wenigstens schön viel, aber trotzdem.

So. Genug der bauchweh- und schmerzmittelgeschwängerten Restphilosophie. Alles Liebe.

TENERIFFA

Ich verabschiede mich von Katja mit dieser eigentümlichen Mischung aus Sorge und Erleichterung. Kaum ist Katja weg, kracht die Erschöpfung der letzten Monate über mich herein. Es funktioniert auch nicht, Katja aus meinem Bewusstsein zu verdrängen. Ich weiß nicht recht, warum ich diesen runden Geburtstag feiern soll. Ich fühle mich nicht in Feierlaune. Dann schrecke ich auf: Ich erlebe jetzt schon Jahre, die Katja aller Wahrscheinlichkeit nach nicht erleben wird. Ich komme in ein Jahrzehnt, das Katja nicht kennenlernen wird. Bisher spielte unser Altersunterschied von drei Jahren keine Rolle. Aber unter diesem Aspekt plustern sich diese wenigen Jahre um genau den Unterschied auf, der es ausmacht, ob jemand lebt oder nicht. Und das ist ein ziemlich großer Unterschied. Aber dann siegt doch mein Feierwille. Es hilft ja nichts. Ich lebe noch und ich werde diesen Tag standesgemäß zelebrieren. Mit einer Riesenparty, mit Musik, Tanz, Essen, Trinken und vielen guten Freunden.

Da ich Katjas Teneriffa-Aufenthalt auch als Pause von uns betrachte, reduziere ich den Kontakt. Natürlich bin ich trotzdem neugierig und will wissen, was auf der Insel passiert. Der erste Schock folgt bald. Katja schreibt per SMS, dass die »OP« verschoben werde, weil sie zu schwach ist. Welche Operation denn um Gottes willen. Ist etwas passiert? Wir telefonieren. Nichts ist passiert. Die Heilerin nennt die Behandlung »OP«. Aber Katja ist nicht kräftig genug. Deshalb verschiebt sich der Beginn. Außerdem besteht die Heilerin darauf, dass sie nicht nur sechs Wochen, sondern mindestens drei Monate bleibt. Drei Monate! Ja, spinnt die denn! Wie kommt diese Person auf die Idee, so etwas zu fordern? Was geschieht da? Katja, bitte nicht! Katja scheint aber drei Monate bleiben zu wollen.

Liebe Freunde!

Als Henriette und Tilman mir ihre Idee unterbreiteten, ein Spendenkonto für mich einzurichten, wusste ich nicht, ob ich mich freuen sollte oder nicht. Auf der einen Seite war ich zutiefst gerührt, auf der anderen Seite aber war mir die Vorstellung, dass in meinem Freundeskreis für mich Geld gesammelt werden sollte, garnicht geheuer.
Gleichzeitig aber war mir auch klar, dass ich ohne finanzielle Hilfe nicht weit kommen würde, Was die Behandlung meiner gemeinen Krankheit angeht.
Dass allerdings so viel und reichlich auf das Konto eingehen würde, habe ich mir nicht träumen lassen.
Ich habe erfahren, dass auch "Freunde" spendeten, die ich nicht oder nur peripher kenne und dass darunter einige besonders großzügig waren.
Bis heute sind über 13000 Mark zusammengekommen.
Ich kann Euch nur sagen: Für mich ist es ungeheuer wichtig, die Wege, die mir als sinnvoll erscheinen, auch gehen zu können, damit ich wieder gesund werde.
Nur durch Eure Hilfe ist dies möglich geworden.
Das erleichtert mich sehr und es freut und trifft und berührt mich, dass Ihr alle mich in dieser Weise

unterstützt.
So kann ich am 24. Oktober für 3½ Wochen nach Teneriffa fliegen, wo mich eine spanische Heilerin behandeln wird.

Ich danke Euch allen für Eure Hilfe und Eure Gedanken.
Ihr macht mir Mut.

Katharina

München, 21. 10. 2001

Nach ein paar Wochen verfliegt die bleierne Schwere, die sich seit Erkennen des Tumors über mich gelegt hat, und ich finde zu meinem normalen Leben zurück. Aber immer deutlicher spüre ich, dass dieser Teneriffa-Aufenthalt zu lange dauert. Es ist nicht nur das schale Gefühl von Erpressung durch diese Heilerin, das mir missfällt. Es ist Katjas Zustand an sich. Sie drückt sich doch. Sie »verplempert« kostbare Zeit mit etwas, das mit ihrem eigentlichen Leben nichts zu tun hat. Sie müsste doch hier anfangen aufzuräumen, sich zu verabschieden, was auch immer. Ziemlich übergriffig, wie ich in Gedanken mein Lebenskonzept über Katja stülpe. Aber ich kann es drehen und wenden wie ich möchte. Die Möglichkeit einer Heilung verwehrt sich mir, ein anderer Sinn ihrer »Flucht« auch. Es bleibt für mich nur die tief sitzende Sicherheit, dass der Aufenthalt zu lang ist und ihr diese Zeit fehlen wird.

Dann kommen euphorische Anrufe von Katja. Sie fühlt sich gesund und laut Heilerin sei sie geheilt. Ein längst verstorbener Heiler hätte der Heilerin zudem vermittelt, dass Katja selbst zu einer Heilerin ausgebildet werden soll. Ich bin baff. Jessas, da sprechen sogar die Toten. Aber ich finde die Idee an sich nicht falsch. Ich glaube zwar nicht, dass man einfach Heiler werden kann. Auch Katja nicht. Aber eine Betätigung im psychologischen Bereich oder in der Behandlung von Kranken würde ihr sehr wohl liegen. Sie hat ein ungeheures Talent, auf jeden Menschen einzugehen, und eine Tiefe, eine Wahrheit auszuloten, die derjenige zuvor nicht für möglich gehalten hätte. Vorsichtig fragt sie, wie ich dazu stehe, dass sie eine Heilpraktikerausbildung plane. »Nicht lachen«, bittet sie, weil ich mich schon öfters mit ihr darüber amüsiert habe, dass viele Menschen in unserem Alter auf den Heilpraktikertrip kommen. Aber bei Katja finde ich den Berufswunsch schlüssig. Nicht selten schon dachte ich, dass Katja einen derartigen Beruf nur verweigert, weil ihre Mutter als Therapeutin arbeitet. Jetzt schließt sich für mich der Kreis. Katja kommt an, sie kehrt zu ihren Wurzeln zurück. Katja ist etwas überrascht, wie positiv ich den Gedanken finde. Sie möchte diese Heilpraktikerausbildung nämlich dringend machen, weil sie skeptisch ist, überhaupt Talent zu einer Heilerin zu haben. Sie sieht einfach nichts, während diese Heilerin ununterbrochen etwas sähe. Sie erzählt mir von ihren gescheiterten Sehversuchen und wir kichern uns schlapp. Am liebsten wäre mir, sie würde sofort nach München zurückkehren. Sie verspricht mir zwar, bei den ersten Zweifeln den Aufenthalt abzubrechen, aber das ist unwahrscheinlich. Sie freut sich so sehr, dass zu Weihnachten Jakob zu ihr nach Teneriffa kommt. Da eine andere Freundin auch zu ihr fliegt und sich Katjas Bruder für ihren Geburtstag im Januar angekündigt hat, bin ich einigermaßen beruhigt. Das Schlimmste kann sicher verhindert werden.

ZEIT DER KLARSICHT

Ich kann es nicht vermeiden. Jetzt, da Katja und ihr Krebs ein wenig aus meinem direkten Umfeld gerückt sind, spüre ich plötzlich, wie sehr die Ereignisse des Jahres auch mich betreffen und alles nach Klarsicht, Annahme der Umstände oder etwaigen Änderungen schreit. Noch mehr Zeichen sind nicht möglich als eine Todesbedrohung im engsten Freundeskreis, ein vierzigster Geburtstag, der zwangsläufig eine Art Resümee einfordert, Bomben, Attentate, Kriege, die man plötzlich mitbekommt, sowie ein spürbarer Zusammenbruch der Medienbranche. Dazu die beiden Fernreisen, die ich zum Zwecke des Aufrüttelns nicht besser hätte wählen können. Die Indienreise, weil sich dort höchst eindrucksvoll eine für mich bis dahin unbekannte Andersartigkeit offenbarte, die Fahrt durch das ehemalige Ostpreußen, weil es meine Wurzeln freigelegt hat. In einer frühmorgendlichen Vision verschmelzen all diese Eindrücke.

Mein Ich liegt als das Land Ostpreußen in der Landkarte. Das Land steht wie ein Mensch nach langem Schlaf auf, streckt sich, räkelt sich und dreht sich zu mir um. Im Gesicht des Landes erkenne ich die schlimmsten Verstümmelungen und Verletzungen, die ein Krieg, ein Leben überhaupt anrichten können. Aber das Land verbirgt die Narben und Wunden der Vergangenheit nicht. Es steht zu ihnen. Vieles verläuft in seinem Werdegang anders als erhofft. Manches aber auch besser. Wir lächeln uns an.

Na, so eine Vision macht doch Mut. Schluss mit der gramgebeugten Scham für all die gescheiterten Vorhaben. Zumindest die Filmprojekte, die für hochinteressant befunden wurden, aber auch nach den kompromissbereitesten Umarbeitungen keine Finanzierung fanden, weil sie angeblich immer noch zu unkommerziell gewesen wären, steigen in meiner Achtung und ich stecke mir ein paar Tapferkeitsmedaillen an die Brust, trotz aller Schwierigkeiten stets einen Rest meiner Ideale bewahrt und den Verdummungszwängen der TV-Branche getrotzt zu haben. Da aber auch der stolzeste Autor und Regisseur überleben muss und alles irgendwie auf »neue Wege« hinzudeuten scheint, besinne ich mich meines alten Reviers: der Oper. Nach mühsamen Versuchen ergeben sich erste Kontakte in diese Richtung.

Um parallel zu diesem Erneuerungsakt möglichst »bewusst« mein Hier und Jetzt zu genießen, gönne ich mir ein maßgeschneidertes Kleid. Außerdem ist allgemeines Aufräumen angesagt, damit sich nichts mehr zu einem unüberwindbaren Berg oder schlechtem Gewissen anhäufen kann. Äußerst befriedigend erledige ich unangenehme Anrufe, bürokratische und andere Lästigkeiten – und beende eine Beziehung, die weder meinen Freund noch mich richtig glücklich gemacht hat. Beidseitiges Aufatmen, eine nette Freundschaft fortan.

WÜRMER

Ich lese »Interviews mit Sterbenden« von der Ärztin und Psychologin Elisabeth Kübler-Ross, in dem sie unter anderem fünf Sterbensstufen aufschlüsselt. Ein sehr spannendes Buch. Es leuchtet ein, dass junge Menschen, Teenager, nicht so große Schwierigkeiten mit dem Sterben haben und leichter gehen können. Bei ihnen haben sich noch nicht so viele Wunden im Leben angesammelt, die nicht heilen wollen. Ebenso kann ich nachvollziehen, dass sich ältere Menschen weniger schmerzhaft dem Tod stellen, wenn sie religiös sind. Die Sterbensstufen aber begreife ich nicht, so klar sie beschrieben sind. Zumindest kann ich sie Katja nicht zuordnen. Vielleicht ist sie noch nicht so weit.

An einem Adventssonntag stolpere ich in meinem Computer über den Text »Die Reise«, den ich kurz nach Katjas Gebärmutteroperation geschrieben und vollkommen verdrängt habe. Abermals stößt mir das leere Gefühl des Scheiterns auf, nicht einmal unter Verwendung von Katjas Worten nachvollzogen zu haben, was in ihrem Innersten vorgegangen sein mochte. Und das zu einem Zeitpunkt, als das Sterben noch gar kein Thema für uns war. Aber die Gefahr war uns offenbar doch bewusst. Nicht ohne Grund endet der Text an der Stelle, als die unsichere Zukunft angesprochen wird. Diese Zukunft, die jetzt zu einer schlimmen Gewissheit geworden ist und an Schrecken bei weitem übertrifft, was sich damals hätte ausdenken und formulieren lassen. Am meisten schockiert bin ich aber, dass sich jetzt ein Zusammenhang zwischen den Reiseüberlegungen und der Krebskrankheit herauskristallisiert, der finsterer und makaberer nicht sein könnte. Wie übertrieben schien damals Katjas Panik vor den Würmern, die sich in dem fernen Land durch ihre Fußsohlen bohren und sie von innen auffressen würden. Tja. Um diese Würmer ist sie herumgekommen. Von innen aufgefressen wird sie trotzdem.

Ende Dezember feiere ich in meinen Geburtstag hinein. Eine Riesenparty, achtzig Leute. Katja fehlt mir, aber ich tobe trotzdem gut gelaunt bis zum Morgen herum. Wenige Stunden später wache ich durch das Telefon auf, ziemlich ramponiert und verkatert. Und mit einem linken Bein, das vom Fuß bis zum Knie dick geschwollen ist. Mangels Verletzungen oder Schmerzen bin ich zart irritiert. Ich rufe einen befreundeten Arzt an, der bereits auf dem Weg in die Ferien ist. Er lässt sich das Bein schildern. Ich solle den Umfang messen und mit dem rechten Bein vergleichen. Dann sagt er: »Nicht aufregen, aber auch keinen Schritt mehr gehen.« Er informiere sofort den Notdienst. Thrombosegefahr, soweit er das über das Telefon sagen könne. Er muss mir erklären, was das bedeutet. Es bedeutet, dass bei jeder Bewegung eine Luftblase in die Lunge steigen kann, dann Embolie, dann … Ich bin noch zu verkatert, um den Ernst der Angelegenheit ganz zu begreifen, falls die Vermutung zutreffen sollte. Aber so viel kann mein Hirn doch zusammenbrauen: Ich sterbe nicht an meinem vierzigsten Geburtstag. Nein. Ehe ich weiter darüber nachdenken kann, klingeln der Notarzt und eine Freundin, die auch angerufen wurde. In der Klinik werde ich gar nicht behandelt, man gratuliert nur zu meinem runden Geburtstag.

(Hiermit beginnt eine Beingeschichte der besonderen Art. Das Bein bleibt noch beinahe ein Jahr dick und wird dann wieder dünn. Fortan immer wieder dick, dünn, dick, dünn. Und keiner der unzähligen Spezialisten zwischen Phlebologie, Angiologie, Orthopädie und Homöopathie kann den Grund herausfinden. Alles sei angeblich vollkommen gesund, wenn auch äußert verwunderlich.)

Als Katja mich anruft, um zu gratulieren, fällt mir auf, dass ihre Stimme eigentümlich belegt klingt. Aber ich bin nicht in der Lage, darauf einzugehen. Anfang Januar rufe ich sie zurück. Sie gesteht, neue Schmerzen zu haben, aber sie sei so glücklich, mit Jakob eine Woche allein sein zu können. Die Schmerzen lassen nicht nach. Am 18. Januar, Katjas eigenem Geburtstag, sind sie noch stärker geworden. Warum kommt sie nicht zurück? Warum will sie unbedingt bis zum 28. auf der Insel bleiben?

Fünf Zimmer

I. Zimmer
Drei Wochen Krankenhaus

DIE SCHMERZEN

25. Januar 2002. Das Telefon klingelt. Katja – schon in München. Sie erzählt so schnell, dass ich kaum verstehe, was passiert ist: Das linke Bein schwoll an, auf Teneriffa konnte niemand sagen, warum. Deshalb gestern die überstürzte Rückkehr. Die hiesigen Ärzte diagnostizierten sofort eine Thrombose und gratulierten, dass sie den Flug überlebt hat. Dann stellten sie neue Metastasen fest. Mit dem bloßen Auge. Eine Computertomographie ist für morgen anberaumt. Ob ich heute noch ins Krankenhaus kommen könne?

Ich besuche Katja. Ihr Anblick fesselt mich. Sie ist braun gebrannt, erholt, wie man es nur von Meer, Sonne und Wind sein kann. Sie ist noch dünner als bei ihrem Abflug. Die Vierzig-Kilogramm-Grenze hat sie unterschritten. Eine zerbrechliche Anmut, die kaum noch etwas Irdisches hat. Im perversen Gegensatz dazu das geschwollene Thrombosebein, das sich wie der Mount Everest unter dem weiten Nachthemd emporwölbt. Und dieser aufgekratzte Pickel auf ihrem linken Nasenflügel.

Die Schmerzen müssen entsetzlich sein. Immer wieder zuckt Katja zusammen. Nicht nur das Thrombosebein schmerzt. Die Morphinpflaster wirken nicht mehr. Ein anderes Mittel kann aus irgendeinem Grund nicht verabreicht werden. Zuerst rege ich mich darüber auf, aber dann werde ich von den Auswirkungen der Schmerzen überwältigt. Innerhalb von zwei Tagen ist Katja blass, ihre Stimme ein Hauch. Kein Medikament kann gegen die Schmerzen aufgetrieben werden. Nur warme Vollbäder bringen ein wenig Entspannung.

Das trostlose Ende des Teneriffa-Aufenthalts, die eindeutige Verschlechterung auf allen Ebenen sind Schock und Läuterung zugleich: Es ist vorbei. Die bleierne Schwere, von der ich mich erholt glaubte, umhüllt mich auf der Stelle wieder. In dieser Dunstglocke gibt es keinen Abzug. Nur einen einzigen. Ihr Tod.

Eine Fachfrau für Thrombosestrümpfe kommt. Katjas Bein ist für ihre Strümpfe viel zu lang und viel zu dünn unterhalb des geschwollenen Oberschenkels. Weder in der verlockenden Farbe »Haut« noch in Weiß oder Schwarz kann sie fündig werden. Für Katja muss ein Strumpf genäht werden. Wir einigen uns auf »frisches Weiß«. Kopfschüttelnd misst die Fachfrau das Bein mehrmals nach. Katja und ich unterdrücken ein Kichern.

Sonst gibt es nicht viel zu kichern, wenn wir uns zwischen den Schmerzschüben im Flüsterton unterhalten. Die verzweifelte Sinnfrage keimt wieder auf. Warum sie, warum nicht ich?

Immer sei sie bereit gewesen, in allem einen Sinn zu erkennen, auch wenn sie darunter gelitten habe. Aber jetzt fühle sie sich außerstande, einen Sinn zu sehen. Die Antwort dröhnt in meinem Kopf, aber ich schweige. Ich kann nicht von purer Sinnlosigkeit, dem reinen Zufall reden. Gleiches gilt für alle Formen von selbst auferlegten Martern, mit denen man im gesunden Zustand so nett koket-

tieren kann. Nicht einmal lakonisches Achselzucken bringe ich zustande. Ich bin gesund. Meine Freundin muss sterben. Ich seufze und greife ihre Hand. Sie schließt die Augen, wir schweigen. Szenen, die ich in Indien erlebt habe, tauchen vor mir auf. Neben der Leichenverbrennung spielen Kinder, Kühe latschen herum. Uralte Männlein zelebrieren ein schlichtes Waschritual, während ein Esel auf den Treppenstufen zum Fluss stirbt und Teenager Kricket spielen. Die Sinnfrage erübrigt sich da. So ist es, das Leben. Alles findet gleichzeitig statt, alles hat seine Berechtigung, alles gehört dazu. Nichts muss weggeschoben, verdrängt werden. Schon gar nicht der Tod. Warum können wir das in unserer Kultur, in unserer Gesellschaft nicht so einfach sehen. Warum. Weil bei uns alles Tun, alles Geschehen einer Bewertungsskala von sinnlos bis sinnvoll unterliegt? Weil wir wertlos nennen, was sinnlos wirkt? Weil wir ein Schicksal eher annehmen können, wenn es sinnvoll scheint? Wenn es den selbst gestellten Erwartungen entspricht? Glück, Erfolg, Hab und Gut als Qualitätssiegel für das Leben? Unerreichte Pläne, versäumte Ziele als Fehler? Verdrängen wir den Tod, weil wir ahnen, wie brüchig dieses System werden kann? Übertreibe ich jetzt oder zeigt sich an dem hadernden Kampf meiner Freundin wirklich eine Dimension, eine Eigenart unserer ganzen Gesellschaft? Meine Freundin ist eingeschlafen. Ich ziehe meine Hand zurück. Sie spürt die Absicht und hält sie fest.

Ich weiß nicht, wie Katja die Sinnfrage für sich geklärt hat. Aber sie spricht nicht mehr darüber. Nach einem besonders heftigen Schmerzschub sagt sie, sie wäre zum Selbstmord bereit. Nicht weil sie so etwas vorhätte, sondern weil sie nicht mehr weiß, was ein Mensch aushalten muss. Wir stimmen überein, dass es für Menschen in ihrem Stadium das Beste wäre, wenn die Ärzte ein Mittel bereitstellen dürften. Ein Mittel, das der Mensch dann einnimmt, wenn er in solch einer ausweglosen Situation nicht mehr kann. »Würdest du mir bei so etwas helfen?«, fragt sie. Ich schaue in ihre Augen und kann nicht erkennen, ob sie mich für das Jetzt fragt oder hypothetisch. Würde ich es schaffen, ihr Tropfen einzuflößen, wenn ich wüsste, dass sie dann einschläft und nie wieder aufwacht? Ich spüre, dass ich es vermutlich könnte. Allerdings müsste Katja mir zu erkennen gegeben haben, dass sie den Tod annimmt. Dass der Tod nicht nur die Rettung vor den Schmerzen ist, sondern dass sie mit dem Leben abgeschlossen hat und das Ende in Ordnung ist. So wenig ich mir anmaßen darf, diese moralische Forderung überhaupt zu denken, so sicher bin ich, dass das mein Ansatz wäre. Ich flüstere: »Ja, ich glaube schon«, und verschweige meine Bedingung. Katja zuckt wieder zusammen. »Soll ich nachschauen, ob das Bad frei ist?« Sie nickt. Froh, etwas tun zu können, widme ich mich der Aufgabe, im Krankenhaus die sanitären Räume zu suchen, und ersticke meine Gedankenverwirrung über die problematische Euthanasiedebatte im Zusammenhang mit dem verdrängten Tod als gesellschaftlichem Phänomen. Das Bad ist frei, eine Schwester kommt, um Katja zu helfen. Ich gehe nach Hause.

30. Januar. Der Tag, an dem das Ergebnis der Computertomographie bekannt gegeben wird. Ich traue mich kaum, Katja anzurufen, wie ich es vor jedem meiner Besuche tue, um mich anzukündigen.

Katjas Stimme jubelt mir hell und fröhlich entgegen. Ein neues Schmerzmittel wirkt. Ihre Erleichterung springt sofort auf mich über, fast vergesse ich nach dem Ergebnis zu fragen. Beschwingt teilt mir Katja mit, dass ein Tumor die Niere bedrängt, einer auf der Leber sitzt, andere die Blase und die Scheide bedrohen. Die Scheide könne bald durchbrechen, wenn die Tumore weiter wachsen.

Das ist das endgültige Todesurteil. Das Zeichen, dass die Bestrahlung nichts erbracht hat. Das Zeichen, dass alles viel schneller geht, als wir geahnt haben. Wie kann Katja glücklich sein? Wie kann ich mich anstecken lassen? Wir müssten doch weinen. Aber wir weinen nicht.

Ich rase in die Klinik. Die Sonne lacht, der Himmel leuchtet hellblau. Auf ins Café gegenüber der Klinik. Dick eingemummelt lassen wir uns die Sonne aufs Gesicht scheinen. Wie in alten Zeiten. Während wir Cappuccino trinken, sagt Katja, dass ihr die Klarheit der Fakten allemal lieber ist als die quälende Ungewissheit, die sie auf der Insel aushalten musste. Als das Zerrissenwerden zwischen den Aussagen der Heilerin, dass sie gesund sei, und ihren eigenen Zweifeln. Katja ist so gut gelaunt, dass wir in Zukunftsplänen schwelgen. Vielleicht ziehen wir zusammen, vielleicht kann Jakob zu uns kommen, vielleicht … Irrational, vollkommen irrational. Ich dränge, nicht die Zukunft zu planen, sondern die nächsten Tage und Wochen. Will oder muss sie in der Klinik bleiben? Will oder kann sie bald in ihre Wohnung, in der zurzeit noch ein Untermieter lebt? Will oder soll sie zu ihren Eltern?

31. Januar. Liebe D.,
gestern gab es eine verrückte Wende. Es ist zwar definitiv der schlimmste Fall eingetreten, aber trotzdem gibt es Hoffnung.

Katja war die erste Woche in München so verzweifelt, so hoffnungslos, hatte so grauenhafte Schmerzen, dass ich sogar hoffte, dass das alles für sie ganz bald ein Ende hat. Man hatte schon ohne CT neue Metastasen entdeckt. Dann kam die CT dran und gestern eben das Ergebnis. Der Tumor ist gewachsen und hat gestreut. Es ist also alles eindeutig. Aber Katja war wie ausgetauscht. Die Ärzte haben endlich eine neue Schmerzmittelkombination gefunden, die anschlägt. Und Katja war so klar. Sie akzeptiert jetzt, wie auch immer das menschenmöglich ist, dass es keine Chance mehr gibt. Dadurch fühlt sie sich frei und hat neue Kräfte. Und freilich, vielleicht passiert auch noch ein Wunder. Es war endlich möglich, mit ihr das Jakob-Thema anzusprechen. Und deshalb bin ich seit gestern so erleichtert, obwohl der Fall derart schlecht steht. Sie sagte auch, dass sie unendlich froh ist, nicht mehr den Schwebezustand ertragen zu müssen. Am Anfang hatte der Teneriffa-Aufenthalt ja vielleicht einen Sinn, aber jetzt ist sie sehr erleichtert, wieder hier zu sein, bei ihren Freunden, der Familie. Sie war eindeutig zu lange dort. Ich bin ja ganz unruhig geworden ab Mitte Dezember.

Es ist komisch mit dem Empfinden von Zeit, welche Zeit stimmt, welche nicht mehr. Das spürt man ja manchmal. Und meistens irrt man sich nicht. Als ob es ein übergeordnetes Zeitmaß gäbe. Oder einen Takt, der alles bestimmt: die Länge, das Tempo, die Handlung, das Gefühl. Und wenn der Takt missachtet wird, dann stimmt etwas nicht, dann gibt es Probleme, dann ... Wie auch immer. Alles Liebe.

DIE BADEWANNE I

2. Februar. Katja macht einen »Krankenhausurlaub« bei ihren Eltern. Dort steht inzwischen ein Rollstuhl für sie, mit dem wir einen Ausflug ins »Adria« machen wollen. Endlich, endlich wieder ins »Adria«. Aber das neue Schmerzmittel versagt den Dienst. Katjas Mutter und ich versuchen den Thrombosestrumpf anzulegen. Das ist nicht möglich. Die Näher erkundigten sich immer wieder, ob die Maße stimmen. Die Maße stimmen. Das Bein ist so lang, die Wade ist so dürr. Aber man kann diesen kilometerlangen straffen Schlauch nicht überziehen, wenn jede noch so leichte Berührung die schlimmsten Schmerzen auslöst. Das Bein muss fortan mit elastischen Bändern gewickelt werden.

Katja möchte in die Badewanne. »Erschrecke nicht«, sagt sie. »Keine Sorge«, sage ich. Ich sehe auch durch die schlackernde Kleidung, wie dünn sie ist. Da kann der nackte Leib nicht viel Überraschung bieten. Ich helfe ihr hinüber ins Bad, beim Entkleiden. Sie setzt sich auf den Wannenrand, ich hieve die Beine in die Wanne und halte ihren Oberkörper beim Hinabgleiten ins Wasser. Dann sitzt Katja. Ich sehe sie an. – »Ich muss mal aufs Klo.«

Ich verriegle die Toilettentür hinter mir. In mir brüllt eine Stimme: Das ist nicht Katjas Körper. Dieser Körper gehört ihr nicht mehr. Er gehört der Krankheit. Er gehört dem Tod. Da sitzt Katjas Tod in der Badewanne.

Ich sprenge kaltes Wasser auf mein Gesicht und atme tief durch. Dann gehe ich zurück ins Bad, nehme den Schwamm und streiche über Katjas Rücken. Der Tod pocht unter meinen Fingern. Er lacht. Frisst, schmatzt, räkelt sich. Fleckige Beulen, Fratzen durch die unzähligen Spritzen. Hieronymus Bosch, Alien, Pest, Verwesung …

Uns beiden tut die Berührung gut. Katja entspannt sich ein wenig, ich kann den Schrecken erspüren, ertasten. Die Rollstuhlaktion ins »Adria« wollen wir nachholen. Ja, das wollen wir.

Ein paar Stunden später, in meiner Wohnung, sehe ich es deutlich vor mir: Ostern. Zu Ostern, Ende März stirbt sie. Spätestens im April. Eine Katja im Mai kann ich mir nicht vorstellen. Es gibt keine Katja im Mai. Jetzt ist der 2. Februar.

Ich bin schockiert. Ich habe doch überhaupt keine Erfahrung mit Menschen in einem derartigen Zustand. Vielleicht kann sie noch zwei Jahre leben, vielleicht nur eine Woche. Ich weiß es nicht. Ich brauche eine fachkundige Aussage, weil ich Angst habe, mit meiner Vision ihren Tod zu beeinflussen. Auch wenn ich nicht wirklich daran glaube, dass Gedanken solch eine Wirkungskraft haben können. Aber wie soll ich Katja fortan begegnen. Ich rufe unseren Ärztefreund an. Er weiß sicher Bescheid, weil seine Freundin im Behandlungsteam von Katja ist. Natürlich zögert er. Kein seriöser Arzt gibt diesbezüglich konkrete Angaben. Das darf er nicht, das kann er nicht. Aber dann nuschelt er rasch, dass Katja den Jahreswechsel nicht erleben wird. Ich bin überrascht, so lange noch. Er widerspricht nicht, als ich ihm meine Eindrücke schildere.

Die Bestätigung gibt mir Ruhe, auch wenn ich mit jeder Pore hoffe, dass Katja diesen Mai erlebt, den Mai im nächsten Jahr, in fünf Jahren, in dreißig Jahren.

5. Februar. Lieber T.,
ob ich mit dem Rauchen aufgehört habe? Ha! Ich qualme, was das Zeug hält. Plane nächsten Gesundheitsstart am Aschermittwoch, da komme ich von der Berlinale zurück, zu der ich am Freitag fliege. Aber ich habe mordsmäßig gut gearbeitet. Es geht also voran, wenn auch immer noch mit genügend Spannungsmomenten.

Jetzt zu Katja. Ich sehe sie fast täglich. Und wenn ich ehrlich bin, kann ich auch dir nur empfehlen, möglichst bald nach München zu kommen. Ich kenne mich mit Krebsendkämpfen nicht aus, aber ...

Der Tumor ist gewachsen. Sie hat neue Metastasen. Auch in der Leber. Sie verliert sehr viel Blut durch den Urin. Die Niere streikt. Sie ist erbärmlich schwach und dürr. Ich weiß nicht, wie lange ein derart schwacher Körper diese Qualen mitmachen kann.

Aber sie hat inzwischen einen Rollstuhl. Das ist schon mal positiv. Da kann man ein bisschen mit ihr rumgurken. Am Wochenende kommt Jakob nach München. So schlimm es um Katja steht, sie wirkt meist sehr gefasst, sehr ruhig. Natürlich hegt sie noch Hoffnung auf ein Wunder, aber sie hat die schwierigste Runde geschafft, die man da schaffen muss. Sie kann sich irgendwie auf das Sterben einstellen. Ich weiß nicht, wie man das kann. Aber das scheint überhaupt das Wichtigste zu sein, das man während so einer Krankheit hinkriegen muss. Freilich hat sie noch schwache Momente. Nur zu verständlich.

Wir anderen versuchen, uns darauf einzustellen. Und wir versuchen, ihr alles ein bisschen leichter zu machen. Außerdem muss man sehen, dass man ihr möglichst viele schöne Dinge beschert. Wozu sie Lust hat. Wenn nur die Schmerzen nicht wären. Die sind das Hauptproblem. Es tut mir leid, dass die Nachrichten aus München nicht positiver sind. Aber es hilft ja nichts. Es ist, wie es ist. Alles Liebe und bis hoffentlich bald.

WOHIN?

Katja wird zum Spielball der Schmerzen. Und wir mit ihr. Kaum hat man sich auf ihre positive Stimmung eingestellt und baut schüchterne Hoffnungen auf, wird man mit ihr in tiefe Abgründe geschleudert. Kaum lässt man die finstersten aller Gedanken zu, geht es ihr wieder besser und man schämt sich für den eben gehegten Pessimismus.

Neben diesen Schmerzen, die aus nach wie vor unverständlichen Gründen kaum behandelt werden können, gibt es noch ein anderes Problem. Katja ist austherapiert. Die Bestrahlung war die letzte Möglichkeit der Schulmedizin. Sie kann also nicht auf unbestimmte Zeit in der Klinik bleiben, die nicht darauf eingerichtet ist, eine Pflegestation zu sein. Schon gar nicht kann immer ein Einzelzimmer für sie freigehalten werden, was bisher geschehen ist, obwohl Katja nicht einmal privat versichert ist. Mit einem Wort: wohin? Katja möchte in ihre Wohnung. Aber die ist augenblicklich noch untervermietet. Außerdem liegt sie im dritten Stock und es gibt keinen Lift. Sie kann die Treppen auf Dauer nicht bewältigen, so viel ist sicher. Die Wohnung ihrer Eltern ist eindeutig geeigneter: Hochparterre, ein freies Zimmer für Katja, Zugang zu einem hübschen Garten. Aber Katja will nicht zu ihren Eltern. Sie hat dort das Gefühl, noch kranker zu sein, als sie es ohnehin ist. Sie fühlt sich zurückversetzt in ihre Kindheit, was sie nicht will. Außerdem glaubt sie, dass sie nicht willkommen sei. Ihr Vater, der vor kurzem Leukämie hatte, sei dagegen. Ich kann das beim besten Willen nicht so sehen. Aber auch ich spüre, dass die Lösung mit der elterlichen Wohnung nicht gut ist. Ich weiß nicht, warum. Erst später werde ich es begreifen. Ich höre mir Katjas Bedenken an. Ganz klar, da tauchen angestaute Problematiken auf, aus der Kindheit, familiäre Angelegenheiten, die jeder Mensch in irgendeiner Form mit sich herumträgt. Aber ich bin außerstande einzugreifen. Das ist ihre Familie. Und sie hätte mit ihrer Familie wahrlich mehr Pech haben können.

Ich denke über eine alternative Lösung nach und rufe eine andere Freundin von Katja an, die sich auch intensiv um sie kümmert. Julia-Anna und ich stellen fest, dass wir alle, auch Katjas Ex-Freund, im dritten, vierten Stock ohne Lift, in letztlich zu kleinen Wohnungen leben. Niemand in unserem Bekanntenkreis hat ein Haus oder Ähnliches, wo man Katja einquartieren könnte. Wir überlegen, ob wir eine Wohnung im Erdgeschoss für Katja anmieten. Aber dann unternehmen wir nichts in diese Richtung. Irgendetwas hindert uns, eine Vorahnung vermutlich, auch wenn wir sie nicht aussprechen.

7. Februar. Lieber T.,
ich denke, du hast mich richtig verstanden. Sicher wird es noch ein paar Monate mit Katja gehen, aber nicht mehr viele. Außer, ein Wunder passiert. Ich nehme momentan jeden Tag als Geschenk. Was etwas pervers ist, weil Katja grauenhafte Schmerzen hat und leidet. Katja sieht das übrigens ähnlich. Auch den Widerspruch. So stellt sie sich auch die Frage, was ein Mensch alles mitmachen muss. Ob Selbstmord nicht doch legitim ist. Du siehst, in welchen Dimensionen sich das inzwischen abspielt. Und eigentlich kann

man nur sagen, dass es gut wäre, einem Menschen in einer derartigen Situation ein Mittel zur Verfügung zu stellen oder ihm anderweitig zu helfen, dass er selbst entscheiden kann. Freilich müsste er bis dahin Frieden mit sich und der Sache geschlossen haben. Und da ist bei Katja halt noch das Problem mit Jakob. Ganz vorne dran. So klar sie die Situation übersieht, bei Jakob ist für sie zu vieles noch offen. Das Wichtigste ist momentan ganz sicher, dass sie das Gefühl bekommen kann, für ihn alles geregelt zu haben. Schön wäre auch, wenn sie ihre Selbstvorwürfe ad acta legen könnte.

Ich bin jetzt für ein paar Tage in Berlin. Auf der einen Seite ist es ganz gut, mich abzulenken, meine Zukunft ein wenig zu pushen, auf der anderen Seite auch etwas seltsam. Alles Liebe.

7. Februar. Hey M.,
morgen streben wir ja alle nach Berlin. Ich fände es sehr nett, wenn wir uns zwischen den Berlinale-Veranstaltungen auch mal treffen könnten.

Meine oscarverdächtig brillanten Drehbuchentwürfe habe ich abgegeben. Leider muss ich mich mit den Resonanzen mal wieder gedulden. Himmelherrgott.

Ansonsten bin ich in einer beklemmenden Stimmung. Mit Katja geht es rapide bergab. Auf der einen Seite bleibt einem gar nichts anderes übrig, als den Tatsachen ins Auge zu sehen, auf der anderen ist es zu erschütternd. Aber es hilft nichts. So brutal die Metastasen im Lawinensystem ein Organ nach dem anderen angreifen, eine Blutung nach der anderen auslösen und immer mehr Schmerzen erzeugen, es kann sehr bald noch viel schlimmer kommen. Man macht sich keine Vorstellung, was da alles passieren kann. So muss

Katja auch damit rechnen, dass ihre Scheide durchbricht und damit der Dick- und Dünndarm herausquellen. Neben der angegriffenen Leber, der abgequetschten Niere, dem nicht mehr funktionierenden Bein und so vielem mehr.

Natürlich sagt niemand von den Ärzten, wie lange das noch gehen kann. Aber man braucht sich nicht zu belügen. Die Rechnung für dieses Jahr ist zu positiv gedacht, rücken sie dann doch endlich heraus. Am Samstag habe ich sie gebadet. Die Wärme des Wassers scheint ihr am besten zu tun. Da hat es mich erwischt. Dieser abgezehrte, von Schmerzen und Schwäche gezeichnete Körper hat nichts mehr mit meiner Freundin zu tun. Ihr Geist zeigt sich dafür umso stärker, auch wenn sie manchmal durch die Medikamente etwas fern ist. Mein Gefühl gibt ihr noch ein paar Monate.

Unsere Gespräche drehen sich jetzt sehr viel ums Sterben. Ich kann gar nichts anderes tun, als einfach da zu sein. Und dann ist es auch wieder so, als ob alles ganz normal wäre. Pläne, wie man es ihr nett machen kann, Lästern, über was auch immer.

Ich hoffe, dass ich es schaffe, ihr eine Stütze zu sein.

Entschuldige diese recht genauen Beschreibungen. Aber ich glaube, ich brauche das jetzt auch mal. Ciao, alles Liebe.

7. Februar. Liebe D.,
willkommen in Deutschland. So kalt ist es erst seit gestern. Davor hatten wir schon zwanzig Grad im Plus-, aber natürlich auch im Minusbereich.

Gutes Timing, ich fliege morgen früh nach Berlin. Berlinale. Aber nur bis Mittwoch. Du hast ja meine Handynummer, wenn es etwas gibt.

Katja geht es elend. Der Endkampf hat begonnen. Ging rasant. Ruf sie an, sie freut sich sicher, aber pass auf. Sie kann nicht viel Besuch empfangen. Sie hat häufig Schmerzschübe und ist oft in Behandlung. Die Besuche bitte immer mit ihr absprechen.

Ciao, bis nächste Woche.

DIE DUNKLE SEITE

Vom 8. bis zum 13. Februar tobe ich in Berlin auf der Berlinale herum. Mein Aufenthalt wird zu einer einzigen Rechtfertigung, dass es okay, richtig und gut ist, dass ich hier bin, obwohl ich nicht da sein müsste. Die Filmszene kommt ziemlich gut ohne mich aus. Aber ich habe ein Recht auf mein Leben. Auf mein heiß geliebtes Berlin, auf meine vielen Freunde hier. Auf die Filmfestempfänge und Premieren, auf den Trubel, den Stress, auf mein Fluchen über den alljährlichen Berlinale-Wahnsinn, auf meinen Spaß, daran teilzuhaben. Aber Katja lässt mich nicht los. Ich bin in einem schwammigen Trancezustand, wie unter Drogen. Nicht zu fassen: Kaum bin ich von Katja weg, dreht meine Phantasie mit mir durch. Vor meinem inneren Auge spielen sich die düstersten Szenarien mit ihr ab. Außerdem schwelge ich in einer Angst, die mich betrifft. Schwermut, pathetische Romantik, Weltschmerz, alles was meine dunkle Seite hergibt. Leider weiß ich, dass Anrufe bei Katja keine Linderung schaffen. Zu oft habe ich miterlebt, wie sie am Telefon mit fröhlicher Stimme jemandem etwas Humorvolles oder Beruhigendes erzählt und im nächsten Moment zusammenbricht. Trotzdem rufe ich an. Es scheint ihr gut zu gehen. Sie war sogar für ein paar Stunden in ihrer Wohnung, was sie glücklich gemacht hat. Und im »Adria«, was mich neidisch auf die Person macht, die das mit ihr erlebt hat. Nach diesen Anrufen hocke ich blöde neben dem Telefon und durchwate diesen Phantasierausch meiner Ängste und ärgere mich über mich.

Direkt vom Flughafen fahre ich zu Katja, die wieder bei ihren Eltern »Krankenhausurlaub« macht. Alles ist gut. Das, was sie durchmacht, ist schlimmer, als sich meine Phantasie ausmalen kann. Das, was sie durchmacht, ist normaler, als ich mir vorstellen kann. Und mein Platz ist zurzeit hier. So einfach ist das.

JAKOB

Ein paar Tage nach meiner Rückkehr kommt Jakob nach München. Katja und er sind in der Wohnung der Eltern. Katja hat starke Schmerzen. Sie kann immer nur kurze Zeit mit ihrem Sohn verbringen. Und schon diese kurze Zeit ist für sie eine Qual. Sie kann sich nicht nur nicht um Jakob kümmern, sie ist überfordert. Ich werde gefragt, ob ich einen Tag einspringen könne. Gerne. Jakob und ich sind alte Bekannte und wir haben ein gutes Kumpelverhältnis, das auf Deals besteht, die es von beiden Seiten einzuhalten gilt. Ich telefoniere mit ihm, er hat freie Programmwahl. Er schlägt Schwimmbad oder Flugzeugmuseum vor. Zwei Unterfangen, für die ich mich natürlich brennend interessiere. Jakob aber sagt, er möchte nur etwas machen, das auch mir Spaß bringt. Da ich beides schon einmal mit ihm unternommen habe, geht er davon aus. Dagegen kann ich nicht argumentieren. Wir einigen uns auf Schwimmbad. Aber dann kommt es anders. Damit Jakob während seines München-Aufenthalts ein wenig Abwechslung erfährt, habe ich im Vorfeld eine Freundin angerufen, die zwei Jungen in seinem Alter hat. Jakob hat die Brüder bereits letztes Jahr kennengelernt und sich gut mit ihnen verstanden. Und nun rufen die Brüder heute schon an und wollen mit Jakob ins Schwimmbad gehen. Das ist zugegebenermaßen spannender als mit mir, und so akzeptiere ich Jakobs höfliche Absage.

Wir gehen die Badehose zusammen kaufen. Jakob hat eine wichtige Frage an mich. Aber zuerst möchte ich mein Anliegen loswerden und möglichst einfühlsam über Katja sprechen. Das findet er dröge. »Ich weiß, dass Mama krank ist und weggehen wird. Aber sie ist in meinem Herzen. Da wird sie auch sein, wenn sie vom Himmel auf mich herabsieht.« Stoisch, wenn auch peinlichst berührt, erträgt er meine Umarmung. Jetzt kommt sein Thema an die Reihe: »Wie gut bist du mit Mama befreundet? Seid ihr (kicher) Busenfreundinnen?« Ich sage: »Ja, sie gehört zu meinen Busenfreundinnen.« Er ist baff. »Mehrere Freundinnen?« Ich erkläre, dass ich mich glücklich schätzen kann, vier oder fünf Busenfreundinnen zu haben, wobei seine Mama und die anderen Freundinnen jeweils einen bestimmten Bereich in mir einnehmen. Deshalb ist jede dieser Freundschaften einmalig und kann nur sehr schwer ersetzt werden. Jakob fragt, welchen Bereich seine Mama abdeckt. Ich muss überlegen. Dann sage ich: »Sie hat diesen Bereich, der so tief drinnen ist, dass man sich wundert, wie tief das in einem gehen kann, ohne dass es irgendwo herausfällt.«

Erst die coole Badehose, die er zielsicher aus dem Angebot zieht, beendet unser Gespräch über Freundschaft, wie wichtig Freunde sind, welche Probleme manchmal entstehen, wie man sie lösen kann. Ehe ich mich endgültig in Jakob verliebe, boxt er mir hart in die Rippen. Jetzt kommt er nicht umhin. Ich nehme ihn in die Mangel und quetsche ihn über seine Schulschwierigkeiten aus, die ziemlich massiv sind.

Meine Freundin und ihre beiden Jungen sind eine große Hilfe während Jakobs Besuch. Er wird in alle Aktivitäten integriert, will gar nicht mehr weg, zumal der jüngere Bruder sofort zu seinem Busenfreund erklärt wird. So verlockend das Unterhaltungsprogramm sein mag, ab und zu muss er Zeit für seine Mutter finden, bespreche ich mit ihm. Jakob fügt sich der Verordnung ohne Protest. Nach wenigen Tagen fährt er wieder in die Schweiz. Er könnte noch einige Zeit in München bleiben, aber er will nicht länger als nötig bei der kranken Mutter sein. Er will in die Schule, zu seinem Vater. Er entscheidet sich sehr deutlich für das Leben. Katja akzeptiert.

SCHMERZBEHANDLUNG

Ein Begriff taucht auf, den ich nicht verstehe. Pehhenativ. Wie bitte? Pehhenativ? Nein: palliativ. Auch das sagt mir nichts. Schmerzbehandlung. Ach so, ja natürlich. Auf der Stelle ist der Begriff so geläufig in meinem Wortschatz integriert, als ob ich eine Doktorarbeit darüber geschrieben hätte. Um diese Schmerzbehandlung geht es doch schon lange. Wenn ein Mensch austherapiert ist, geht es nur noch um Schmerzbehandlung. Deshalb ist es aus Laiensicht ja unverständlich, warum Katjas Schmerzen nicht besser behandelt werden können. Jetzt taucht dieser Begriff aber in einem Zusammenhang auf, der sich auch als mögliche Lösung für Katjas Wohnproblem anbietet. Kaum auffindbar in den Branchenbüchern gibt es Hospize und Palliativstationen, die auf sterbenskranke Menschen eingerichtet sind. Katja soll in die angegliederte Palliativstation eines Krankenhauses.

»Ich komme in eine Sterbestation, um es im Klartext auszudrücken«, sagt Katja so trocken, als ob sie mir eine Wegbeschreibung geben würde. »Ich werde auf ein Schmerzmittel eingestellt. Sie sagen, dass das spätestens in drei Wochen gelingt. Aber Fakt ist, dass die allerwenigsten Patienten diese Abteilung lebend verlassen.« Ich schließe mich dem sachlichen Ton an und sage: »Aha.« Sie werde aber nicht sterben, erklärt Katja weiter. Sie werde sich auf das Schmerzmittel einstellen lassen und dann in ihre Wohnung ziehen, die sie sehr vermisst. »Natürlich«, antworte ich. Das Treppenproblem werden wir lösen. Hauptsache, diese Schmerzen verschwinden.

Am 18. Februar wird Katja in die »Sterbestation« eingeliefert.

II. Zimmer
Zwei Wochen Palliativstation

Tagebucheintrag 18. Februar
Es reduziert sich auf null, jetzt, wo das baldige Ende von Katja bevorsteht. Ich hätte so viel noch mit ihr zu erleben, zu besprechen. Oder gar nichts mehr. Es gibt nichts zu sagen. Oder alles. Und es ist ausgeschlossen, in den verbleibenden Wochen für die Zukunft vorzusorgen. Nach zwanzig Jahren Freundschaft kann man nicht »horten«.
So deutlich der Tod dasteht, ich kann mir immer noch nicht vorstellen, sie nicht mehr anzurufen. Nicht mehr mit ihr Kaffee zu trinken, zu lachen, Sorgen zu teilen. Dabei bin ich ganz ruhig bei dem Gedanken, dass sie stirbt.

Wie schnell das jetzt alles geht. Wie klar es ist, wie brutal. Und manchmal wünsche ich ja sogar, dass es noch schneller gehen möge. Sie leidet so sehr, hat solche Schmerzen. So Gott will, hilft die neue Schmerztherapie in der Sterbeklinik.
Sie selbst sprach von Tagen, Wochen. Ich wusste das alles für mich schon längst, aber wenn sie die Dinge benennt, ist das etwas anderes. Das sticht mitten ins Herz.
Natürlich kann ich viel tun: da sein, organisieren, mich ein bisschen um Jakob kümmern, Katja zum Lachen bringen undundund. Aber eigentlich kann ich gar nichts tun. Und eigentlich ... Quatsch. Es ist total egal, wie es mir dabei geht, was ich fühle. Darum geht es nicht. Trotzdem fühle ich mich verdammt alleine damit. Gerade weil ich kein Recht habe, Mitleid zu erwarten. Verglichen mit dem, was Katja durchmacht, ist es ja auch lächerlich.
Trotzdem. Sie ist dann weg, woanders. Und ich muss schauen, wie ich ohne sie weiterlebe. Das ist an und für sich kein Problem. Aber vor dem Loch habe ich Angst. Das Loch dieser Freundschaft kann nicht mit etwas anderem aufgefüllt werden. Es wird vermutlich bleiben.
Wie wenig wirklich enge Freunde hat man doch. Ganz gleich, wie viele gute es sein mögen. Und es ist etwas völlig anderes, ob man einen Freund aus den Augen verliert oder sich durch einen Streit entfremdet. Diese Ex-Freunde wären schon noch irgendwo existent und können vielleicht auch durch etwas oder jemand anderen ersetzt werden. Aber die Herzensfreunde doch nicht.
Und bei denen war Katja ganz vorne dran.
Ich schreibe »war«. Und das stimmt. Auch wenn unsere Momente zurzeit sehr intensiv sind, sie ist nicht mehr meine Freundin Katja. Ihr Körper gehört ihr schon seit

Wochen nicht mehr. Ihr Zustand ist ein zu anderer, als er es in unserer Freundschaft war. Das heißt nicht, dass sie keine Freundin mehr ist oder dass es die Freundschaft nicht gibt. Aber das Gewicht hat sich komplett verschoben. Es geht um so viel anderes als früher. Sie ist nicht mehr die gleiche. Schon alleine wegen der Schmerzmittel. Aber auch wegen dem, was sie durchmachen muss, wegen ihrer Gedanken. Ständig dreht sich alles um diese Krankheit. Freilich fragt sie nach mir und meinen Plänen. Ich erzähle auch. Aber nur kurz, sporadisch. Letztendlich fühlt sich das alles schal und blöd an, was ich da tue, vorhabe, worüber ich mich ärgere, was nicht klappt, worauf ich hoffe.

Was für ein Gefühlswirrwarr. Ich bin ja vollkommen durcheinander.

ERLEICHTERUNG

20. Februar. Ich besuche Katja das erste Mal in der Palliativstation. Nicht nur die Flure, die Gemeinschaftsräume und der Garten wirken freundlich. Auch die neue Schmerzbehandlung schlägt an. Die dortigen Ärzte geben ihr kein Morphium mehr, sondern Methadon, wenn ich es richtig verstehe. Das Morphium verteilt sich über das Körperfett, erklären sie. Wenn kein Fett mehr da ist, kann es nicht wirken. Das leuchtet mir ein, so dürr wie Katja ist. Außerdem setzen sie die Thrombosespritzen ab. Wie auch immer. Katja ist von den Schmerzen befreit.

Sie thront in einem hellen Zimmer mit Türe zum Garten hinaus und platzt vor Lebensfreude. Die Sprunghaftigkeit ihrer Zustände kenne ich ja schon. Aber heute ist da noch etwas anderes. Sie schwebt fast, obwohl sie wegen des Thrombosebeines ans Bett gefesselt ist. Sie erzählt mir, warum.

Am Abend zuvor habe sich die Palliativärztin zur Begrüßung ans Bett gesetzt und sich ihre Vorgeschichte angehört. Diese Vorgeschichte, wie sie Jakob bei Schuleintritt zum Vater nach Zürich gab und acht Monate später Unterleibskrebs bekam. Wie sie sich den Krebs als Strafe erklärte, weil sie versagt hätte, die Frucht ihrer Gebärmutter aufzuziehen. Die Ärztin rechnete die Zeitabläufe durch. Dann sagte sie: Als Katja den Sohn weggeben hat, muss der Tumor schon vorhanden gewesen sein. Ohne es zu wissen, hat sie ihren Sohn in Sicherheit gebracht. Sie hat ihm erspart, dass er jetzt doppelt in der Luft hängt. Erstens, weil er seine Mutter verliert, zweitens, weil er sich in einem neuen Umfeld zurechtfinden muss.

Katja strahlt erleichtert. Ich bin perplex. Das ist es. Das ist nicht nur ein Scheintrost. Das ist vermutlich wahr. Zumindest bekommt alles eine Ordnung, in der sich Katja keine quälenden Vorwürfe machen muss. Und diese Ordnung ist möglich, weil der Tod in das Leben integriert wird? Das ist unglaublich. Und so einfach. (Auch wenn ich nur zu froh bin, nicht in Katjas Haut zu stecken. Und ich mich nicht darauf verlassen kann, wie und ob sich eines Tages bei mir die Dinge ordnen, die mir jetzt Schwierigkeiten bereiten.)

22. Februar. Lieber M.,
zurzeit gibt es etwas Entspannung. Sie liegt in einem »Sterbehospiz«, um es charmant zu formulieren. Aber die Mitarbeiter dort haben eine wohltuende Profiart und polen ihre Schmerzbehandlung um. Und seitdem geht es ihr besser. Man beginnt sogar wieder, ein wenig Hoffnung zu schöp-

fen, dass doch noch so etwas wie eine Heilung stattfinden könnte. Zumindest ein Stopp oder so.

23. Februar. Hey D.,
ja, der Tag gestern war ganz erfolgreich, wenn auch so chaotisch, dass ich nicht mehr dazu kam, dir die Adresse durchzugeben. Aber mit ungeheurem Telefon- und Mailaufwand, bei dem natürlich auch mein idiotischer Provider rumgesponnen hat, konnten meine Co-Autorin und ich alles abgeben. Wir müssen uns jetzt nur noch für Anfang März die Daumen drücken, wo der Drehbuchauftrag entschieden werden soll.

Hier also die Hospizadresse und die Durchwahl. Katja geht es dort sehr gut, sie fühlt sich bestens aufgehoben und genießt auch die Ruhe. Das heißt: Besuch bitte unbedingt ankündigen. (Bei dem Mädel gar nicht so leicht, noch einen Besucherplatz zu ergattern, aber das ist ja auch gut so.) Alles Liebe, war ein sehr netter Abend, ich revanchiere mich bald.

ZWISCHEN DEN FRONTEN

Jetzt, da es Katja besser geht, kann sie wieder mehr Besuch empfangen. Die Freunde kommen in Scharen. Manchmal wird es beinahe ein bisschen viel. Katja selbst sagt, dass sie gerne mehr allein sein würde. Sie wolle schreiben, sich ihre Gedanken machen. Aber dann freut sie sich doch über jeden Anruf und lädt alle zu sich ins Hospiz ein. Katjas Eltern überlegen, wie man freie Zeiten für Katja einrichten könnte. Aber jeder Plan dahingehend scheitert. Telefonische Vereinbarungen funktionieren nicht. Katja bringt sie durcheinander, manche Besucher halten sich nicht an die Bitte um Vorankündigung und jeder, der bei ihr ist, bleibt länger als vorgehabt. Man kommt nicht weg von ihr.

»Und wie geht es deinem Bein?« Mein Bein. Sie fragt mich, wie es meinem Bein geht. Mein Bein ist dick, aber verglichen mit ihrem Bein wirklich nicht der Rede wert, abgesehen von allem anderen. Ich wiegle mein Beinproblem herunter. Sie grinst: »Dass deine Solidarität so weit geht, hätte ich nicht gedacht.« Jaja. Da wird man sogar noch veräppelt, wenn man wie verrückt leidet, weil das gelungenste Körperteil, auf das man immer stolz sein konnte, auch nicht mehr vorzeigbar ist.

Katja wird streng. Sie möchte kein »letztes Treffen«, keine Versöhnung mit dieser oder jener Person, der das wichtig wäre, wie sie sagt. Sie möchte nicht, dass Freunde kommen und mit ratlosem Gesichtsausdruck vor ihr stehen und eine Segnung oder irgendetwas erhoffen. Voller Zorn schleudert sie Bücher weg, die in eine »falsche« Spiritualität gehen. »Noch lebe ich«, flucht sie über Briefe, die ein Wort beinhalten, das auf ihr Ende hindeutet. Ich kann Katja nachfühlen und stehe dennoch betroffen zwischen den Fronten. Wie alle anderen bin auch ich vollkommen hilflos, was ihr Sterben angeht. Ich habe nur die Möglichkeit, Katja kontinuierlich und nah mitzuerleben und erahne die Stimmungsschwankungen und die verwirrende Komplexität des Sterbens allmählich. So auch, dass die wesentlichen Dinge nicht mit Büchern oder Worten zu fassen sind. Die kann man nur stumm erleben. Das aber geht nicht von außen, von weiter weg. Da ist man auf das angewiesen, was man sich vorstellen kann. Auch die gut gemeinten Hilfsversuche und die

Ausdrucksformen des Mitleids, der Trauer können nur der eigenen Perspektive entspringen. Und da entgleisen eben vielleicht ein paar Worte. So sehr ich mich bemühe, Katja milder zu stimmen, ich fürchte, ich versage.

Tagebucheintrag 25. Februar
Manchmal habe ich das Gefühl, ausgesaugt zu werden. Katja nimmt sich, was sie braucht. Und wenn sie etwas anderes braucht, als ich ihr geben kann, dann sagt sie: »Du musst nicht kommen.« Das bedeutet für mich: »Ich will nicht, dass du kommst.« Zumindest glaube ich das für Momente. Ich bin dann fassungslos. Aber ich reiße mich zusammen. Eine andere Freundin, die wie ich viel bei ihr ist, steckt in dem gleichen Dilemma. Sie will nicht mehr anrufen, wartet auf ihren Anruf. Komisch, diesen Gedanken habe ich nicht. Ich rufe Katja an. Und siehe, die Aufregung war umsonst. Sie hat etwas durcheinander gebracht, wollte mich nicht belästigen. Ich denke, mein Gott, wie bin ich egoistisch. Wie leicht lasse ich mich verstören. Dabei zeigt Katja mir doch jeden Moment, wie sehr sie sich freut, dass ich da bin. Wie wohl es ihr tut, dass sie bei mir nicht diese Anforderung spürt. Sie spricht von selbst die Probleme an, die sie mit mehreren Leuten hat. Weil sie niemanden zurückruft, weil sie manchmal so barsch ist.

DIE GEBURT

Das Hospiz zeigt seine Auswirkung nicht nur in der Schmerzbehandlung. Niemand spricht noch von Krebs oder Krankheit. Es geht nur um Sterben und Sterbehilfe. Zuerst erschrecke ich darüber. Dann denke ich: eigentlich logisch. Wenn jemand austherapiert ist, wenn nicht am Ausgang zu rütteln ist, dann ist es nur eine Frage, aus welcher Perspektive die Schmerzbehandlung stattfindet. Soll das noch vorhandene Leben erleichtert werden oder das Sterben? Die Behandlung bleibt die gleiche. Sie unterscheidet sich nur in lebensverlängernden Maßnahmen. In Kliniken oftmals eingesetzt, werden sie im Hospiz vermieden, sofern sie nicht dringend nötig sind, das Sterben zu erleichtern. Beschleunigt wird der Tod dadurch nicht. Weder laufen die Schwestern mit Giftspritzen herum noch schlagen sie mit Hämmerchen auf die geschwächten Patienten ein. Die Schwestern, Pfleger und Ärzte gehen einzig mit einer beruhigenden Sicherheit ihrer Arbeit nach und behandeln den Tod als etwas Selbstverständliches. Dadurch gewinnt erstaunlicherweise auch das noch vorhandene Leben seine Würde zurück. Katja, eine Nachteule, schläft oft bis in den späten Vormittag hinein. Sie wird weder für das Frühstück noch das Waschen geweckt. Alles geschieht dann, wenn es Katja passt, und dann ist der zeitliche Aufwand beträchtlich, den sich das Personal nimmt. Öfters erzählt Katja von ausführlichen Gesprächen mit Ärzten, Schwestern, dem Pfarrer, der immer mal wieder ins Zimmer hereinschaut. Bei keiner Lymphdrainage, die ich miterlebe, kommt das Gefühl von Eile auf. Bei den Waschungen sowieso nicht. Katja wäscht sich noch alleine, zuerst im Bad, später im Bett liegend. Das dauert ganz schön lang. Aber niemand drängt. Sie wird anschließend nur sorgsam eingeölt.

Viele der verunsichernden Verhaltensformen werden im Hospiz plötzlich normal. Manchmal schlägt Katja wild die Decke von sich. Die Schwestern sagen schlicht, das würden sie alle tun. Am liebsten würden sie nackt sterben. Sie wollen raus aus dem engen Körper, dem schmalen Bett, dem kleinen Zimmer. Raus an die Luft. Nach einigen dieser nüchternen Bewertungen dessen, was Katja durchmacht, denke ich: wie eine Geburt. Das Sterben ist wie eine Geburt. Auch jede Geburt verläuft individuell, aber sie unterliegt allgemeinen Gesetzmäßigkeiten und Regeln. Alles findet bei Katja individuell statt, alles scheint einem Schema untergeordnet zu sein. Die Geschehnisse sind nicht unvorhersehbar. Sie sind in das Procedere des Sterbens einzugliedern. Für mich ist diese Erkenntnis eine ungeheure Erleichterung. Nichts an Katjas Qualen wird dadurch gemäßigt, aber die Normalität des Ganzen finde ich bestechend. Außerdem ist es eine schöne Vorstellung, dass Katja mit dem Tod eine Geburt bevorsteht. Eine Geburt freilich in etwas vollkommen Unsicheres, Unklares, Geheimnisvolles. Aber so war es bei ihrer Geburt ins irdische Leben auch. So war es bei uns allen. So wird es bei unserem Sterben vermutlich ebenfalls sein.

Bei dieser Präsenz des Todes ist es umso verwirrender, dass Katja in leuchtenden Zukunftsplänen schwelgt. Von den warnenden Schmerzen befreit, überlegt sie wieder, wie Jakob zu ihr nach München ziehen, wie sie nach der langen Arbeitspause Fuß im Beruf fassen könne. Ich lasse mich von dem Frohsinn nur zu leicht anstecken und phantasiere mit ihr herum. Dann jedes Mal die bittere Rückbesinnung, was sich in ihrem Leib unter der Bettdecke alles tummelt. Die Hoffnung auf ein Wunder erstickt sich prompt. Ich lenke zurück in die Realität. Der einzige Lichtblick momentan ist, dass Katja so stabil wirkt, dass sie vielleicht in ihre Wohnung zurückkehren kann. Ich glaube, sie versteht meine Umschwenkmanöver auf das Hier und Jetzt.

Es sind nicht nur die vielen Menschen um Katja, die verhindern, dass sie etwas aufschreibt. Der Widerwille liegt in ihr selbst: »Das wäre mein Eingeständnis, dass es vorbei ist. Das kann ich noch nicht.«

Sie weiß ihren Tod, aber sie weiß ihn nicht. Sie will ihn nicht wissen. Dieser Ambivalenz bin ich kaum gewachsen. Den damit zusammenhängenden Auseinandersetzungen ebenfalls nicht. Der Hader verstört mich zutiefst, auch wenn ich ihn verstehen kann. Natürlich verstehe ich, dass man über sein Schicksal traurig ist und nicht sterben will. Aber ich bin unfähig nachzuvollziehen, dass man immer noch den baldigen Tod leugnen kann, wenn man bereits so stark vom Sterben gekennzeichnet ist. Katja wird mir manchmal sehr fremd mit ihrer Zerrissenheit.

Ich wende mich an eine Therapeutin, die früher Hospiz- und Krankenschwestern in den Umgang mit Sterbenden eingewiesen hat. Sie kräftigt mich und fragt, ob ich für Katja das buddhistische Hilfsatmen machen wolle, indem ich ihr durch mein Atmen die richtigen Gedanken zuschicke. Hilfsatmen, Gedanken zuschicken? Ich höre wohl nicht recht. Ich bin weder Buddhistin noch irgendwie religiös oder esoterisch veranlagt. Auch auf Selbsterfahrungstrips in diese Richtung bin ich nicht scharf. Meine raren Meditationsversuche scheiterten jedes Mal innerhalb weniger Minuten. Wenn überhaupt, wurden da nur meine Selbstironie-Geister geweckt. Ganz bestimmt kein beabsichtigtes Ziel der Meditationsübungen. Aber natürlich weiß ich um den Wert und die Kraft des richtigen Atmens. Als ehemaliger Gesangsschülerin, als Yogaausübender ist mir das Grundlegende durchaus vertraut. Ich habe auch mit großer Faszination von der transzendentalen Gedankenfähigkeit der Aborigines in Australien gelesen und glaube ganz sicher, dass es Kräfte, Heilmethoden, Vorgänge gibt, die mit westlicher Wissenschaftlichkeit nicht zu erklären sind. Und außerdem! Vielleicht wurschtelt sich einer meiner Gedanken auch mit falscher Atemtechnik von mir zu Katja. Und darum geht es ja. Dass ich ihr helfe. Schaden wird es zumindest nicht.

Tagebucheintrag 27. Februar
Buddhistisches Hilfsatmen, auch »Tongeln« genannt. So skeptisch ich bin, ich werde es probieren.
Drei Themen finden, die mir momentan wichtig für sie scheinen:
1. Sie hadert und kann nicht dem Tod entgegenblicken.
2. Sie kann keinen Sinn darin entdecken, so früh sterben zu sollen, und verzweifelt darüber. Das erschwert eine Aussöhnung mit ungeklärten Fragen und Mitmenschen.
3. Sie hat keinen Glauben und dementsprechend Angst.
Die dazugehörigen Wünsche:
1. Ich wünsche dir, dass du die Krankheit und ihren Verlauf annehmen und ihr Ende und den Tod ertragen kannst.
2. Ich wünsche dir, dass du die Sinnsuche lassen und dadurch Energie für das Leben im Jetzt entwickeln kannst und dich mit Ungeklärtem und Ärgerlichem versöhnst.
3. Ich wünsche dir, dass du offen für die ewige Liebe wirst und von ihr berührt werden kannst. Dass sich dadurch Hoffnung für dich entwickelt und deine Seele sich weiterbewegt.

Ich selbst brauche: Ruhe, ungefähr eine Stunde, sollte keinen Ärger in mir spüren. Und wenn, dann muss ich ihn abgeben. (Das schaffe ich nie.)

Ich soll mich rein fühlen.
Gut hinsetzen, Kerze anzünden, Augen zu.
Atmen in Brustraum, erwärmen.
»Ich möchte für Katja arbeiten.«
»Dank für alles Gute, was ich erhalten habe.«
Aufzählen: Mama für Leben, Freunde, Hilfe etc., zirka zwanzig Minuten.
»Jetzt bin ich für Katja da.« Ich visualisiere sie vor meinem inneren Auge.
Einatmen: Ich nehme Negatives aus 1. Bereich in mir auf.
Kopf etwas wenden und zu Katja:
Ausatmen: »Ich gebe dir alles Positive, das ich erfahren habe und 1. Wunsch.«
2. Wunsch / 3. Wunsch.
Nicht länger als dreißig Minuten.
»Jetzt bin ich fertig.« Ich gebe alles Negative an den Boden ab.
Abschluss oder Dankesgebet »Jetzt höre ich auf«.
Zimmer lüften, Ruhe, Spaziergang, Duschen.

2. März. Hey T.,
Wahnsinn, schon wieder Anfang März. Keine Ahnung, wo die ganze Zeit bleibt.

Unsere liebe Freundin ist seit zehn Tagen in einem Hospiz, einer Palliativstation, um genau zu sein, wo die Patienten auf ein Schmerzmittel eingestellt werden, aber eigentlich zum Sterben da sind. Seitdem geht es ihr um Äonen besser. Die neuen Schmerzmittel wirken tatsächlich. Ihr geht es so viel besser, dass man fast vergisst, dass die Tumore noch da sind und auch wuchern, vermutlich. Nichtsdestotrotz, die Hoffnung wächst, dass sie in ihre Wohnung zurückkann, wo dann jeden Tag jemand von dieser Palliativstation vorbeikommt. Der dritte Stock ist natürlich ein Problem. Das linke Bein ist untauglich. Aber da sie unbedingt in ihrer Wohnung sein möchte, werden wir alle versuchen zu helfen. Hauptsache, sie kann die Dinge noch so arrangieren, wie sie ihr wichtig sind. Und Hauptsache, sie findet einen Frieden, so pathetisch das klingt.

Ansonsten kannst du mir auch die Daumen drücken. Zwei Projekte, an denen ich seit eineinhalb Jahren arbeite, stehen kurz vor der Entscheidung. Also alles Liebe.

DER STURM

3. März. Dieser Vorfrühling ist erstaunlich. Tagsüber leuchtender Sonnenschein, eisige Kälte. Nachts heftige Stürme. Blitze zucken, Donner grollen, Schnee tobt. Ich stehe am Fenster und beobachte das wilde Spektakel am Himmel. Am liebsten würde ich auf einen Besen steigen und mit den Winden um die Wette galoppieren.

Am nächsten Tag ist wieder klarer Sonnenschein. Ich rufe Katja an und schlage einen Rollstuhlausflug im Park vor. Katja freut sich. Sie ist bisher nur einmal mit ihrem Bruder draußen gewesen.

Ich schiebe Katja durch den Stationsflur. Vor einer Türe flackern zwei Kerzen. Auch Katja sieht die Kerzen: »In dem Zimmer sind heute Nacht zwei alte Männer gestorben. Deshalb die Kerzen. Die Schwestern sagen, der Sturm hätte geholfen.« Der Sturm? Katja erzählt, was die Schwestern ihr berichtet haben. »Bei Sturm, da stirbt es sich gut. Die Seelen nutzen den Wind, um sich leichter vom Körper zu lösen und in die Weite zu fliegen.« Katja kichert amüsiert. Der eine Mann sei einfach so gestorben, den anderen hätten die

Schwestern regelrecht angefeuert, den Wind zu nutzen. Und dann hätte es eben geklappt. »Aber ich habe dem Sturm ein Schnippchen geschlagen. Ich bin nicht gestorben.« Sagt's, wirft den Kopf in den Nacken und blinzelt der Sonne genießerisch entgegen, während ich mit dem Rollstuhl und der Tücke einer Stufe auf dem Weg ins Freie kämpfe.

Ich kutschiere Katja durch den Park. Überall mitleidige Blicke. Ein blödes Gefühl. Ich dränge Katja, ihr Fitnessprogramm zu starten. Das Bein, das nicht durch die Thrombose behindert ist, wird durch das viele Liegen allmählich genauso schwach. Wenn Katja plant, in ihre Wohnung zu gehen, dann muss sie es kräftigen. Damit der Rollstuhl ihr Halt gibt, setze ich mich hinein. Jetzt sind die Blicke der Parkbesucher fassungslos. Eine pumperlgesunde Person im Rollstuhl, ein mageres Skelett, das sich kaum aufrecht halten kann, schiebt ihn. Katja quält sich erbarmungswürdig. Die geplante Strecke von fünfzig Metern kann sie nicht schaffen. Nach fünfzehn Metern sage ich: »Okay, du darfst dich wieder setzen.« Leichter gesagt, als getan. Sie hat keine Kraft, sich alleine von hinten nach vorne zu bewegen, ich kann nicht gleichzeitig den Rollstuhl halten und sie stützen. Aber irgendwie schaffen wir es und sind beide ziemlich erschöpft. Zeit für das nette Ausflugscafé.

Im Café gesellt sich ein Freund von mir zu uns, den ich angerufen habe. Katja hat zum ersten Mal das Bedürfnis, sich mit Menschen auszutauschen, die ihre Krankensituation aus eigener Erfahrung kennen. Mein Freund selbst ist zwar nicht an Krebs erkrankt, aber seine neunzehnjährige Tochter hat seit zwei Jahren einen Hirntumor. Zurzeit geht es ihr gut, abgesehen von Lähmungserscheinungen und Balancestörungen. Ich habe mich nicht geirrt. Die Sympathie, das Interesse ist auf beiden Seiten groß. Katja freut sich darauf, mit der Tochter ins Kino zu humpeln. »Die beiden Krüppel«, lacht sie. Katja und mein Freund fachsimpeln über Behandlungsformen, dass ich bald nicht mehr mitkomme. Ich denke an den Sturm und die Seelen, die er mitnimmt. Das leuchtet mir ein. Auch, falls es keine Seelen geben sollte, die mit dem Wind wegfliegen können, sondern irgendeine wissenschaftliche Erklärung für das leichtere Sterben verantwortlich ist. Ich werde mir fortan starke Stürme wünschen, wenn sich Katja quälen muss. »Hallo«, reißt sie mich aus meinen Überlegungen. »Wir machen ein Essen zusammen, wenn ich in meiner Wohnung bin.«

Katjas Verleugnung der Tatsachen vertieft sich. Es sind nicht mehr die kleinen Hoffnungsschimmer auf ein Wunder, die auch in den aussichtslosesten Situationen immer vorhanden bleiben. Es sind die selbstquälerischen Sinnsuchen, die Abspaltungen der Wahrheit in so kleinen Nuancen, dass sie weder aufgegriffen noch kolportiert werden können. Es sind diese absurden Zukunftsvisionen, diese Missverständnisse mit der Außenwelt, diese geistigen Spagate zwischen Annahme und Verleugnung. Katjas Zerrissenheit ist kaum noch auszuhalten. Ruhe braucht sie. Frieden. Ich komme mit dem Wünschen nach starken Stürmen nicht hinterher. Aber es gibt keine Stürme mehr. Das Wetter ist ruhig geworden.

Ich stecke meine Skepsis in eine schwere Truhe, verriegle das Schloss und werfe den Schlüssel in hohem Bogen weg. Dann setze ich mich hin, um durch mein Atmen Katja eine Stütze zu sein. Weia. Das Problem beginnt schon damit, dass ich mich zwanzig Minuten lang bei all den Menschen bedanken soll, die mir geholfen haben. Nach etwa zwei Minuten ist mein Dankrepertoire am Ende. Nicht leichter ist es, meine drei Wünsche für Katja greifbar in Gedanken zu behalten. Die Wünsche sind so groß, die Probleme derart verflochten, dass mein Atem nicht reicht. Ich fühle mich ziemlich lächerlich.

III. Zimmer
Drei Wochen zu Hause

FREIHEIT

6. März. Nach zwei Wochen Palliativstation triumphiert Katja. Sie ist nicht gestorben. Und sie kann endlich wieder in ihre Wohnung. Seit acht Monaten hat sie hier nicht mehr gewohnt. Wie sehr freut sie sich auf ein normales Leben. Sie will schreiben, ins Kino gehen, Freunde einladen.

Der Einzug klappt gut. Die Sanitäter tragen sie die Treppen hoch in die dritte Etage. Als ich Katja am Nachmittag besuche, um ihre Eltern abzulösen, übt sie mit ihrem Vater unter Zuhilfenahme der Krücken die Stufen zu meistern. Eine Treppe reicht fürs Erste. Es dauert Minuten, bis sie es wieder hinaufschafft. Aber was sind Minuten, wenn man dafür die Freiheit des Lebens hat. Sie kruschelt zufrieden in ihrem Wohnzimmer herum. Ihre Mutter spült in der Küche Geschirr ab, der Vater bockt den Lattenrost für die Matratze auf Bierkisten hoch. Früher lag er einfach auf dem Boden, aber das wäre jetzt zu niedrig. Weder würde Katja sich hinlegen noch aufstehen können. Den Eltern ist die Erschöpfung anzusehen, aber sie lächeln tapfer. Nichts wird sie hindern, alles für ihre Tochter zu tun, damit sie in ihrem Reich leben kann.

Katja macht es riesigen Spaß, mich zu bewirten. Die Vorteile des Gehwagens gegenüber den Krücken sind unübersehbar. Auf dessen integriertem Tablett kann sie Teetassen, Honig und Kekse transportieren. Nur die Milch schwappt über. »Anfängerfehler, das wird schon noch«, sagt sie und setzt sich auf das Bett. Erst jetzt merkt sie, wie entkräftet sie ist. Außerdem meldet sich das Thrombosebein. Es war zu lang in der Vertikalen. Sie muss sich hinlegen. Von diesem Moment an ist klar, dass sich auch in der Wohnung der Hauptteil ihres Lebens im Bett abspielen wird. Die Thrombose verbietet ihr zu sitzen, zu stehen. Wir überlegen, wo wir ihr Powerbook aufbauen, damit sie schreiben kann. Auf dem Esstisch, der neben das Bett geschoben wurde, hat es keinen Platz mehr. Da drängen sich Medikamente, Teetassen, Bücher, das Handy, das Telefon und unzählige weitere Nowendigkeiten. Während wir nachdenken, fällt Katja auf, dass wir den Fernseher noch nicht installiert haben. Sie erklärt mir, wie sie ihn früher vom Wohnzimmer in die Verbindungstür zum Schlafzimmer geschoben hat, wenn sie vom Bett aus fernsehen wollte. Das geht jetzt aber nicht mehr, wegen des Gehwagens. Meine Profiqualitäten sind gefragt. Ich habe Glück, dass die Kabel millimetergenau dahin reichen, wo der Fernseher nicht mehr stört. Tief zufrieden beschauen wir ihr altes neues Reich. Die Vögel in dem Baum vor dem Haus zwitschern, die Schulkinder auf dem angrenzenden Pausenhof spielen, die Sonne strahlt durch das Fenster.

Am nächsten Tag gibt es keinen Sonnenschein. Katja liegt im Bett und kämpft mit den Tränen. Sie ist mittags frohgemut die Treppen hinabgestiegen, um Freunde im Vorderhaus zu besuchen. Im dortigen Treppenhaus ist sie zusammengebrochen. Ihr Wunsch nach Selbständigkeit ist damit ausgeträumt. Sie hat keine Kraft, die Treppen alleine zu bewältigen. Tröstungsversuche, dass wir für jeden Ausgang zwei starke Jungs organisieren, helfen nicht. Sie will nicht getragen werden, sie will kein Pflegefall sein. Eine Freundin, die Feldenkrais unterrichtet, möchte ein Muskelaufbauprogramm zusammenstellen. Auch das tröstet nicht. Außerdem darf das Thrombosebein nicht bewegt werden. Wie wenig Bewegung es verträgt, zeigt sich jetzt. Eine Untersuchung bestätigt, dass eine neue Thrombose entstanden ist. Katja darf nur liegen. Nachdem wir ein Keilkissen unter das Bein geschoben haben, fühle ich nur eines: Gefängnis. Katjas kleine Wohnung im dritten Stock, ohne Lift, ohne Balkon, ist ein Gefängnis für sie. Das kleine Schlafzimmer wirkt durch den trüben Nebel kalt. Morgen werde ich hier meine orange-transparenten Küchenvorhänge aufhängen, die bisher noch jedes Grau in einen freundlichen Schleier verwandelt haben.

ZERFALL

Nach dem Treppenunglück gelangt Katja nicht mehr ohne Hilfe mit dem Gehwagen auf die Toilette. Wir müssen sie zusätzlich stützen. Da sie verzweifelt darauf besteht, nachts alleine zu sein, sind wir in ständiger Sorge. Sie ist schon zweimal auf dem Boden liegend gefunden worden, weil sie den Gang zum Bad nicht schaffte. Es hilft nichts, dass wir alle mit Schlüsseln ausgerüstet sind, um jederzeit in ihre Wohnung kommen zu können. Sie ist morgens zu schwach, um zu telefonieren. Leider wird auch nichts aus der Idee, den Rollstuhl nach oben zu bringen. Der Flur und das Bad sind zu eng für ihn.

Bis tief in die Nacht sehen wir fern. Ich schaffe es kaum, so lange die Augen aufzuhalten, aber Katja saugt den Film in sich auf. Irgendwann kann ich sie überzeugen, dass sie schlafen muss. Mit dem Gehwagen und meiner Stütze gelangt sie ins Bad. Ich muss wieder helfen, damit sie von der Toilette aufstehen kann, um sich am Waschbecken auf einen Hocker zu setzen. Ich betrachte sie, während sie den Waschlappen anfeuchtet. Sie ist noch dünner geworden. Im beinahe obszönen Gegensatz zu dem dürren Leib dieser Elefant von Thrombosebein. Die Schmerzen im Bein sind stärker als sonst. Katja macht sich Sorgen. Sie fragt mich, ob ich glaube, dass die Nacht gut geht. Ich sage, dass ich das nicht beurteilen kann. Ich könne sie aber in die Klinik fahren oder einen Notarzt rufen. Katja lehnt ab. Sie will keine Notärzte, die ihre Krankengeschichte nicht kennen. Sie hat die Fehldiagnosen über das Telefon satt. Vorgestern musste sie sich anhören, dass vermutlich eine Schwangerschaft der Grund für ihre Schmerzen sei. Eine Schwangerschaft! Sie, die nicht einmal mehr eine Gebärmutter hat, muss sich anhören, zu dumm zu sein, eine Schwangerschaft zu erkennen. Okay, die Idee mit dem Notarzt ist nicht gut. Ich kann trotzdem nicht sagen, ob die Thrombose heute Nacht zur Lunge wandert und eine Embolie auslöst. Ich will bei ihr übernachten, auf dem Sofa, neben ihr, ganz egal wo, nur irgendwo bei ihr. Katja lehnt so strikt ab, dass ich mich füge.

Ich radle nach Hause und will bei jedem Tritt umdrehen. Ich rufe unseren befreundeten Arzt an, der gerade in der Klinik seinen Bereitschaftsdienst hat. Er kann aus der Distanz natürlich keine Diagnose stellen. Er verspricht, morgen zu kommen, um sich das Bein anzusehen und eine Infusion zu geben. Ich habe Panik, dass Katja jetzt wegen einer Embolie stirbt, nur weil ich mich überreden ließ, zu gehen.

Sie stirbt nicht. Aber uns allen wird klar, dass wir Katja ohne professionelle Hilfe nicht pflegen können. Egal, ob wir bei ihr schlafen oder nicht. Wir kennen uns nicht aus mit Thrombosen, mit Krebs, mit dem Sterben. Aus irgendwelchen Gründen kommt doch nicht, wie vereinbart, eine Schwester in die Wohnung. Aber wenige Stunden nach einem Telefonat mit der Palliativstation erscheint eine Ambulanzschwester. Zuerst jagt sie uns einen perversen Schrecken ein. Sie muss einen Antrag auf eine bestimmte Pflegestufe ausstellen, der anschließend überprüft wird. Es könne Wochen, wenn nicht sogar Monate dauern, bis über eine Annahme entschieden wird. Ich vermag meine Entrüstung kaum zurückzuhalten. Bezwecken diese Ämter mit ihrer Langsamkeit, dass die Patienten in der Zwischenzeit sterben? Mein Zynismus ist so groß, weil Katjas Familie noch ein anderes bürokratisches Problem lösen muss. Katjas Krankengeld wird nur noch bis Mai gezahlt. Dann müsste sie in eine Reha, damit sie weiter Unterstützung bekäme. Wenn Katja jemals noch eine Reha beanspruchen könnte, würde ich Saltos schlagen vor Glück. Mein Ärger darüber wird auch nicht wesentlich gelindert, weil ich immer noch nicht glauben kann, dass sie den Mai überhaupt erlebt. Aber die Schwester hat natürlich Tricks in der Tasche. Nach drei Anrufen strahlt sie. Ab morgen wird sich eine Krankenschwester zweimal am Tag um Katja kümmern und alles weitere organisieren. Zum Beispiel ein Funkgerät, das Katja per Knopfdruck mit ihren Eltern und einem Notdienst verbinden soll.

Man kommt nicht hinterher, so schnell geschieht der körperliche Zerfall. Innerhalb weniger Tage ist Katja bewegungsunfähig, bettlägerig. Ein altmodischer Toilettenstuhl neben dem Bett wird Zeuge der qualvollsten Momente. Jetzt trifft alles zusammen. Tumore klemmen die Verdauungsorgane ab, der Flüssigkeitsmangel, das fast völlige Fehlen von fester Nahrung. Wir alle sind bald leidlich routiniert im Wechseln von Windeln, die wegen blutender Tumore nötig sind, im Lagern und Wickeln des Beins, im Aufrichten und Tragen des Oberkörpers, im Anziehen. Die Tipps der Krankenschwester helfen ungemein. Es ist sogar möglich, Katja ihr heiß ersehntes Vollbad zu gönnen. Zuerst muss es immer wieder verschoben werden, weil der Kreislauf zu schwach ist. Aber dann findet es statt. Drei Personen werden dafür beansprucht. Zwei zum Tragen, eine für das Rangieren mit den Handtüchern.

Trotz des körperlichen Zerfalls sieht Katjas Gesicht immer noch schön und jung aus. Nur ihr Mund zieht sich zusammen und wird von unzähligen Falten gesäumt. Die Lippen trocknen aus und reißen ein. Keine Wundcreme hilft, sie wieder frisch zu machen. Wie bei steinalten Menschen.

RÜCKZUG

Sollte die Wohnung der Ort sein, an dem Katja in das »normale« Leben zurückkehrt, findet schnell der Rückzug statt. Anfangs bimmelt ununterbrochen das Telefon. Die vielen Freunde und Bekannten wollen Katja eine Freude machen. Katja genießt den Rummel. Eifrig blättert sie in ihrem Filofax, um Besuchstermine auszumachen. Ich bin schockiert über die blanke Leere der Seiten aus den vorherigen Monaten. Sind sie doch Zeuge, wie Katja mit aller Gewalt aus dem gerissen wurde, was wir Leben nennen. Jetzt aber macht sie

Notizen, Kürzel. Umsonst. Sie kann die Termine nicht wahrnehmen. Plötzliche Schwächeanfälle oder Arztbesuche lassen freundschaftliche Abwechslungen nicht mehr zu. Das Telefon klingelt weiterhin sehr viel. Katja kann es immer seltener abnehmen. Dann rufen einige Leute nicht mehr in ihrer Wohnung an. Sie wollen nicht stören. Viele erkundigen sich besorgt bei mir und bieten weiter ihre Hilfe an.

Dann hat Katja auch von sich aus kein Bedürfnis mehr nach Besuchern. Im Gegenteil. Sie hat Angst vor Bekannten, die sie länger nicht gesehen haben. Sie nimmt ihren Schrecken in den Gesichtern wahr, auch wenn sich alle bemühen, ihn zu unterdrücken. Sie kann und will ihre Schwäche nicht mehr verbergen, was sie glaubt, bei manchen Leuten tun zu müssen. Übrig bleiben ein paar enge Freunde, die unregelmäßig kommen, weil sie in unflexiblen Berufen tätig sind oder in der Ferne wohnen. Das täglich betreuende Umfeld sind – neben der Krankenschwester – Katjas Eltern, eine andere Freundin und ich. Dann immer auf Abruf zwei der drei Geschwister, die alle in Berlin leben. Sehr häufig kommt auch Katjas Ex-Freund.

DIE BETREUER

Natürlich ist der Zufall der Lebensumstände ein wenig für die Zusammensetzung des engen Betreuungsumfeldes verantwortlich. Aber wir spiegeln Katjas Leben recht treffend, das stets von einem guten Kontakt mit der Familie und von einem reichhaltigen Freundeskreis geprägt war. Und jeder von uns hat seine jeweilige Funktion für Katjas unterschiedliche Bedürfnisse. Allen voran die Mutter. Sie wird wieder mehr denn je zur Mutter. Bei ihr finden die ganz großen Leidensausbrüche statt, die hemmungslosen Momente der Verzweiflung – auch wenn sie von Katja am nächsten Tag durch Hoffnung auf Umkehrung der Umstände relativiert werden. Dann der Vater: Er ist der Baum und trotz aller Stürme fest in der Aufgabe des Beschützers verwurzelt. Wie bei jedem Menschen gibt es auch für Katja ein paar Punkte, in denen sie sich nicht von ihren Eltern verstanden fühlt. Und sie leidet sehr unter der Umdrehung der Normalität. »Es ist so furchtbar falsch, dass nicht ich die Eltern, sondern die Eltern mich pflegen müssen«, sagt sie. Das Pflegeangebot von Julia-Anna und mir muss Katja nicht in dieser Weise belasten. Wir sind auf einer Ebene mit ihr. Auf dieser Ebene kann sie ihre familiären Angelegenheiten erörtern und versuchen auszuformulieren, was mit ihr geschieht, was geschehen wird. Manchmal provokativ irrational, dann intelligent spekulativ, häufig von einem tiefen Wahrheitsgehalt, aber auch von erdrückendem Selbstbetrug. So offen, unverfälscht und emotional, wie ein Austausch nur unter engsten Freunden stattfinden kann.

Von den Geschwistern, die zu den Betreuern gehören, hätte bis vor kurzem auch ihr jüngerer Bruder solch einen Part innegehabt. David und Katja waren als Geschwister so eng verbunden wie nur irgend möglich. Aber beide gestehen betrübt, dass sie nicht derart schrankenlos zusammenkommen, wie sie es gewohnt sind. Niemand weiß, warum. Vielleicht waren sie einander zu nahe, um sich jetzt nahe sein zu können, argwöhne ich. Vielleicht sind Frauen in solchen Situationen fähiger, fragt sich David. Aber er steht Katja liebevoll zur Seite, wann immer er gerufen wird. Die Schwester sieht ihre Aufgabe eher darin, die Mutter zu stützen. Tapfer erträgt Julia, dass Katja sie nicht an sich heranlässt, wie schon das ganze Leben über. So sehr ich meine Freundin liebe, im Umgang mit ihrer jüngeren Schwester offenbart sie ein Härte, die ich nie vermutet hätte und die mich gehörig erschreckt.

DER DSCHUNGEL

Unser Plan war, Katjas Betreuung im Wechsel aufzuteilen, dass zumindest dreimal täglich jemand bei ihr ist und trotzdem alle ihr übliches Leben weiterführen können. Wenn Katjas Zustand stabil wäre, würde unser Konzept vielleicht sogar aufgehen. Dem ist aber nicht so. In Tagen geschieht nun, wofür sich der Krebs bis eben noch Wochen und Monate Zeit gelassen hat. Wie eine Lawine überwältigt uns der Zerfall und die Emotionalität der Vorfälle. Wir sind dem blanken Entsetzen und der schieren Hilflosigkeit ausgeliefert. Jeden Moment gibt es eine neue Fassungslosigkeit oder ein anderes schwer zu greifendes Gefühl. In der kleinen Wohnung wuchert bald ein Emotionsdschungel, in dem es kaum ein Durchkommen gibt.

Erst Monate später bin ich in der Lage, zu durchforsten, was in Katjas Wohnung geschehen ist, welche Mechanismen bei einer Sterbebegleitung generell zu walten scheinen, wo sich unsichtbare Fallen in ihr verbergen und was für Gefahren auch wir überwinden mussten. Vieles von dem, was uns passiert ist, geschieht im Kern auch bei anderen Sterbebegleitungen, da bin ich mir sicher. Deshalb versuche ich, die Faktoren zusammenzufassen, die mir wesentlich scheinen. Aus Respekt vor den Gefühlen aller Beteiligten beschreibe ich die Aspekte eher in abstrakter Form.

Die plötzliche Gewalt des Sterbens ist nicht der einzige Nährboden für unsere Emotionen. In der Wohnung prallen erstmalig die unterschiedlichen Bezugspersonen von Katja direkt aufeinander. Und damit verschlingen sich die Gefühle vollends zu einem undurchdringlichen Dickicht. Während Katjas Aufenthalt in der Klinik und in der Palliativstation empfand ich Katjas Sterben als linearen Austausch zwischen ihr und mir, ohne Einmischung von außen oder anderer Bezugspersonen. Durch den professionellen Rahmen einigermaßen geschützt, konnte ich in meiner Art, mit meinem Tempo für mich versuchen, mit dem Schrecken umzugehen. Mit der linearen Klarheit ist es jetzt vorbei. Jeder der Beteiligten hat seinen speziellen Bezug zu der Situation. Jeder hat seine persönliche Liebe zu Katja, jeder geht mit seiner Wesensart im eigenen Rhythmus mit dem Grauen um. Jeder fühlt seine Verzweiflung, seine lähmende Hilflosigkeit, jeder ist willens, alles zu geben. Darüber hinaus muss jeder Gefühle bewältigen, die er derart bloßgelegt noch nicht kennengelernt hat. Nicht bei sich selbst und nicht bei anderen.

Natürlich hocken wir nicht ständig in der Wohnung zusammen, wir wollen uns schließlich abwechseln. Dementsprechend werden auch Schichten eingeteilt. Aber das Sterben geht seinen eigenen Weg und wirft voller Hohn unsere Betreuungspläne über den Haufen. So kommt es doch immer wieder vor, dass mehrere Personen anwesend sind. Außerdem hat es Vorteile, wenn man nicht alleine in der Wohnung ist. Es entsteht ein sehr angenehmes Gefühl von Normalität, wenn jemand in der Küche mit Töpfen klappert, während man selbst bei Katja im Zimmer ist.

Neben dem unfassbaren Sterben, der Absicht zu betreuen und sich gegenseitig zu entlasten, wird also auch das

Miteinander ein elementarer Bestandteil der Sterbebegleitung. Die Regeln der Kommunikation werden im Angesicht des Todes natürlich auf einen hohen Prüfstein gestellt. Das wird bei jeder Sterbebetreuung so sein, egal, ob sie im reinen Familienrahmen, von Freunden oder in der Kombination bestritten wird. Bei dem Versuch, einen Pfad durch den Dschungel zu finden, ergibt sich für mich, neben Katja, recht bald eine einzige Orientierungshilfe. Katjas Mutter.

DIE MUTTER

Die gefasste Haltung von Katjas Mutter wird mein Leitfaden. Sie muss den größten Kummer erleiden. Wenn sie es aushält, ihre Tochter sterben zu sehen, ertrage ich das hier ebenfalls. Außerdem ist ihr Respekt mir gegenüber eine wesentliche Stütze für mich. Julia-Anna und ich werden als gleichwertige Betreuer behandelt. Das ist gar nicht hoch genug einzustufen, denn zu meiner Überraschung kristallisiert sich unvermittelt heraus, dass die Familie eine Vorrangstellung hat. Besonders die Mutter. Aber wegen ihrer Toleranz kann ich diese Vorrangstellung ohne Murren akzeptieren und vice versa auch den nötigen Respekt aufbringen, der einem in so einem Miteinander unaufhörlich abverlangt wird, anstatt mühsam meine Position verteidigen zu müssen. War dieser Respekt anfangs vielleicht nur als höfliches Wechselspiel zwischen uns geplant, entsteht derart im Laufe der Zeit ein immer engeres Vertrauensverhältnis. Manchmal kann ich sogar den Eindruck gewinnen, den Eltern einen gewissen Beistand in dieser schwierigen Zeit zu bieten. Für mich weiß ich genau, dass es Katjas Mutter ist, die mir den nötigen Halt gibt.

Sind Respekt und Toleranz in jedem menschlichen Zusammentreffen unabdingbar, werden sie in dieser Extremsituation zu den tragenden Säulen. Und diese Säulen müssen stabil sein, wenn ein Chaos verhindert werden soll. Katjas Sterben treibt uns oft genug an den Rand der Verzweiflung. Aber auch potenzielle Konfliktmöglichkeiten zwischen den Betreuern können gefährlich hochbrodeln. Ein Gefühlschaos aber, das mit Katjas Sterben nicht direkt zu tun hat, muss in meinen Augen mit allen Mitteln vermieden werden. So etwas empfände ich als das Schlimmste überhaupt, entwürdigend. Das klingt vermutlich entsetzlich übertrieben, da es selbstverständlich scheint. Aber die Gefahr ist riesig. Die Nerven aller Beteiligten sind zum Zerreißen gespannt, auch wenn wir bemüht sind, immer einen möglichst leichten Ton anzuschlagen. Jedes Wort, jede Bewegung kann versehentlich jemand anderen treffen, jede Tat bedrängen.

Die einzige Möglichkeit, unbeabsichtigte Verletzungen zu verhindern, scheint mir eine sorgsame Absprache untereinander zu sein, und ich gebe mir Mühe, die Familie in alles einzuweihen, was sich zwischen Katja und mir an Wesentlichem ergibt. Auch das klingt eher selbstverständlich und nicht unbedingt nach einem Akt, den man sich vergegenwärtigen muss. Aber wenn man bei Katja ist und sie eine Sorge äußert oder ein Problem nennt, wird man von dem Drang erfüllt, sofort eine Lösung zu finden. Jede noch so kleine Aktion, das Kochen einer Suppe, der Anruf bei einem Arzt, was auch immer, bekommt eine unglaubliche Bedeutung. Das Problem ist dann aber, dass die anderen Betreuer nicht zwangsläufig mit dem jeweiligen Lösungsansatz oder Vorhaben übereinstimmen. Wenn nun jeder an Katjas Problemen herumdoktert, ohne sich mit den anderen abzusprechen, kann das leicht zu Diskrepanzen führen. Da hilft nur eiserne Disziplin von allen Seiten. Ganz besonders aber von den Freunden gegenüber der Familie, da eben jene Vorrangstellung besteht, auch wenn nicht auf ihr herumgeritten wird.

In welch gefährlichem Strudel wir uns befanden und wie gut wir die Gratwanderung trotz manch nervöser Momente geschafft haben, begreife ich erst ein Jahr später. Da höre ich von einem anderen Fall der kombinierten Sterbebegleitung, wo dieses diffizile Abwägen danebengegangen ist, weil eine engagierte Freundin die Familienangehörigen in eigenständige Aktionen nicht eingeweiht hat. Es muss zu scheußlichen Auseinandersetzungen gekommen sein, die niemand wollte, die aber wegen der Anspannung aller Beteiligten nicht zu umgehen waren.

VERDREHUNGEN

Der Sterbeprozess dreht einige Phänomene vollkommen um und beeinflusst die Begleitung damit elementar. So ist die Zeit, die man bei Katja in der Wohnung verbringt, paradoxerweise die erträglichste. Man kann es zwar kaum aushalten, ihren Zerfall und ihr Leid zu sehen, aber man muss sich nichts in seiner Phantasie vorstellen oder das Problem in seiner erdrückenden Größe wälzen, wie es außerhalb der Wohnung automatisch geschieht. Bei Katja kann man etwas im Kleinen tun: Tee kochen, Kissen verrücken, zuhören, antworten. Man ist im Jetzt dabei, auch wenn man nur ratlos herumsitzt. Außerdem geschieht zumindest nichts »Falsches«, wie es passieren könnte, wenn man nicht bei Katja ist. Alle machen in den Augen der anderen immer wieder etwas falsch, zumindest anders, als sie es tun würden. Würde Katja ein hellerer Kissenbezug nicht besser gefallen? Sollte Katja nicht mehr Gemüse essen? Ist es richtig, wenn sie mit Umarmungen überschüttet wird? Könnte eine spezielle Behandlungsart nicht vielleicht doch mehr Linderung verschaffen? Jeder überlegt ununterbrochen, was richtig oder falsch, was besser oder schlechter sein könnte. Ein vertracktes Unterfangen mit niederschmetternder Erkenntnis: Alles, was wir machen, ist falsch. Wir können nicht das Richtige tun. Wir können Katja nicht heilen. Wir sind gezwungen, im Falschen abzuwägen.

Katjas Mutter erzählt mir in den ersten Tagen der Wohnungsphase, dass vor vielen Jahren eine Freundin von ihr im Sterben lag und sie nicht kommen durfte. Darunter habe sie vehement gelitten. Diese Erinnerung ist für sie ein wesentlicher Grund, uns Freunden das nicht zuzumuten. Ich kann die Aussage nicht recht bewerten. Ich habe mich bei der Betreuung nicht aufgedrängt, es schien allen Beteiligten irgendwie logisch. Ich habe auch nicht das Gefühl, dass von mir Dank erwartet wird oder dass ich mich bedanken müsste. Aber die Aussage sitzt in mir fest. Und kurze Zeit später ahne ich den Grund.

Bald entpuppt sich in der Betreuung für Katja neben dem Versorgungsaspekt und der gegenseitigen Entlastung eine weitere Bedeutung. Die Betreuungszeit ist auch die Zeit, in der man Katja erlebt. Und jetzt, wo sich das baldige Ende derart deutlich ankündigt, wird jede Sekunde mit Katja kostbar. Ein Sog in Richtung Katja entsteht. Alle lieben Katja, alle haben Sehnsucht nach ihr. Die Aussage der Mutter zeigt ihren inneren Kern. Die Mutter hat die Größe, von ihrer verbleibenden Zeit mit der Tochter abzugeben.

HILFE

Der Begriff »Hilfe« gerät während der Sterbebegleitung am heftigsten ins Wanken. Es ist mitnichten die größte Hilfe, wenn man sich ein Bein ausreißt, um zu *helfen*. Viel wesentlicher scheint, dass man seine Unterstützung ohne Ansprüche anbietet. Recht bald merke ich, dass ich im Rahmen der Familie mein Ego ebenso hintanstelle, wie ich es in Bezug auf Katja schon länger tue. Allerdings wird mir diese »bescheidene« Zurückhaltung einfach gemacht, weil die anderen es genauso tun. Weil bei uns dieser gegenseitige Respekt vorherrscht. Ich muss nicht um meine Zeit mit Katja fürchten. Sie wird von allen als Entlastung und als Notwendigkeit für Katja und mich anerkannt.

Das von mir vermutete Hauptanliegen einer Hilfe während der Sterbebegleitung, nämlich die Versorgung, spielt kaum eine Rolle. Katja ist mehr oder weniger versorgt, sie braucht nicht viel. Ein wenig Tee, ab und zu einen Happen zu essen, Windeln wechseln, Liegeposition verändern. Mehr muss im Großen und Ganzen nicht getan werden. Auch der Aspekt einer gut gemeinten Stütze bricht in sich zusammen. Das Traurige ist ja, dass niemand von uns Katja helfen kann, das Sterben leichter anzunehmen. Es bleibt nur die Absicht, sie trotz aller Hilflosigkeit ein wenig zu stärken. Mehr Hilfe aber können wir ihr nicht geben.

Derart reduziert, bekommen für mich bald auch andere Facetten des Begriffs »Hilfe« einen fragwürdigen Charakter. Kann Hilfe überhaupt selbstlos sein? Was erwartet ein Helfer? Was ist Hilfe? Es gibt schließlich genügend Menschen mit Helfersyndrom, denen man partout keinen Heiligenschein aufsetzen mag. Irgendetwas an ihrer Uneigennützigkeit, der Hingabe, der Aufopferungsbereitschaft stimmt nicht. Es gibt aber auch Menschen, die große Hilfe leisten und alle Hochachtung verdienen. Offenbar existiert da ein Unterschied in der Art, wie jemand hilft. Und dieser Unterschied scheint auch bei der Sterbebegleitung elementar zu sein. In diesem Sinne ziehe ich vor uns allen den Hut. Niemand von uns verwechselt die Notwendigkeit der Hilfe mit der Möglichkeit, daraus eine eigennützige, ichbezogene Angelegenheit zu machen. Das aber scheint mir gar nicht selbstverständlich zu sein. Denn jeder von uns ist tief berührt und von Katjas Schicksal persönlich betroffen.

Ein Phänomen wird spürbar, so altmodisch, pathetisch und kitschig verzerrt, dass ich es kaum zu nennen wage. Aber dieses Phänomen ist es vermutlich, das uns geholfen hat, den schwierigen Spagat zu meistern. Die Demut. Demut vor dem Leid, Demut vor der Wucht des Schicksals, Demut vor der eigenen Hilflosigkeit.

KLAMMERN

Klammern muss vermieden werden, beschwören wir uns immer wieder. Wir geben uns die größte Mühe, aber manchmal geht es daneben. Da klammert jemand an Katja. Zumindest empfinden alle anderen sein Tun als Klammern. Es ist objektiv nicht greifbar, was Klammern ist. Für den einen ist eine bestimmte Geste der Ausdruck von Zuneigung und Hilfe, für den anderen bereits Klammern. Auch ohne Todesnähe ist nur schwer auszumachen, wann eine Umarmung ein Zeichen für Geborgenheit und Liebe darstellt und ab welchem Grad sie auch Festhalten bedeutet. Wenn aber ein nahe stehender Mensch sterben muss, verschwimmen die

Grenzen noch mehr. Außerdem steigt das Bedürfnis nach Gesten und Taten der Zuneigung. Auch der Drang, den Sterbenden halten zu wollen, wächst. All das ist nur zu leicht nachvollziehbar. Aber im Gefüge mehrerer Menschen, die alle Katja lieben, kann es eben doch problematisch werden. Die Grenzen der Diskretion sind hauchfein, die Gefahr, mit einer Liebesbezeugung gegenüber Katja den anderen zu nahe zu treten, ist riesig. Ich bin nicht ganz unfroh, dass mein Naturell nicht zu überschäumenden Gefühlsbekundungen neigt. Aber auch ich muss mich zusammenreißen.

Es gibt leider noch einen Grund, warum dieses Thema immer wieder diskutiert werden muss. Katja selbst. Sie, die sich so schwer vom Leben verabschieden kann, darf nicht zusätzlich gehalten werden. Es ist recht schmerzhaft, unter diesem Aspekt emotionale Regungen zurückzuhalten.

So schön der Plan ist, das »normale« Leben während der Betreuung weiterzuführen, nach kurzer Zeit gelingt das nicht mehr recht. Katjas Mutter stellt ihre Arbeit ein, um im Notfall rund um die Uhr bei ihrer Tochter sein zu können, obwohl ihr die Erschöpfung inzwischen deutlich anzusehen ist. Auch ich fühle mich bald erschlagen und stecke in einer aberwitzigen Spirale. Die Zeit, die ich meinem üblichen Leben und der Entspannung widmen möchte, wird immer belasteter. Das, was ich bei Katja erlebe, wirkt darin weiter und entfaltet seinen ganzen Schrecken. An Erholung ist nicht nur nicht zu denken, sie ist ausgeschlossen. Immerhin kann Katja jeden Moment auch sterben. Also nichts wie hin zu Katja, um zu prüfen, ob alles in Ordnung ist. Die Zeit mit ihr ist immer noch die erträglichste Form, mit dem Unvorstellbaren umzugehen. Sie mag es für den Moment sein. Aber schon nach dem kürzesten Besuch ist man ausgezehrt.

Man müsste sich erholen und … Die Spirale dreht sich weiter. Das Auffüllen der Kraftreserven wird immer wichtiger, aber misslingt. Es gibt keine Methode, dieser Art von Erschöpfung entgegenzuwirken. Man kann nur warten. Man muss warten. Auch wenn man nicht weiß, wie lange man das noch aushalten kann. Und dann kommt die Scham angesichts solcher Gedanken. Aber es ist so. Nur mit Katjas Tod kann wieder Normalität im eigenen Leben einkehren.

Wie viele Gefühle es auch sind, die sich in der Wohnung zu jenem undurchdringlichen Dschungel verschlingen, dasjenige, von dem ich im Vorfeld angenommen hatte, dass es vorherrschen würde, kommt so gut wie gar nicht vor: die Trauer.

DER PFLEGER

»Heute hat mir ein Mann das Bein gewickelt«, sagt Katja stolz. Kommt für die Versorgung am Morgen jetzt ein Pfleger? Da wurde wegen der Intimpflege doch mit Absicht eine Schwester eingeteilt. Aber Katja beharrt darauf, dass ein Mann da war. Ich frage ihren Bruder, ob es einen Pflegerwechsel gegeben hat. David grinst. Er hat das Thrombosebein gewickelt und reichlich über dessen Länge geflucht. Der Mann, soso. Raffiniert, wie sich Katja holt, was sie braucht.

Egal, wie hingebungsvoll die Familie und wir Freundinnen Katja versorgen, sie leidet darunter, dass es keinen Mann an ihrer Seite gibt. Der Mann lässt sich nicht herbeizaubern. Es ist nun einmal so, dass sie sich kurz vor Feststellung des neuen Tumors von ihrem Freund getrennt hat. Sie beklagt immer wieder, dass sich Thomas zu selten bei ihr meldet. Das ist einfach nicht fair. Ich weiß nicht, wie oft er sie im Krankenhaus und in der Palliativstation besucht hat, jetzt aber, in ihrer Wohnung, kommt er alle paar Tage. Katja empfindet die Abstände trotzdem als viel zu lang. In unseren Gesprächen überschüttet sie ihn manchmal mit Anforderungen und Vorwürfen, die mir zeigen, dass sie die Trennung von Thomas nicht verarbeitet hat. Wie auch. Sie kam nicht dazu, bei dem, was direkt danach über sie hereingebrochen ist. Natürlich weiß Katja, dass Thomas und sie kein Paar mehr sind. Sie akzeptiert, dass er eine neue Freundin hat. Das sei ihm zu gönnen, er sei ja ein Mann. Aber es fällt ihr schwer, hinzunehmen, dass sich sein Verhältnis zu ihr nach der Trennung verändert hat, gleichwohl er ein äußerst liebevoller Freund geblieben ist. Wenn ich sehe, wie Katja ihren Kopf in seinen Schoß legt und seine Berührungen genießt, bin ich sehr gerührt, dass Thomas ihr damit ein wenig das Gefühl schenkt, immer noch eine geliebte Frau zu sein.

GEDICHTE UND ANDERE KÜNSTE

Pünktlich nach dem Morgentee, bei der Langschläferin Katja also spät am Vormittag, klingelt das Telefon. Ein Freund der Familie ruft an, um Katja mit zwei, drei kurzen Gedichten eine Freude zu machen. Nach Katjas Reaktionen zu urteilen, ist die Auswahl äußerst amüsant. Dann ist sie ein paar Tage zu schwach, um das Telefon abzuheben. Er liest die Gedichte nun mir vor, damit auch ich meine Freude habe. Was für ein unglaublicher Freund in der Ferne. Ein Goldschmied, der Katja vor ein paar Wochen schon einen wunderschönen Ring schickte, den sie ehrfurchtsvoll aufbewahrt. »So ein wertvolles Geschenk. Das lohnt sich doch gar nicht mehr. Na, den bekommt dann meine Mutter.«

So schwach Katja tagsüber häufig ist, nachts entwickelt sie eine sture Durchhaltekraft. Katja wird ein TV-Junkie. Am nächsten Tag berichtet sie bis ins Detail, was sie alles gesehen hat: Unterwassersendungen, Shows, Filme, auch die albernsten. Sie analysiert, diskutiert, streitet. Natürlich ist uns diese neue Sucht unheimlich. Außerdem ist sie nicht bekömmlich für ihren Organismus. Aber abgesehen davon, dass sie meistens zu schwach ist, um zu lesen und zu schreiben – oder sich davor drücken will –, müssen wir schließlich eines einsehen: Der Fernseher bringt ihr die Außenwelt, die Vielfalt des Lebens ins Bett. Ist damit im Normalfall ein grässlicher Irrtum verbunden, weil das passive Miterleben niemals das eigene Leben ersetzen kann, ist in ihrem Zustand der Fernseher eine Rettung, auch wenn sich die Bewusstwerdung ihrer Realität dadurch vielleicht noch ein wenig mehr verzögert, als es ohnehin der Fall ist. Aber Katja will leben, das Leben mitbekommen.

Ihre Möglichkeit, durch den Fernseher am Leben teilzunehmen, vermittelt sich mir am eindringlichsten, als ein Film gesendet wird, bei dem eine Freundin von mir das Drehbuch geschrieben hat. Katja saugt jede Information auf, die ich über die Hintergründe berichten kann. Am Tag nach der Sendung diskutieren wir derart leidenschaftlich über den Film, über alles, was der Autorin bei dieser Arbeit passiert ist, und über Sachzwänge, die der Beruf generell erfordert, als ob Katja selber das Drehbuch geschrieben hätte oder zumindest auch Drehbuchautorin wäre.

Katja hat sich nie als Drehbuchautorin gesehen. Trotz aller Unterschiede ist dieser Beruf aber nicht allzu weit von dem entfernt, was Katjas eigentlicher Berufswunsch war: eine Romanschriftstellerin zu sein. In beiden Berufen geht es um das Erzählen von Geschichten.

Es hat nicht sollen sein. Katjas Geschichten sind in der Vergangenheit nicht erzählt worden und werden es auch in Zukunft nicht. Ihr Interesse für Geschichten bleibt trotzdem. Jeder Besucher muss eine erzählen. Oder er soll berichten, was er erlebt hat. Nicht einfach. Berufliches oder privates Kuddelmuddel ist entweder zu vertrackt oder definitiv zu wenig interessant, um es hier vorzutragen. Und viele andere Erlebnisse haben wir nicht mehr. Katjas Sterben ist zum Zentrum geworden. Das ist freilich so aufregend und emotional überwältigend wie alle potenziellen Abenteuer zusammen. Aber das kann man ihr nicht sagen. Ich rette mich in Nacherzählungen von Kinofilmen. Die werden zumindest mit großer Neugier aufgenommen. Ich beneide trotzdem David, der mit viel Selbstironie auch in diesen Wochen noch ein Sammelsurium an komödiantischen Begebenheiten erlebt und höchst amüsant erzählt.

Mit der gleichen Euphorie, wie Katja den Berichten der Besucher lauscht, verschlingt sie Klatschgeschichten über Models, Königsfamilien und andere Promis und lacht sich schlapp, wenn sie die Gazetten der Yellow Press durchblättert.

Eine Freundin hat Katja den indischen Roman »Das Gleichgewicht der Welt« von Rohinton Mistry geschenkt. In meinen Augen ist dieses Buch denkbar ungeeignet für Katjas Situation. Aber ich kann es ihr nicht mehr ausreden. Der Roman zieht sie in den gleichen Bann, den er auch auf mich ausgeübt hat. Es ist unmöglich, den Figuren gegenüber gleichgültig zu bleiben, die sich mit brutalsten Schicksalsschlägen durch die allergrößte, für uns schlichtweg unvorstellbare Armut in den indischen Slums kämpfen, Hoffnung aufbauen, enttäuscht werden und trotzdem weitermachen. Die Macht des Lebens schüttet sich ungefiltert, unbeschönigt, unsentimental über den Leser. Aber der Schluss ist zu hart. Nach all den Katastrophen, die die Hauptfiguren durchlitten haben, gönnt der Autor ihnen nicht einen glücklichen Moment, nicht ein einziges Wort der Versöhnung. Fassungslos bin ich die letzten Seiten mehrmals durchgegangen, weil ich es nicht glauben konnte. Umsonst. Katja hat genügend Selbstschutz in sich. Sie legt das Buch irgendwann zur Seite.

Einen ähnlichen Schutzmechanismus zeigt sie auch gegenüber Musik. Kaum eine CD aus ihrem Regal möchte sie anhören. Ihre frühere Vorliebe für die Romantik, die große Klassik oder die Melancholie im schwarzen Jazz und Blues wird ihr zum Verhängnis. Stark ausgedrückte Emotionen erschlagen sie. Alles, was auf die Wirkung einer orchestralen, choralen Tuttikraft setzt, ist zu viel. Aus allen Richtungen schleppen wir Alternativen herbei. Musik war ihr immer wichtig, wir werden das Richtige finden. Das wäre doch gelacht. Natürlich verfällt sie Schumanns und Schuberts Klaviermusik, natürlich findet sie es toll, auch im modernen Bereich gut bestückt zu werden und zwischen vielen Stilrichtungen wählen zu können. Aber keine der Musiken zündet. »Ich will mich nicht von anderen Emotionen steuern lassen«, sagt sie. »Meine eigenen Gefühle sind zu groß.« Und wir finden einfach nicht die Musik, die ihre Gefühle spiegeln oder Trost spenden könnte.

Die Brutalität, mit der Katjas Körper aus der Welt des Lebens gerissen wird, ist für alle schockierend. Nur Katja selbst tangiert das erstaunlich wenig. Sie klagt nicht, dass sie nicht mehr gehen kann, sie beschwert sich nicht, nur noch zu liegen. Sie weint nur bittere Schmerzenstränen, wenn sie ihre Kämpfe mit der Verdauung auf dem Toilettenstuhl ausfechten muss. Aber die Tatsache, dass sie auf ihn gehoben, dass ihr bei der Intimpflege geholfen werden muss, ist kein Thema für sie. Sie achtet nur darauf, dass Thomas diese Situationen nicht mitbekommt. Da rafft sie sich mit überdimensionalen Kräften auf, unter Mithilfe von zwei Personen irgendwie auf die Toilette zu gelangen – gleichwohl diese Anstrengung vergebens ist, weil es so gut wie keine Verdauung mehr gibt.

Auch Katjas Sprache passt sich nicht den neuen Bedingungen an. Sie kann nicht mehr »rüberkommen«, in die Küche »gehen« und etwas »bringen«, wie sie behauptet. Ich kann nur spekulieren, wie es in ihrem Inneren aussieht. Nach außen wird der körperliche Zerfall nicht thematisiert. Als ob es ihren Körper nicht gäbe, als ob sie sich von ihm getrennt und er nichts mit ihr zu tun hätte. Trotz der eindeutigen Signale des Körpers bleibt ihr Geist davon unberührt. Er entwickelt immer noch Hoffnungsgedanken.

Die Schreibbücher, das Powerbook liegen griffbereit neben dem Bett. Aber noch immer schreibt Katja keine Zeile, wie sie es angeblich gerne tun würde. Immer wieder tauchen die Themen Religion, Glaube und Glaubenslosigkeit auf. Sehr offen erzählt sie über die schwere Zeit mit dem Heiler vor Teneriffa und dem anschließenden Dilemma auf der Insel.

Mir wird erst jetzt bewusst, dass sie nicht blindlings Heilern nachlief, um irgendwie zu gesunden, sondern dass es dringend um das Bedürfnis ging, in einem Glauben aufgehoben zu sein.

Die Forderung, zu glauben, wurde auf der Insel als Druckmittel eingesetzt, heimtückisch gepaart mit christlichen Ritualen. Sie sei gesund, hieß es. Wenn sie sich nicht gesund fühle, dann nur, weil sie nicht glaube, sich nicht an die Rituale halte. Ein höllischer Zwiespalt für meine Freundin. Sie wollte ja glauben. Sie wollte alles glauben. Aber sie konnte bei solchen Schmerzen nicht glauben, gesund zu sein. Je »rebellischer« meine Freundin wurde, desto bedrohlicher wurde die »Heilerin«. Erpressung scheint mir das einzig passende Wort. Wie groß muss ihre Not gewesen sein, dass sie trotzdem so lange die Schuldgefühle ertrug, bei der Selbstverantwortung zu versagen. Wie sehr muss sie sich danach gesehnt haben, einen Glauben zu erfahren.

MARIA

Der Glaube wurde mir ausgetrieben, sagt Katja und seufzt. Aus dem Christentum sei ihr nur noch Maria geblieben. Zwischen Glücksbringern und Heiligen aus aller Welt darf sie auf dem Tischaltar stehen, den Katja liebevoll arrangiert.

Maria wird immer wichtiger. Die Frau mit dem Kind. Die Mutter. Sie hätte gerne noch ein Bild von Maria um sich. Aber bitte keine kitschige Postkarte oder naive Darstellung, wie sie auf Teneriffa im Sinne der Heilerin angebetet werden musste. Ich überlege, wie ich die »Madonna« von Filippo

Lippi aus den Uffizien in Florenz unauffällig entwenden könnte. Dann fällt mir ein, dass ich als Kind von meinem Großvater einen Druck von Raphaels »Madonna Sixtina« geschenkt bekommen habe.

Marias Gesicht ist weich und harmonisch, das Jesuskind schmiegt sich entspannt an die Mutter. Katja dagegen ist so schmal. Sie ist so unglücklich, dass Jakob nicht bei ihr ist. Hoffentlich verstärkt sich durch die selige Einheit von Mutter und Kind nicht ihr eigenes Manko. Meine Sorge ist überflüssig. Sie könne das Bild stundenlang anschauen, sagt sie. Ich hänge es neben ihr Bett. Katja liegt auf dem Rücken. Sie möchte sich auf die Seite drehen, um das Bild besser sehen zu können. Den Oberkörper kann sie alleine wenden. Bei den Beinen muss ich ihr helfen und die Kissen für das Thrombosebein neu arrangieren. Es ist gar nicht leicht, die richtige Position zu finden, in der das Bein einigermaßen schmerzfrei liegt. Aber Katja und ich kennen das Procedere allmählich und nach einer Weile sagt Katja: »Danke, so geht es gut.«

Ganz für sich, von mir abgewandt, blickt sie auf Maria mit ihrem Kind. Kurze Zeit darauf fallen ihr die Augen zu. Ich betrachte Katja in dem Ensemble, das sich in ihrem Schlafzimmer ergeben hat. Eine stille Einheit. Katja liegt in der Mitte auf dem Bett. Um sie herum gruppieren sich der kleine Tischaltar, ein Gemälde von David mit einer erdfarbenen Berglandschaft, das weiche Orange der Vorhänge und nun auch die Madonna in ihrem verblichenen Schwarz-Weiß. Komisch, wie all die Dinge zu Katja passen, ihr ein wenig Geborgenheit geben, obwohl sie nicht von ihr sind. Vielleicht gerade deswegen. Vielleicht wären eigene Gegenstände von früher mit schmerzhafter Bewusstwerdung behaftet, dass diese Zeit vorbei ist. Vielleicht auch nicht. Vielleicht bilde ich mir das alles nur ein. Aber ich kann nicht verhindern, dass solche Gedanken aufkeimen, wenn ich bei Katja sitze.

In stiller Trauer erträgt Katja, dass Jakob nicht bei ihr ist. Manchmal kann sie ihren Schmerz nicht für sich behalten und äußert den Wunsch, ihn zu sehen. Ich muss mich dann ziemlich beherrschen, nicht sofort nach Zürich zu fahren und den Jungen zu holen. Aber ich tue es nicht. Das sind ihre Familienangelegenheiten, in die ich mich nicht einmischen darf. Außerdem könnte es vielleicht auch eine große Enttäuschung für Katja werden, wenn Jakob hier wäre. Von Jakob ganz zu schweigen. Bei seinem letzten Besuch hat sich nur zu beklemmend gezeigt, wie wenig die beiden unter den Bedingungen des Sterbens miteinander anfangen können. Aber ich bin trotzdem erstaunt, dass nicht mehr überlegt wird, ob und wie Jakob für ein paar Tage kommen könnte. Und ich bin entsetzt, dass der Junge und sein Vater nie anrufen. Das kann doch gar nicht sein. Die Mutter liegt im Sterben, ganz München steht Kopf, sämtliche Freunde, Bekannte und Verwandte überall auf der Welt sind besorgt, und die Person, die für sie am wichtigsten ist, meldet sich nicht einmal. Irgendwann werfe ich alle Bedenken über Bord und rufe Jakobs Vater an. Er sagt, es sei von Anfang an ausgemacht, dass sich immer der meldet, bei dem Jakob nicht ist. Meine Überraschung über ein derartiges Reglement tut hier nichts zur Sache. Aber ich habe das klamme Gefühl, dass in der Ferne nicht genau begriffen wird, was hier geschieht, und kleine Änderungen der Regeln angebracht wären. Katja kann nicht, wie in ihren gesunden Zeiten, zum Telefonhörer greifen, wenn sie gerne Jakobs Stimme hören möchte. Sie ist meistens zu schwach, um zu telefonieren, und auch in den robusteren Momenten lässt ihr gnadenloses Hier und Jetzt für Gedanken an Telefonate keinen Platz übrig. Wie auch immer. Katja hofft auf Anrufe von Jakob und hat ganz sicher verdient, dass man ihr ein wenig entgegenkommt. Jakob ruft nun einige Male an.

SPAGAT

Katja redet über den Tod. Auch über den eigenen.

Sie spricht über ihre Angst, »dorthin« alleine gehen zu müssen. Sie wundert sich, wie fremd der Tod immer noch für sie ist, obwohl sie direkt vor ihm steht. So sehr ich mich nach Klarheit in Katja sehne, diese Aussagen rauben mir den Atem. Der Unterschied zwischen Spekulationen von Gesunden und den wahrhaftigen Erfahrungen einer unmittelbar betroffenen Person erschüttert mich. Aber noch ehe Tränen hochsteigen könnten, schiebt Katja den Tod wieder in abstrakte, weite Ferne. Ein Wimpernschlag, ein Atemzug, ein Wort – und Katja meint nicht ihren Tod, sondern redet allgemein über ihn. Ihrer rhetorischen Kunst, der Bestimmtheit ihrer Hoffnung, dass sich alles noch umdreht, kann und darf man nichts entgegensetzen. Es bleibt einem nur die Fassungslosigkeit und von Fall zu Fall der Versuch, das Thema wieder durch eine Hintertüre mit Katjas Realität zusammenzuführen, ohne sie zu verletzen.

Von selbst darf man das Thema keinesfalls anschneiden. Nur einmal ist die Stimmung so gelöst, dass ich es riskiere: Sie solle für uns alle eruieren, wie es da oben zugeht, und sie möge bitte die schönsten Wolken reservieren und das beste Café für unseren Cappuccino suchen. Ich weiß nicht, ob es die verspielte Angehensweise oder das pure Glück ist, einen leichten Moment erwischt zu haben. Katja kichert zumindest und verspricht es zu tun.

Aber auch wenn sie in einer Weise über ihren Tod redet, dass man glaubt, sie akzeptiere ihn, heißt das noch lange nicht, dass wir ihn benennen dürfen. Sie denkt über die allmählich dringende Notwendigkeit eines Testaments nach. Ein paar Stunden später wird sie vorsichtig gefragt, ob sie Wünsche für ihre Beerdigung habe. Es kommt zu einem verzweifelten Tränenausbruch.

Was für eine Unterscheidung! Testament: ja. Beerdigung: nein. Ich kann den schmalen Grat nicht fassen, auf dem Katja balanciert. Wir werden alle zu Wortakrobaten, den Tod anzudeuten, ohne ihn auszusprechen.

Ich hätte so gerne einen Glauben an Gott, sagt sie. Ja, das wäre schön, sage ich. Beide haben wir gelesen, dass Menschen mit religiösem Glauben nicht so große Probleme haben. Sie können gelassener der Ungewissheit entgegentreten. Es gibt für sie eine Geborgenheit bei Gott. Für meine Freundin ist da nur dieses Loch. Der Tod ist für sie genauso fern, wie er es früher war. Sie kann ihm nicht kurz über die Schulter blicken. Sie kann auch keinen Schalter umklicken und die Idee von Gott, der womöglich Trost spendet, verinnerlichen.

Schon wieder ein Mahlstrom der Fragen. Es darf nicht wahr sein, dass Ungläubige letztendlich doch für ihre Zweifel büßen müssen. Dass sich wirklich alles um diesen Mann mit dem Rauschebart dreht. Zumal meine Freundin und ich nicht über Gott und einen Glauben an ihn erhaben sind. Wir sind durchaus demütig genug, die Hilflosigkeit des Menschen zu akzeptieren. Wir haben nur keine konkrete Gottesvorstellung. Aber ein wie auch im-

mer geartetes Ordnungsprinzip, in dem alles aufgehoben ist, scheint uns sicher. Das ist doch auch eine schöne Theorie. Aber eben nur eine abstrakte Theorie, die im entscheidenden Moment versagt.

Aus der bleiernen Leere in mir erhebt sich die Frage, was Glaube überhaupt ist. Wie man glaubt. Welche Anhaltspunkte haben Gläubige, die wir nicht haben. Was erkennen sie in den Geschichten und Symbolen, die den Glauben lehren. Sie fühlt sich allein gelassen, sagt meine Freundin, wie Jesus am Kreuz. Wir seufzen. Das abschreckende Hauptsymbol der Christen steckt als historisches, tradiertes Kulturgut tief in uns Ungläubigen. Auch den christlichen Inhalten sind wir mehr verhaftet, als uns lieb ist. Dieser Schuldgedanke beispielsweise, der sie seit Krebsausbruch gequält hat, auch wenn damals weder von Glaube oder Religion die Rede war.

ZWISCHENZUSTAND

Am Telefon erlebe ich es zum ersten Mal. Mitten im Satz behauptet Katja, gerade durch das Zimmer zu fliegen, herumzutanzen. Wir stocken beide. Was war das? Sie sagt, dass sie immer wieder das Gefühl habe, die Realität zu verlieren, in eine andere zu gleiten. Katja sorgt sich ungemein. Ich versuche sie zu beruhigen: das passiere wahrscheinlich wegen der Schmerzmittel.

Die Schmerzmittel sind nicht der Auslöser, sagen die Ärzte. Aber es sei typisch, dass Menschen in einer derartigen Situation eine Fluchtwelt aufbauen, eine Welt, mit der sie die Realität überstehen können. Später taucht der Verdacht auf, dass Katja einen Tumor im Hirn hat. Eigentlich spielt die Ursache keine Rolle. Katja gleitet in einen Zwischenzustand. Der Zustand zwischen Leben und Tod. Ein Zustand, der für Außenstehende immer uneinsichtig bleiben wird, trotz seiner Eindeutigkeit. Ein Zustand auch, der unumkehrbar in eine Richtung strebt. In die Richtung weg von uns. In die Richtung Tod.

Vermutlich sind mit diesen Absenzen auch viele der bisherigen Verwirrungen zu erklären. Immer wieder erinnert sich Katja nicht an Vereinbarungen, die man wenige Stunden zuvor mit ihr getroffen hat. Oder sie erinnert sich, verlegt das Gespräch aber um Tage und Wochen vor. Nicht selten sorgt das für kleine Unruhen, mit denen nicht leicht umzugehen ist. Wir versuchen schließlich alle, ihre Versorgung mit unserem Alltag zu kombinieren. Da kann es irritieren, wenn man sich mühsam Zeit herausschlägt, aber dann schon ein anderer Besucher bei Katja ist. Dazu kommt der ohnehin angespannte Nervenzustand aller Beteiligten. Ich bin jetzt noch erleichterter, dass ich bisher jeglichen Groll unterdrückt habe, der mit mangelndem Informationseinsatz von Katja oder Ähnlichem zu tun hatte. Jetzt, wo es offenkundig ist, wie weit Katja manchmal von uns weg ist, bin ich nur überrascht, wie wenig wir ihre Entgleisung zuvor bemerkt haben. Wie sehr wir Katja noch dem zugeordnet haben, was für uns die Normalität ist.

Einmal ist Katja traurig, dass wir einen Ausflug ohne sie gemacht hätten. Wir haben diesen Ausflug nicht gemacht, erwidere ich. Katja glaubt mir nicht recht und fühlt sich ausgestoßen. Ich erkläre ihr, wann der Ausflug mit ihr geplant wurde, dass dann aber ihr Zustand ihn bisher verhindert habe. Katja ist entsetzt, wie wenig sie solche Zusammenhänge noch mitbekommt. Sie möchte die Kontrolle aber nicht verlieren, sie möchte in der Realität bleiben. Immer wieder bittet sie mich, den Verlauf der Dinge mit ihr zu rekonstruieren. Meine kontinuierliche Begleitung erhält einen neuen Sinn. Ich bin ihr Gedächtnis.

Diese Absenzen, Ausrutscher häufen sich. Sie amüsieren, verwundern. Welche Welten in ihrem Kopf. Manchmal ist Katja kindlich naiv, manchmal weise wie ein hundertjähriger Rabe. Und dann, wenn man glaubt, dass sie für immer weggeflogen ist, überrascht sie mit ihrer üblichen Intelligenz. In Katjas Absenzen vermischen sich Vergangenheit, die pure Phantasie und das, was um sie herum passiert. Ich kichere oft über die Absurdität, in der dann allerdings doch meistens eine Wahrheit verborgen liegt. »Du bist also die Mäusefallenaufstellerin?«, fragt sie mich. Wie kommt sie denn darauf. Ich habe noch nie eine Mäusefalle aufgestellt. Aber mein Kosename für Hunde, Katzen, Babys und liebe Menschen ist »Maus«. Und tatsächlich, auch zu Katja sage ich immer wieder Maus, wie mir erst jetzt auffällt. Also antworte ich: »Ja, ich stelle die Fallen auf, aber nur solche, die Mäuse am Leben lassen. Und dann sammle ich sie ein und bringe sie in den Englischen Garten.« – »Gute Einstellung zu Mäusen«, sagt Katja mit einem Lächeln, das mich im Dunkeln tappen lässt, ob sie sich mit charmanter Ironie über solche Unterhaltungen lustig macht oder wirklich zufrieden über die Lösung ist.

Nicht alle Absenzen sind derart harmlos. Manche führen sie zu beängstigenden Begegnungen auf dem Friedhof oder sie wird das Opfer von schwarzer Magie. Ich versuche, auf die positiven Seiten von Magie zu lenken, damit sie freundlichere Visionen erhält. Das misslingt vermutlich. Kampf, immer wieder Kampf. Ritter mit Schwertern tauchen auf und verschwinden. Man braucht kein ausgebildeter Psychotherapeut zu sein, um die Bilder zu verstehen.

Ab und an ist Katja so wach, dass man mit ihr Ausflüge planen kann. Aber nur ein einziges Mal kommt es dazu. Thomas trägt sie die Treppen hinunter und legt sie ins Auto. Sie fahren an den Starnberger See. Für Katja ist die Fahrt ein schönes Erlebnis, aber sie hat starke Schmerzen. Auf dem Rückweg schläft sie vor Erschöpfung ein. Katja ist entsetzlich enttäuscht, dass sie den Ausflug nicht mehr genießen konnte.

ALLES MUSS SUPPEN

Katja, die kaum noch isst, redet ununterbrochen von Essen. Sie ist in ihrer Vorstellung höchst anspruchsvoll. Ein Gericht sei nur dann perfekt, wenn es genau in einer speziellen Art zubereitet wird. Dabei hat Katja früher nie viel Aufwand um die Ernährung gemacht: Nudeln mit Broccoli, Zwiebeln und Sahne drüber, fertig. Jetzt klar definierte Wünsche, hauptsächlich Gerichte aus ihrer Kindheit, ganz einfache Speisen, Kartoffelbrei, Nudeln, aber eben kompliziert angerichtet. Und es muss suppen. Schon das Wort lässt ihr das Wasser im Munde zusammenlaufen. Alles muss suppen. Nichts suppt genug, egal, wie viel Mühe wir uns geben. Wenn wir auch noch wagen, »Grünzeugs« und anderen »gesunden Kram« zu servieren, kennt Katja keine Gnade.

14. März. Besonders daneben liegt dann mein Freund aus dem Ausflugscafé im Park. Seine Käsesauce über den Spaghetti findet Katja abscheulich. Sie genießt das Essen als

Gastgeberin trotzdem. Und ich auch. Es ist beinahe wie früher, der gleiche unnachahmliche Charme der schlichten Dinge, mit denen Katja schon immer eine stimmungsvolle Atmosphäre gezaubert hat. Kerzen, ein paar Blumen, hübsche Gläser. Der Unterschied zu früher ist jetzt nur, dass sie nicht auf einem Stuhl sitzt, sondern in ihrem Bett liegt. Wir lachen, trinken Wein. Katja raucht sogar eine Zigarette. Rasch wird sie müde. Mein Freund verabschiedet sich, ich helfe noch bei den Nachtvorbereitungen. »Du wirst jetzt aber nicht mehr fernsehen?« – »Nein, ich bin müde. Aber eine Zigarette würde ich noch gerne rauchen.« Wir rauchen.

15. März. Ich komme wie vereinbart mittags, um ein kleines Essen zuzubereiten. Zu meiner Überraschung sind Katjas Eltern und ihre Schwester in der Wohnung. Betreten lächeln sie mich an. Die Mutter nimmt mich zur Seite und sagt leise, dass Katja zu schwach sei, um die Augen aufzuschlagen. Sie leitet den Sterbeprozess ein, wie die Ärzte aus dem Hospiz glauben. Es sei nicht damit zu rechnen, dass sie sich wieder erholt. Vermutlich wird sie in wenigen Tagen sterben.

Ich weiß nicht, was ich erwartet habe. Es war klar, dass das eines Tages geschieht. Aber ich bin außer mir, dass es so unvermittelt beginnt. War der gestrige Abend zu anstrengend für sie? Kann er der Auslöser gewesen sein? Die Mutter beruhigt mich: Und wenn er es gewesen wäre, so hätte Katja ihn sich doch gewünscht. Ich möchte die Familie mit ihrem Kummer alleine lassen. Der Familienhund sieht mich ganz kleinlaut an. Bevor ich mit dem Hund losziehe, gehe ich zu Katja und setze mich neben sie. Sie nimmt mich mit einem kleinen Seufzer wahr. Irgendwann flüstert sie: »Danke.« Ich flüstere ebenfalls: »Danke.« Unser Abschied. Alles über unsere Freundschaft ist gesagt. Wenn ich den

Hund zurückbringe und Katja nicht mehr leben sollte, ist es gut.

Der Hund fügt sich zuerst meiner betrübten Stimmung. Dann schleppt er einen besonders schönen Stock heran und stippst ihn an meine Beine: Lass uns spielen. Der Hund hat Recht. Wir jagen viele Stunden durch den Park und kommen beide außer Atem zurück. Katja lebt noch.

Sie lebt auch am nächsten Tag noch, genauso schwach. Ich setze mich zu ihr und lese aus dem Buch vor, das sie anfangen wollte: »Gottes Werk und Teufels Beitrag« von John Irving. Ab und zu seufzt sie kaum hörbar: »Ich mag solche Geschichten.« Gleiches einen Tag später. Und am darauf folgenden Tag schlägt sie die Augen auf und lacht: »Ich möchte eine Einladung für meine Freunde machen. Einen Leichenschmaus für uns alle.« Die Mutter in der Küche versteht nicht gleich, als ich ihr das mitteile. Leichenschmaus? Ist sie …? Sie redet? Sie hat den Todeskampf überwunden? Woher nimmt sie diese Energie?

Katja platzt nicht nur vor Energie, sie wundert sich, dass wir alle so betroffen herumstehen. Ist irgendetwas passiert? Welche letzten Tage? Du hast mir vorgelesen? Quatsch. Wir sollen bitteschön nicht behaupten, dass es hier irgendwelche Probleme gäbe.

DER LEICHENSCHMAUS

Das einzige Problem ist jetzt, wer zum Leichenschmaus eingeladen wird, wie viele Leute um den Tisch passen, ob es gemütlich am Bett ist oder der Tisch woanders aufgestellt werden soll. Oder ist eine große Party nicht doch das Allerbeste? Die Idee mit der Party klingt verlockend, muss aber diskret abgewendet werden. Katja ist zu schwach für solche Aktionen. Die Frage des Menüs klärt sich rasch. Thomas will Kohlrouladen machen. Ich kann mir kaum vorstellen, dass Kohl der nicht vorhandenen Verdauung gut tut, aber Katja hat diesen Wunsch irgendwann geäußert und ist voller Vorfreude.

Am nächsten Abend findet das Essen statt. Während in der Küche gekocht wird, deckt Katja von ihrem Bett aus den Tisch. »Das Zeug muss weg.« Also die Schmerzmittel, die Bücher, der Altar und alles, was sonst noch auf dem Tisch steht. Gibt es genügend Teller, Löffel? Passt das nötige Geschirr auf den Tisch? Alles muss für uns perfekt sein, wir sollen uns wohl fühlen. Vertauschte Rollen. Hoffen wir doch nur, dass es Katja gut geht. Dann sitzen wir zu sechst um den Tisch, auf Stühlen und neben ihr auf dem Bett. Die Kohlrouladen sind köstlich. Aber Katja kann sie nicht essen. Zu scharf. Sie hat noch niemandem mitgeteilt, dass ihr Mund innen wund ist und alles wie Feuer brennt. Sie genießt den Kartoffelbrei, wir verbergen unsere Bestürzung. Katja wird früh müde. David bringt eine Freundin zum Bahnhof, die aus Berlin angereist ist, andere müssen auch gehen, Katja kuschelt den Kopf auf den Schoß von Thomas. Ich widme mich dem Abspülen in der Küche. Dann ruft sie, ich solle keinen profanen Kram erledigen, sondern bei ihr sein.

Ich setze mich den beiden gegenüber. Katja sagt, dass sie jetzt wisse, wofür man lebt. Für die gelebte Menge von Liebe. Sie sei sehr glücklich, mit Liebe reich beschenkt worden zu sein und viel lieben zu können. Dann weint sie. Wegen der Liebe hat sie diese Angst, dahin gehen zu müssen, wo wir alle nicht mitkommen. Vermutlich gibt es Menschen, die in solchen Momenten tröstliche Worte zur Verfügung haben. Wir sind still. David kehrt zurück und richtet sein Nachtlager auf dem Sofa her, wie es seit den Schwächetagen immer ein Familienmitglied tut, auch wenn Katja das für unnötigen Aufwand befindet.

Tagebucheintrag 16. März
Innerhalb einer Woche zweimal für Katja geatmet. Allen Zynismus und jede Selbstironie verbannt, mir grauenhaft Mühe gegeben, es ernsthaft und voller Inbrunst zu machen. Sicher absurd falsch. In jedem Fall reichlich kürzer, als die Zeitvorgaben verlangen. Schon bei den »Dankeschöns« an meine »Hilfen« bin ich gescheitert. Wie auch immer. Ich habe es versucht. Brav.
Und siehe da. Eine Woche später, in ihrer Wohnung, hat sie diesen gigantischen Schritt getan. Der Hader war weg. Keine zermürbende Sinnsuche mehr. Ruhe in ihr. Vollkommen egal, ob mit oder ohne meiner Stümperhilfe. Der Moment war jedenfalls nicht falsch.
Jeden Tag neue Erschütterungen. Sie hat keinen Funken Kraft mehr, kann kaum etwas essen, sich nicht mehr waschen. Geistige Absenzen und Verschiebung der Realitäten zwischen Gedankenwelt und Außenwelt. Panik, die ich versuche zu stillen.
Es hieß, sie würde jetzt sterben, sich für das Sterben zurückziehen. Mir kamen die Tränen. Ich meine, ich weiß ja seit Juli, was passieren wird, aber … Von diesem Moment an ist sie gefühlsmäßig wieder meine innerste Freundin. Sie war es natürlich die ganze Zeit, aber ihr Kampf, ihr Zustand haben nichts mehr mit dem zu tun gehabt, was sie früher ausgemacht hat.
Es ist kein Klammern meinerseits, vermutlich wirklich nur Mitleid mit ihrem Schmerz. Sehnsucht, dass sie keine

Schmerzen mehr hat. Aber auch Verzweiflung. Und das brutale Bewusstwerden, dass sie dann weg ist. Dass ihre Augen nie mehr lächeln können. Dass … ach so viel.
Jeder Blick zwischen uns hat sich noch einmal verschoben. Ihr leises »Danke« in mein Ohr, mein »Danke« zurück, letztendlich befreiend. Wenn sie gestorben wäre, hätte mir nichts mehr gefehlt. Und ihr mit mir wohl auch nichts.
Aber sie lebt noch. Ich weiß nicht, ob zum Glück. Niemand weiß, wie lange.
Ich bewundere die Kraft ihrer Mutter. Ich kam mir entsetzlich hilflos vor. Wie schafft die Mutter das alles.
Ich wünsche Katja von Herzen dreierlei:
Ich wünsche ihr, dass sie von allem, was sie noch halten mag, loslassen kann, dass sie mit allem versöhnt ist.
Ich wünsche ihr, dass sie aus eigenem Bewusstsein und so organisch wie möglich die nötige Kraft hat, in den Tod zu treten, sich für den Tod bereitzuhalten.
Ich wünsche ihr, die Hoffnung zu erhalten, dass sich ihre Seele weiterentwickeln und sie sich mit der Welt verbunden fühlen kann.

VIELSCHICHTIGKEITEN

Dieses Sterben findet unverhältnismäßig vielschichtiger, verwobener statt, als ich ahnen konnte. Jeder Moment trägt die Essenz des Lebens und die Essenz des Endes in sich. Manchmal mehr auf das Leben bezogen, manchmal mehr auf das Ende. Dabei scheint alles einer Logik untergeordnet zu sein, einer Normalität, mit der ich ebenfalls nie gerechnet hätte.

Und ich hätte auch nicht geglaubt, dass der Übergangsprozess so lange dauern kann. Diese Vitalität im Sterben. Diese Morbidität im Leben. Alles gleichzeitig. Katja ist nicht eine bestimmte Zeit vollkommen bei sich und ab dann entrückt. Der Tod greift zwar in ihr Leben. Aber das Leben findet auch noch statt.

Kann ich allmählich ahnen, was da passiert, verwundert es mich nicht, dass Freunde in der Ferne außen vor stehen. Man kann nicht begreifen, wie die Stimmung ist, wenn man nicht dabei ist. Und je weiter Katjas Sterben voranschreitet, umso leichter können Missverständnisse zwischen Katja und der Außenwelt entstehen. Katja erzählt mir immer wieder betrübt über unerfreuliche Telefonate, in denen Freunde ihr vorwerfen, dass sie nie zurückruft, Geschenke nicht würdigt und dergleichen. Manchmal fühlt sie sich auch ausgenützt, wenn sie das Gefühl bekommt, dass Freunde ihr Schicksal für eigenes Leid zum Anlass nehmen und sich an einer melancholischen Trauerstimmung weiden. Vielleicht passiert das dem einen oder anderen. Aber ganz bestimmt nicht mit Absicht, sondern nur aus Unkenntnis der Situation hier. Vielleicht wirkt bei einigen auch jenes finstere Phänomen, das schon vor Monaten zu Streitereien führte. Diese Schwierigkeit, Ablehnungen von Katja nicht als Angriff gegen die eigene Person zu empfinden, sondern wertneutral einzustufen. Das alles würde ich Katja gerne sagen, um ihr ein wenig Entgegenkommen für diese Ausrutscher zu ermöglichen. Aber es geht nicht. Ich kann ihr nicht erklären, wie kompliziert es für die Umwelt ist, mit ihrem Zustand umzugehen. Da müsste ich Katjas Sterben und ihren baldigen Tod deutlich benennen. Das aber verbietet Katja mit ihrer Verleugnung. Und ich bin außerstande, einen anderen Weg zu finden, ihr bei der Annahme der Tatsachen zu helfen, die Missverständnisse etwas zu reduzieren oder Katja zu mehr Versöhnlichkeit zu bewegen.

Ich kenne Katja eigentlich als ausnehmend sanften und verständnisvollen Charakter. Ihre Unnachgiebigkeit in manchen Punkten, die ungnädige Haltung gegenüber einigen Freunden und Familienmitgliedern, die sich in ihren Augen falsch verhalten – die manchmal allerdings keine Chance hätten, etwas »richtiger« zu machen, weil von früher noch unausgefochtene Kämpfe in Katja zu gären scheinen –, wird für mich eine der besonders traurigen Begleiterscheinungen des Sterbens. Und eine dringliche Warnung, möglichst keinen Groll gegenüber Umständen oder Menschen aufzustauen, sondern die Realitäten des Lebens unvoreingenommen hinzunehmen. Sicher kann auch nicht schaden, hin und wieder einige Wesenszüge und Veranlagungen zu überprüfen. Denn die können im Moment des Sterbens offenbar kulminieren oder ihren wahren Kern freilegen.

So scheint mir manchmal Katjas Utopie, vielleicht doch noch um diesen Tod herumzukommen, ihrem früheren Illusionismus gar nicht unähnlich. Er war damals nur nie existenziell bedroht und die Realitätsferne offenbarte sich nicht derart brutal. Ganz im Gegenteil. Ihre weltfremde Einstellung machte häufig genau jenen liebenswert eigenwilligen Charme von Katja aus. Wie konnte sie ins Schwärmen geraten, wenn sie darüber sinnierte, einen Roman oder ein großes Hörspiel schreiben zu wollen. Sie wusste natürlich, dass diese Vorhaben bisher nicht nur wegen des vorgeschobenen Mangels an Zeit und Geld von ihr unterlassen wurden. Die knochenharte Realität des Schriftstellerberufes hatte schlichtweg zu wenig mit Katjas eleganter Klischeevorstellung zu tun, in der sie sich so gerne wähnte. Aber bevor man sich ein wenig baff über ihren Romantizismus zu einer Vernunftpredigt aufschwang oder womöglich begann, ihre wahrlich gute Schreibarbeit an den CD-ROMs gegen ihre hohen Schriftstelleransprüche zu verteidigen, setzte sie stets einen selbstironischen Humor ein. Allerdings nur, um anschließend noch genussvoller von ihrem Lebenswunsch zu schwärmen. Das konnte ziemlich ansteckend wirken. Wir hatten viel Spaß beim Ausmalen unserer Zukunftsvisionen.

DAS LOCH

Nach Besuchen bei Katja bin ich wie ausgehöhlt. Ein Loch. In dieses Loch schüttet mein Hirn alle Emotionen und Gedanken hinein. Dann rührt es und rührt es. Manchmal setzen sich kristallklare Wahrheiten ab, meistens aber verklebt alles zu einem Brei der Hilflosigkeit, nichts tun, ändern, begreifen zu können. Ich brauche Ablenkung, gehe ins Kino, treffe mich mit Freunden, arbeite wie besessen. Aber Katjas Sterben ist immer dabei. Und irgendwann bin ich zu schwach für Ablenkung und will auch keine mehr.

Ich hocke bleischwer in meiner Wohnung. Wenn die Nacht hereinbricht, merke ich erst Stunden später, dass ich kein Licht angemacht habe. In mir dieser Gedankenwirbel, dem ich nicht entfliehen kann, der mich allmählich genauso erschöpft wie die Besuche selbst. Ich mache Notizen, schütte mich bei Freunden aus, die das ohne Protest über sich ergehen lassen. Aber keine meiner zahlreichen Äußerungen entspricht der Dimension, in der sich mein Denken abspielt. Eigentlich denke ich nicht mehr. Ich fühle die Gedanken. Im Hirn, im Bauch, überall. Die Gedanken reißen

Schichten auf, die ich nicht kannte. Die ganze Welt zeigt sich mir auf neue Weise. Vieles, von dem ich ausging, es sicher zu wissen, entpuppt sich als bloße Spekulation. Vieles, was ich gar nicht wissen wollte, klärt sich ungefragt: die Räumlichkeit der Zeit, der Sinn des Lebens, Jesus. Irgendwann höre ich den Fachbegriff für das, was sich gerade in mir abspielt: Tiefenwahrnehmung. Lange halte ich diesen Zustand nicht mehr aus.

Seltsamerweise berühren alle Gedanken nicht eine Sekunde meinen eigenen Kummer. Als ob ich keinen hätte. Mein persönlicher Kummer spielt einfach keine Rolle. Die Gefühle machen mich zwar ohnmächtig, aber nicht auf mich bezogen. Mehrere Male werde ich gefragt, ob ich durch diese Sterbensqualen nicht in Panik über meinen eigenen Tod verfalle. Nein. Das tue ich nicht. Auch wenn ich von Herzen hoffe, dass mir solche Schmerzen erspart bleiben. Ich habe keine Todesangst. Weder um mich noch um Katja noch um jemand anderen. Der Tod findet in jedem Falle statt, egal ob mit oder ohne Angst. Ich weiß nicht, was mich derart abgebrüht mit dem Thema Sterben umgehen lässt, obwohl es alle meine Kräfte raubt, aber es ist so. Ich habe keine Angst. – Mal sehen, wie viel von dieser Haltung übrig bleibt, wenn ich eines Tages an der Reihe bin.

GEBEN UND NEHMEN

Ab und zu frage ich mich, ob ich mich gleichermaßen treuherzig auf die »Begleitung« eingelassen hätte, wenn ich gewusst hätte, wie viel Raum das Sterben über mich gewinnen wird. Wenn ich geahnt hätte, wie erschöpft ich sein werde und in welcher Stärke ich meine Ratlosigkeit, die absolute

Hingabe, obwohl das aussichtslose Ende feststeht, das Mitleiden, den Sinn des Lebens und Sterbens, die Hoffnung auf ein Wunder, das Nicht-Begreifen durchexerziere. Aber immer wieder ist klar: Die Begleitung ist das Einzige, was ich tun kann. Es ist das, was ich tun muss und will. Da ist kein Zweifel in mir. Ich gebe, was ich geben kann. Katja nimmt es an und gibt nichts. Ich fühle mich leer, wie von einem Vampir ausgezuzelt. Dann begreife ich aber plötzlich, dass sie in einer anderen Dimension lebt und kämpft. Sie kann das System von Geben und Nehmen, wie es unter Menschen üblich ist, nicht mehr mitspielen. Aber sie hält es trotzdem ein, in anderer Form. In diesen ganz kleinen Momenten, in dieser Nähe, die sie zulässt, in diesem Vertrauen. Ich erhalte von ihr das Geschenk, ihr Sterben mitzuerleben, und damit die Möglichkeit, all das durchzufühlen, durchzudenken, durchzumachen, was mich zwar momentan aus der Bahn wirft, aber vermutlich für immer bereichern wird.

»Möchtest du einen Tee?«, frage ich Katja. Sie nickt. Ich räume zwei Tassen vom Nachttisch, die randvoll mit Tee sind. Allerdings mit abgestandenem. Katja trinkt immer nur einen winzigen Schluck des heißen Tees. Dann ist ihr Durst gelöscht oder sie vergisst das Trinken oder sie schläft ein. Irgendwann fällt jemandem der erkaltete Tee auf, er schüttet ihn weg und kocht neuen. Als ich mit einer frisch gebrühten Tasse Tee aus der Küche zu Katja zurückkehre, sagt sie: »Ich gehe heute und morgen nicht ins Wasser.« Ich stelle den Tee auf den Tisch und antworte: »Nein, vermutlich nicht. Du schlägst auch keinen Nagel an die Decke und holst keinen Strick, um dich aufzuhängen.« – »Das hast du gelesen, gelt? Das war toll.« Sie nippt zufrieden an dem Tee und hängt ihren Gedanken nach, die Tasse in der Hand. Ihre Augen fallen zu. Ich nehme die Tasse aus ihrer Hand und stelle sie auf den Tisch. Katja schlägt die Augen wieder auf und blickt mich an: »Ich hoffe, dass du nie krank wirst.« Sie nimmt meine Hand und küsst sie. Wir schweigen. Außer Nähe und Vertrauen gibt es in diesem Moment nichts.

18. März. Hey T.,
wie man hört, waren eure New-York-Tage ziemlich wild.

Bei uns ist der prächtigste Frühling ausgebrochen. Ein Traum. Pervers dazu ist nur, dass es mit Katja täglich mehr bergab geht. Das Einzige, was man tun kann, ist, sie gedanklich zu unterstützen, dass sie loslassen, dass sie diese letzte Angst überwinden kann. Klingt blöd, wenn das mehr oder weniger gesunde Menschen als Theorie von sich geben. Aber ich bin viel bei ihr und bekomme so viel mit – ohne vermutlich auch nur andeutungsweise zu begreifen, was sie wirklich durchmacht –, dass ich doch allmählich erahne, um was es in solchen Momenten geht. Es reduziert sich. In dieser Reduktion ist aber alles enthalten. Alles Wesentliche, das eigentlich immer vorhanden ist, das man nur nicht spürt, weil es mit Überflüssigem zugedeckt ist. Verrückt ist, dass der Glaube plötzlich eine große Bedeutung erhält. Wenn ein Mensch nur noch darauf begrenzt ist, atmen zu können, ein paar Tropfen Flüssigkeit einzunehmen, ab und an zu verdauen, dann spielt dieser Hoffnungsgedanke, dieses Aufgehobensein danach eine sehr große Rolle, ob man will oder nicht.

Es ist absurd. Wenn Katja zwei Tage im unruhigen Dämmerschlaf verbracht hat, dann ist sie plötzlich auch wieder ganz klar. Dann sind sogar Unterhaltungen wie früher möglich. Ich nehme das alles nur noch als Geschenk. Aber ich kann nicht leugnen, dass es auch ganz schön anstrengend ist.

Ich fühle mich definitiv urlaubsreif und überlege wohin, wann und wie. Aber dann schwappt auch in den Ruhemomenten immer wieder Katja rein. Und sei es nur, weil Julia-Anna anruft und wegen eines Missverständnisses mit Katjas Mutter vollkommen aufgelöst ist. Sei es, weil ich auch versuche, die Mutter bestmöglich zu unterstützen, die ich von Herzen bewundere, wie sie das alles schafft. Katjas Geschwister sind öfter weg, in Rom, in Berlin. Nur Julia ist gerade da. Aber da ist Katja im Grunde unglücklich. Dann denke ich mir immer: nicht einmischen. Das ist nun einmal Katjas Familie, das sind deren Probleme. Und dann merke ich aber, wie sehr die Mutter hofft, dass ich irgendetwas sage. Ach ... Vielleicht gehört das alles dazu. Vielleicht ist das meine Aufgabe als Freundin. Ist auch alles ganz egal.

Tut mir Leid, dass ich dich gerade mit meinen Verwirrtheiten überschwemme. So sehr ich mir Mühe gebe, das Geschehen sachlich zu begreifen, alles ruhig und mit Distanz zu sehen und zu machen, es zerreißt mir eben doch das Herz, wenn ich nur eine Sekunde überlege, dass Katja bald nicht mehr die Augen aufschlägt. Im gleichen Moment denke ich, das brauchst du dir gar nicht vorzustellen, du kriegst das ja gerade live mit. Außerdem lebt sie noch, was eigentlich kaum zu glauben ist. Ich bin ziemlich beeindruckt, wie lange und wie viel ein menschlicher Körper mitmachen kann. So aberwitzig schnell und brutal der Verfall ist, es zieht sich gewaltig.

Ich würde mich freuen, dich demnächst einmal wieder zu sehen, in Berlin, Brüssel, München, Italien, Frankreich, wo auch immer.

NOCH I

»Noch lebe ich«, sagt Katja. Sie hat Recht. Noch lebt sie. Auch mir gibt ausschließlich dieser Aspekt die Kraft, meine Hilflosigkeit, meine Erschöpfung wegzuschieben, einfach da zu sein und zu versuchen, eine Stütze zu bieten. Aber »noch« bedeutet für Katja auch, dass Hoffnung auf eine Kehrtwende der Dinge besteht. Dieses »Noch« der Hoffnung wird die pure Ablehnung der Realität. In mir sorgt dieses »Noch« für Tumult: blankes Grauen, wie tief Verleugnung gehen kann. Wut. Und tiefe Demut vor dem, was Katja erleiden muss.

Allmählich ahne ich, was ihren Kampf derart in die Länge dehnt. Katja kann die Umstände nicht »annehmen« und sie kann nicht »loslassen«. Sie bestätigt die vorsichtig vorgebrachte Vermutung sogar, freilich zuletzt wieder unter dieser Abtrennung von sich selbst. Sie überlegt und sagt dann: »Das Sterben ist nichts anderes als die Fortführung des Lebens.« Und diese Aussage erschließt mir die Tragweite des so banal wirkenden Problems von Annehmen und Loslassen. Katja führt zwar einen Kampf aus ihren persönlichen Problemen heraus. Aber die Wurzeln des Konflikts reichen weiter. Wieder muss ich an Indien denken. Dort kann man die Werte »Annehmen« und »Loslassen« überall erkennen. Sie scheinen das Leben auszumachen. Deshalb kann wohl der Umgang mit dem Tod so selbstverständlich stattfinden, auch wenn er dadurch nicht zwangsläufig freudig erwartet wird. Unsere Werte dagegen sind »Machen« und »Anhäufen«. Hier heißt es Glück, Karriere machen, das Schicksal selbst in die Hand nehmen, Geld anhäufen, Erfolg und Statussymbole sam-

meln. »Annehmen« und »Loslassen« sind eher negativ behaftet, sind beschämende Antipoden in unserer Leistungsgesellschaft: resignieren, hängen lassen, sich aufgeben, schlappmachen. Ein wertfreies Hinnehmen scheint uns kaum möglich. Kein Wunder, dass der Tod bei uns wie ein Fehler im System gehandelt wird, zumal, wenn der Zeitpunkt nicht stimmt. Spätestens im Sterben zeigt sich, wie fatal diese Werteverdrehung sein kann. Wie gerne würde ich meine Freundin rütteln, ihr meine Erkenntnis entgegenbrüllen. Aber ich tue es nicht. Und zwar nicht, um sie zu schonen, eher aus Bescheidenheit vor dem, was sie durchmachen muss.

Tagebucheintrag 22. März

In den letzten Wochen werde ich doch selbst auch ganz schön hin und her gebeutelt. Als meine Mutter mich fragt, ob ich es schaffe, ob ich Leute habe, die mir helfen, bin ich ganz gerührt. Ich beruhige sie und sage, ich habe Leute. Auch welche, die sich mit Sterbebegleitung auskennen? Jaja, habe ich.

Vor zwei Tagen fragt sie wieder: »Und schaffst du es? So etwas hat man ja noch nicht durchgemacht. Also wir. Die Oma halt, aber die war ja nicht krank, die war nur alt.« Ich sage: »Ich weiß nicht, ob ›man‹ das noch nicht durchgemacht hat. ›Ich‹ mache es jetzt durch.« – »Stimmt. Ich kann dir aber leider nicht helfen. Das ist mir zu nah.« Fast muss ich lachen. Ach Mama, musst du das so direkt formulieren. Natürlich sage ich nichts dergleichen, nur, dass ich genügend umsorgt werde. Aber es tut weh.

Was mit Katja gerade passiert, hat mit Krebs nichts zu tun. Auch mit Mamas Krebs nicht, der zurzeit nicht vorhanden zu sein scheint. Eine Seherin hat sogar konstatiert, dass er »nicht mehr« da sei, also überwunden ist. Das hier bei Katja ist das Sterben. Und sterben muss auch meine Mutter, irgendwann an irgendetwas, ob sie Krebs hat, hatte oder nicht. Wie gerne würde ich ihr das sagen. Aber es geht nicht.

MEIN ESSEN

Meine arme Mutter. Der eigene Krebs steckt ihr noch in den Knochen und sogar ich als strenge Tochter begreife ihre Verletzlichkeit dahingehend. Ich verkneife mir, meine Weisheit zu verkünden, dass das Sterben ein von Krankheit abgekoppelter Akt ist, der jeden Menschen trifft. Trotzdem. Es mag mir nicht in den Kopf gehen, wie weit auch meine Mutter die Verleugnung des Todes treiben kann. Als ob man den Tod heraufbeschwören würde, wenn man ihn als unweigerliche Tatsache anerkennt oder sich ein wenig mit ihm auseinander setzt.

Auf der anderen Seite möchte meine Mutter sehr wohl an dem teilhaben, was ich gerade erlebe. Sie ruft jeden Tag an und erkundigt sich immer genau, wie es Katja geht. Ich finde es beinahe schon amüsant, dass sie nie auf die Idee kommt zu fragen, wie es mir geht. Immerhin bin ich ihre Tochter.

Eigentlich fragt bis zu Katjas Tod niemand nach mir. In Mails, mit Gesprächspartnern werde ich nur nach Katja gefragt, manchmal auch mitleidsvoll nach ihrer Familie, nach Jakob. Einzig Katjas Mutter erkundigt sich, wie es mir geht. Ich bin versorgt, antworte ich da mit gutem Gewissen. Ich habe ja auch viele Freunde, bei denen ich mich ausschütten kann, wann immer ich möchte. Niemand beschwert sich, dass sich die Themen im Kreis drehen. Niemand sagt: »Hör mal, jetzt reicht es.« Aber nach meinem Befinden oder nach mir fragt trotzdem niemand. Nur Katja und das Sterben interessieren derzeit.

Wann immer ich einen Anflug verspüre, dass ich ein wenig Anteilnahme auch für mich verdient hätte, keimt im selben Augenblick Selbstverachtung auf. Nichts, aber auch nichts auf der Welt, was mich belasten könnte, ist mit dem, was Katja durchmachen muss, zu vergleichen. Wie kann ich da nur eine Sekunde Selbstmitleid empfinden? Aus Scham darüber bestrafe ich mich sofort wieder mit Selbstverachtung. Diesen Kreislauf von unerquicklichen Gemütsverfassungen halte ich lange für meine ureigenste Schwäche. Ein Jahr später allerdings lese ich »Mut und Gnade« von Ken Wilber. Der bekannte amerikanische Religionsphilosoph hat seine Frau durch Krebs verloren. Er meditiert seit Jahrzehnten und hat wahrlich einen höheren Grad der Geistigkeit erlangt, als ich es jemals tun werde. Aber auch er sehnte sich während der Begleitung nach Mitleid und schämte sich für dieses niedere Bedürfnis in Grund und Boden. Unumwunden gibt er zu, dass die Nicht-Anerkennung seiner Nöte und die automatisch einsetzende Selbstverachtung zu den ganz schweren Begleitumständen während der Sterbebetreuung gehören.

Jetzt aber das ersehnte Mitgefühl von meiner Mutter – wenn auch in dieser etwas zwiespältigen Form. Ich überlege, ob ich ihr Bedürfnis nach Beruhigung und die gleichzeitige Hilfsverweigerung spöttisch in meine »Typisch-Mama-Schublade« stecke oder ob ich darin nicht doch eine Aufforderung entdecken kann, sie etwas in meine Erfahrungswelt zu integrieren. Vielleicht würde dadurch sogar eine Tür für einen neuen Umgang miteinander aufgestoßen, den wir zwar ersehnen, bisher aber nicht recht erreicht haben. Gar nicht leicht, etwas in diese Richtung zu initiieren, ohne dass daraus ein Missverständnis entstehen könnte. Dann aber finde ich eine unverfängliche Möglichkeit. Mein Haushalt verwahrlost zusehends. Egal, wie sehr ich mir Mühe gebe, mein eigenes Leben so normal wie möglich weiterzuführen, ich bin häufig zu antriebslos für die einfachsten Dinge. Ich kaufe auch kaum noch ein. Irgendeine alte Scheibe Brot wird schon da sein. Ich sage meiner Mutter, es würde mich freuen, wenn sie etwas für mich koche. Meine Mutter schluckt verwundert. Dann sagt sie zu. Meine Mutter ist allerdings der umständlichste Mensch weltweit, und so wird auch dieses Vorhaben zu einem derart komplizierten Akt aufgebläht, dass sich jede »sentimental-harmonisch-vereinigende« Wirkung im Vorfeld erledigt. Sie kocht dann auch nicht eine der tausend potenziellen Möglichkeiten. Aber nach Wochen klingelt es an der Tür und ich höre minutenlang zu, wie meine Mutter Körbe und Tüten voll käuflich erworbener Leckereien die vielen Treppen hoch in meine Wohnung schleppt. Dafür muss ich sie lieben, auch wenn ich sie umbringen könnte.

DER SCHLUSSAKKORD

»Das Sterben ist nichts anderes als die Fortführung des Lebens.« Diese Aussage von Katja wird für mich zum Schlüsselsatz, zur Essenz dessen, was mich bisher so irritiert hat. Katja stirbt, wie sie gelebt hat. Das Sterben ist nichts anderes als das Leben selbst. Es ist das Ende des Lebens. Immer wieder muss ich an Musik denken. Nicht nur, weil sich keine Musik finden lässt, die Katja trösten könnte. Die vielen Einzelheiten aus Katjas Leben verschmelzen zu einer Symphonie mit Hauptthemen, Variationen, Dur-Akkorden, Moll-Melodien, Crescendi zwischen Piano und Fortissimo, Adagio-Passagen und Allegro-Sätzen. Eine vollständige Symphonie, in der nur das Finale noch nicht ausgeschrieben ist. Aber viele Möglichkeiten gibt es nicht mehr für den Schlussakkord. Dazu ist die Symphonie zu konsequent komponiert. Keinesfalls ist der Schlussakkord ein losgelöster Klang oder Ton. Er steht nicht außerhalb des Werkes, egal wie lange vor ihm eine Fermate, Triller oder Dissonanzen eingefügt werden. Er gehört dazu. Ist Ende und Vervollkommnung.

Es tauchen wieder Gedanken auf, Katja in die Palliativstation zu verlegen. Eine entscheidende Rolle spielt dabei auch ihr Sohn, der mit seinem Vater am 30. März zum Osterfest erwartet wird. Laut Erfahrung der Hospizmitarbeiter sei es für Kinder oftmals einfacher, ihre sterbenden Eltern nicht in gewohnter Umgebung erleben zu müssen.

DAS GESPRÄCH

24. März. Ich gehe zu Katja, um ihr Mittagessen aufzuwärmen. Freunde sind da, die nur selten Zeit für einen Besuch haben. Katja ist bestens gelaunt, ausnehmend wach. Die Freunde verabschieden sich. Auch ich möchte bald darauf gehen, die Sonne scheint zu schön. Aber dann bleibe ich fast den ganzen Nachmittag. Es ergibt sich plötzlich dieses Gespräch, das allen Schrecken, alles Sterben vergessen lässt. Es ist dieses Gespräch, wie ich es seit vielen Monaten vermisse,

unabhängig davon, wie oft Katja und ich uns bemüht haben, die Schwere aus dem Zustand zu nehmen. Es ist eines dieser Gespräche, wie wir es früher hatten. Genau diese Stimmung, die uns so wichtig war, dass wir sämtliche Unstimmigkeiten, die in den vielen Jahren unserer Freundschaft auch auftraten, immer wieder wegschieben konnten. Dieses Gespräch, weswegen wir Freundinnen sind.

Beschwingt radle ich nach Hause. Katjas Wunsch nach Rinderleber werde ich erfüllen, auch wenn mir nicht ganz klar ist, wie ich sie zubereiten soll, dass sie »suppt«.

Noch am selben Abend hat Katja einen Zusammenbruch. Neue Schmerzen, Schwellungen, Urinierprobleme. Als ich am nächsten Tag vorbeikomme, hat Katja kaum Kraft, die Augen aufzuschlagen oder zu sprechen. Die gestrige Frische kann nicht real gewesen sein. Unser Gespräch erscheint mir wie ein Traum, den ich vor Jahrzehnten, vor Jahrhunderten in einem Vorleben gehabt haben muss. Trotz der neuen Verschlechterungen hoffe ich auf Besserung und bespreche mit ihrer Schwester, am nächsten Abend die Leber zu braten. Julia trägt das »Leberessen« auf dem Plan ein, den sie inzwischen für eine übersichtliche Organisation der Betreuungsschichten aufgehängt hat. Das Leberessen findet nicht statt und bleibt der letzte Eintrag auf dem Plan.

IV. Zimmer
Drei Wochen Palliativstation

Tagebucheintrag 27. März
Große Traurigkeit. Gestern ein weiterer Zerfall. Die Blase fällt endgültig aus, ein Katheder muss gelegt werden. Sie ist wieder in die Palliativstation gebracht worden, die sie vor drei Wochen so strahlend verließ. Nie wieder wird Katja in ihre Wohnung zurückkehren. Dieses Mal wird sie die Palliativstation nicht lebend verlassen.
Ich habe sie heute besucht. Sie war sehr schwach, somnambul.
Sie hatte mehrere Träume. In dem einen hat sie einen Brief an meine Mutter geschrieben: »Er ging um das Wandern. Um die Chance, durch die Krankheit das Glück kennenzulernen und glücklich sein zu können.«
In dem anderen Traum hat sie laut und verzweifelt nach Henriette und Katja gerufen. Beide standen wir als Personen vor ihr. Und beide sind wir ihr entglitten.

ADRIA 2

»Ich würde dich jetzt gerne im ›Adria‹ auf einen Cappuccino einladen«, sagt Katja, während ich ihren blau angelaufenen Fuß massiere. Gemeinsam stellen wir uns vor, wie nett es wäre, im »Adria« zu sitzen, die Sonne auf unsere Gesichter scheinen zu lassen, den Passanten hinterherzuschauen und zu quatschen. Der Cappuccino wird uns gebracht. Wir streuen etwas Zucker über den Milchschaum und löffeln ihn weg, bevor er untertaucht. Ein kleines Eis muss jetzt sein.

Sie bestellt nach einigem Überlegen Aprikose und Walnuss, ich, wie immer, Kirsch variegato und Panna cotta. Ohne Schlagsahne natürlich, was für eine Frage. Die Autos suchen auch in der zweiten Reihe vergebens einen Parkplatz, die Kinder aus der Grundschule laufen mit ihren Turnbeuteln über der Schulter nach Hause. Die Penner unter der großen Kastanie lassen die Flasche kreisen. Die vielen Räder auf dem schmalen Bürgersteig versperren den Weg. Ein Passant trifft jemanden an unserem Nebentisch und bleibt stehen. Ein Stau entsteht. Schmunzelnd beobachten wir, wie er zu einem undurchdringlichen Knäuel für die Hunde, Eis schleckenden Kinder und bummelnden Schwabinger wird, wie ein Fahrrad ins Wanken gerät und den Lack des parkenden Cabrios zu zerkratzen droht, wie irgendjemand das Rad auffängt, dadurch das Eis eines Kindes gefährdet. Niemand beschwert sich, irgendwie löst sich das Kuddelmuddel von selbst. Wie all unsere kleinen und größeren Sorgen auch, mit denen wir hierher gekommen sind.

»Das fehlt mir so«, sagt Katja. »Das war mein Schönstes. Im Straßencafé sitzen und ratschen.«

BLASENSCHWÄCHE

Am Wochenende ist Ostern. Meine Befürchtung vom zweiten Februar liegt mir im Magen. Überflüssig, da Katja stabil wirkt. Sie wird Ostern vermutlich überleben. Ich schiebe ihr Bett durch das Hospiz in den Garten. An Rollstuhlausflüge ist jetzt nicht mehr zu denken. Krokusse blühen, Vögel zwitschern. Katja saugt den zarten Frühling in sich auf und schwärmt von Wiesenblumen. Dann fragt sie mich plötzlich, ob man ihr die Krankheit ansieht. Ich starre sie an und weiß nicht, was ich machen soll. Soll ich sie anbrüllen, dass sie nur noch mit KZ-Insassen und Hungersnotopfern zu vergleichen ist? Soll ich lügen? Ich ringe um eine Möglichkeit, das Thema beiseite zu wischen. Humor oder Ironie wären gut. Aber dann fällt mir ein, dass Jakob kommt. Sie will ihn nicht erschrecken. Ich reiße mich zusammen und antworte wahrheitsgetreu, dass sie immer noch schön ist, wenn auch erbärmlich mager. Dass man sieht, welche Qualen ihr Körper durchmachen muss, dass sie sich nicht wundern darf, wenn seltene Besucher zusammenzucken. Katja sieht mich aus ihren braunen Augen derartig Hilfe suchend an, dass ich eine Blasenschwäche vortäuschen muss.

Tagebucheintrag 28. März
Katja sagt: »Hier im Hospiz ist der Tod doch sehr viel präsenter als in der Wohnung.« Sie habe das Gefühl, dass alle, die sie behandeln, mehr wissen als sie. »Ich glaube nicht, dass sie mehr wissen«, antworte ich. Sie hätten mehr Erfahrungswerte durch andere Sterbenskranke. Aber letztendlich würden sie nicht mehr wissen. Katja stimmt zu. Ich sei ein herzenswarmer Mensch. Sie bedankt sich, mich zu kennen. Ach, meine Tapfere. Wie froh bin ich, dass du mein hilfloses Dabeisein als wohltuend empfindest.

RAUM UND ZEIT

Jeden Tag stehen brennende Kerzen vor den Zimmertüren. Ist für Katja die Verdichtung des Todes in dem Hospiz beängstigend, ist sie für uns eine Hilfe.

Jetzt fahren wir zu ihr und dem Sterben. Wenn wir das Hospiz verlassen, nehmen wir die Gedanken, die Emotionen zwar wie gehabt mit, aber der Abstand ist ein anderer. Katjas Wohnung war zu klein für das langsame Sterben. Es erdrückte uns nicht nur dort, es drang durch die Türritze, walzte die Treppen herunter, zu unseren Wohnungen, wo es auch das normale Leben erstickte. Hier aber, wo alles auf das Sterben eingerichtet ist, kann es sich zu seiner Kosmosgröße ausbreiten. Die Mauern bieten einen Schutz für das Leben, auch wenn der Tod viel bewusster wahrgenommen wird als zuvor.

Die Notwendigkeit solcher Hospize und Palliativstationen drängt sich jäh auf. So schön die Vorstellung ist, einen sterbenden Menschen zu Hause zu pflegen, in unseren normalen Stadtwohnungen scheint das kaum zu bewältigen zu sein. In Villen, Bauernhöfen, wo man einen Trakt für den Sterbenden einrichten kann, mag das etwas anderes sein. Aber wer hat schon solche Räumlichkeiten. Gleiches gilt für die Menge der Menschen, die für eine Betreuung nötig sind, wenn sie nicht darauf hinzielen soll, einen Einzelnen auszulaugen. Natürlich wäre es schön, wenn wir alle in größeren Verbänden leben würden, mit mehreren Generationen unter einem Dach und so vielen unterschiedlichen Temperamenten, dass für die jeweiligen Stimmungen die richtige Person da wäre. Es ist aber nicht so. Wenn das Sterben bei uns seinen normalen Stellenwert als Teil des Lebens bekommen soll, dann muss auch für das andere Leben noch Raum vorhanden sein. Und eben das scheint sich in einem Hospiz zu ereignen. Der Sterbende wird nicht weggekarrt, das Sterben wird nicht versteckt, im Kabelsalat der Geräte erstickt, aber die Lebenden können doch noch atmen. Das Pflegepersonal, das so viele Todeskämpfe miterlebt, rettet sich in Austauschrunden mit Kuchen und Schlagsahne. Noch nie habe ich solche Kuchenberge gesehen wie hier. Sonntags kommt eine der wenigen Patientinnen, die das Hospiz lebend verlassen hat, setzt sich an das Klavier und spielt.

Das Sterben dehnt sich nicht nur räumlich zu einem unendlich weiten Kosmos aus. Auch zeitlich gibt es kein Maß mehr. Die Zeit verliert sich zwischen dem Nichts und dem Ganzen. Alle Zeitschichten finden gleichzeitig statt. Vergangenheit, Gegenwart, Zukunft. Die Zeit steht plastisch vor mir, wird ein dreidimensionaler Raum und löst sich gleichzeitig auf. Jeder gestrige Besuch ist Äonen her. Alles kann sich in dieser Zeit der Abwesenheit ergeben, verändern. Auch der kürzeste Aufenthalt bei Katja ist so reich an Ereignissen, als ob man wochenlang in fremden Ländern unterwegs gewesen wäre oder zumindest einen Film mit all seinen Aufregungen gedreht hätte. Dabei geschieht eigentlich gar nichts.

Manchmal schläft sie. Manchmal hole ich Tee, sitze neben ihr, halte ihre Hand, wir sprechen ein wenig. Und doch erlebe ich gefühlsmäßig eine ganze Welt. Ähnlich geht es wohl Eltern mit ihren Babys. Auch sie verstehen nicht, wie schnell die Zeit verstreicht, wie reich sie an Empfindungen ist, obwohl sie nur ein Baby streicheln. Neben dieser Parallele gibt es freilich einen entscheidenden Unterschied. Bei einem Baby wächst Leben heran. Auch bei größtem zeitlichen Aufwand können das Positive und ein Glücksgefühl überwiegen. Bei einem Sterbenden ist jede Zeitaufwendung, jede noch so rührige Aktion letzten Endes hinfällig, umsonst, vergebens.

Sie müsse beginnen zu schreiben, sagt Katja. Ich bringe ihr ein Diktiergerät mit und sage, dass sie ihre Gedanken auch einer Person oder diesem Gerät mitteilen könne, wenn sie zu schwach zum Schreiben sei. Katja testet das Gerät: »Das muss man üben, das ist doch sehr ungewohnt.« Ich muss ihr zustimmen, ich habe das Ding auch noch nie verwendet. Immer sehe ich diesen idiotischen Regisseur aus dem Film »Verbrechen und andere Kleinigkeiten« von Woody Allen vor mir. Aber vielleicht kann es trotzdem eine Hilfe sein.

Tagebucheintrag 29. März
Sie haben einen neuen Tumor auf Ultraschall entdeckt, der gegen den Dickdarm drückt. (Sie ist zu schwach für die Operation, die für diesen Katheder nötig wäre.) Glasklares Bewusstwerden der Situation. Alles strebt gegen das Leben. Mit all ihrer Klugheit und Sanftmut erkennt Katja die Situation und ihr Verhalten. Begriffe wie »Annehmen«, »Loslassen«, die wir so wohlmeinend, vollkommen ahnungslos äußern, klingen verdammt hohl. Wie hohl, merkt man erst, wenn sie von der betroffenen Person geäußert werden. Sie weint. Ich schäme mich, dass ich mich erdreistet habe zu denken, dass sie sich vor etwas drückt. Noch unter Tränen sagt sie, dass es eine Kehrseite der Medaille gibt. Und sie sei glücklich, diese Seite zu erleben. Ich und Julia-Anna seien ihre Gallionsfiguren auf dem Dampfer. Sie genieße dieses Gefühl der Vertrautheit und Nähe derart, dass sie fast glaube, deshalb den Ernst der Situation so lange verdrängen zu wollen.

GALLIONSFIGUREN

Natürlich rührt es mich tief, dass Katja das Gleiche fühlt wie ich. Dieses Vertrauen, entkoppelt aller Absichten, ist mir ebenso neu. Aber ihre Aussage bestätigt auch, was schon häufiger diskutiert wurde. Wenn Katja solche Mühe hat loszulassen, würde es ihr vielleicht helfen, wenn man sie mehr im Stich ließe. Bisher ging das nicht. In der Wohnung wäre es unverantwortlich gewesen, sie allein zu lassen. Und jetzt auf der Palliativstation, wo sie eigentlich versorgt wird, ist es nicht viel anders. Sie zeigt deutlich, wie sehr sie uns braucht. Aber auch für uns geht ein Abbruch nicht mehr. Wir haben zu viel mit ihr durchgemacht, um jetzt einfach wegzubleiben. Julia-Anna und ich können natürlich schlecht die Familie bitten, ihre Besuche zu reduzieren, damit wir ungestört weiter kommen können. Die Familie hat Vorrang, egal wie gut wir mit Katja befreundet sind. Zumal, wenn wir Freundinnen ihre Gallionsfiguren sind, die sie hindern könnten zu gehen. Wir müssen den Absprung schaffen. Wir müssen Katja allein lassen. Ich flehe sie innerlich an, uns das nicht anzutun. Sie möge bald genug sterben, damit wir nicht demonstrieren müssen, loslassen zu können. Dann schiebt sich auch ein anderer Gedanke ein: Pech gehabt. Das gehört zu deinem Leben. Du hast eben das Pech, uns als Freundinnen zu haben. Und wenn du uns das Gefühl gibst, dass wir helfen, dann sind wir da. Das klingt alles pathetisch. Aber so ist es halt.

Ich rufe Julia-Anna an. Wir verabreden, nur noch im Wechsel alle paar Tage zu kommen. Und ich nehme mir vor, noch sorgsamer darauf zu achten, Katja keinen Kummer spüren zu lassen, der sie halten könnte.

Zu Ostern findet für Katja der endgültige Abschied von ihrem Sohn statt. Das wissen wir alle. Auch Katja. Ich sage ihr, dass ich sie über das Wochenende nicht besuchen werde. Sie sagt: »Ja, da kommt Jakob.«

So nett sich die Familie ihr Osterfest im Hospiz macht, der Abschied zwischen Katja und Jakob misslingt. Sie schweigen sich an, sind nicht in der Lage, Lebewohl zu sagen. Nach wenigen Minuten verlässt Jakob ihr Zimmer und geht zu den anderen.

1. April, Ostermontag. Ich besuche Katja wieder. Sie ist wach, klar. Kein Wort über Jakob. Neue Metastasen werden entdeckt, Katja fällt in einen dämmrigen Schlaf. Wir sind ihre Rückzüge inzwischen gewöhnt und nehmen diesen nicht weiter ernst. Scheinbar muss sich Katja nach massiven Erlebnissen zurückziehen, um sie durchzuarbeiten. So war es nach dem rasanten Zerfall bis zur Bettlägerigkeit, so, als sie aus ihrer Wohnung wieder hierher gebracht wurde, so ist es jetzt. Und in der Tat. Ein paar Tage später schlägt sie die Augen auf und sagt: »Alles ist gut. Jakob ist in Sicherheit.« Er sei bei seinem Vater versorgt. Erleichtert sei sie, dass dessen neue Lebensgefährtin versichert hat, Jakob wie ihr eigenes Kind zu behandeln und zu versuchen, ihm eine Stütze zu sein. Außerdem gäbe es auch ihre Familie und Freunde, die Jakob ein Netz bieten können.

Eine Türe zum Glauben ist weiterhin fest verschlossen. Der Riegel der Skepsis bleibt vorgeschoben. Außer einer gewissen Erleichterung zu Lebzeiten wegen des Hoffnungsaspektes kann ich keine dringende Notwendigkeit erkennen. Vielleicht verhindere ich eine Erleuchtung, weil ich greifbare Beweise brauche, vielleicht bin ich verbockt, vielleicht blind. Beim Morgenkaffee überrumpelt mich eine Vision, bei der ich plötzlich Jesus plastisch und hautnah vor mir sehe. Als schlichte Metapher für jeden Menschen, für jedes Leben. Auch ich bin Jesus. Katja nimmt momentan die Schmerzen auf sich. Jeder Mensch hat Widersacher, wenn er seine Wahrheit erhalten und leben will. Verräter gibt es zuhauf. Natürlich ist ein Leben wertvoller, wenn es durch Mitgefühl für andere geprägt ist. Als Metapher sind die Taten von Jesus unbedingt nachahmenswert, als unerreichbares Vorbild, dem man auch noch zu Dank verpflichtet ist, eine lästige Pflicht. Sogar die Geburt von Jesus wird greifbar. In jedem Menschen wird Gott geboren. Als Teil eines Ganzen. Dieses Teil muss aber wieder zum Ganzen zurückstreben, wie es auch im Hinduismus und Buddhismus gemeint ist. Deshalb die Auferstehung. Die Seele muss nach dem Tod weiterleben, damit sie ihren Weg zum Ganzen, zu Gott zurückgehen kann. Naja. Vielleicht ist die Auferstehung auch schon die Erlösung beim Sterben. Aber etwas Geheimnis hat noch nie einer Geschichte geschadet.

Warum nur wurde so viel Ballast um diesen zeitnahen Kerl namens Jesus angehäuft. Mussten einige Kirchenoberhäupter ihre Lämmer immer stärker erpressen, weil sie genauso um die Macht fürchteten wie diese unselige Heilerin auf Teneriffa? Warum diese abschreckenden, weltfremden Drohungen, diese Erbschuld, diese Keuschheitspflicht, diese unbefleckte Empfängnis? Das kann Jesus nicht gemeint haben, als er Petrus beauftragte, der Fels für seine Kirche zu sein.

Ich kann bereits die ganze Zeit nichts Dunkles anziehen, wenn ich Katja besuche. Und schon gar nicht etwas Schwarzes, was ich eigentlich liebe. In der Zeit vor Teneriffa sagte sie mir einmal, dass es für sie schwer sei, wenn wir energiegeladen zu ihr ins Krankenzimmer kommen und dann wieder hinausgehen in unser Leben. Manchmal würde sie das kaum aushalten. Da versuchte ich meine Kleidung ein wenig darauf auszurichten, dass die Energie nicht auch noch unterstützt wird. Keine Lederjacke, keine Schaftstiefel. Außerdem versuchte ich im Flur zu ihrem Zimmer meinen flotten Schritt zu zügeln. Das ging daneben. Sie kicherte immer: »Ich habe dich schon lange kommen gehört. Niemand stampft so herum wie du.«

Jetzt versuche ich mich also lieber in Farbpsychologie. Am besten scheinen mir ein helles Grün, die Farbe der Hoffnung, und ein Rot-Orange, die leuchtende Farbe der Hindus. In der kalten Jahreszeit ist das gar nicht leicht zu praktizieren. Winterfarben sind ja eher gedämpft. Aber dann entdecke ich doch das eine oder andere in meinem Schrank. Ein Erfolg wirkt sich nicht nur, wie von mir erhofft, irgendwie auf ihr Unterbewusstsein aus, sondern Katja reagiert prompt: »Ich mag es, wenn du dieses T-Shirt trägst. Es reflektiert so schön deine grünen Augen.«

Kaum ein Tag, an dem sich Katja nicht leidenschaftlich über etwas freut. Sie will mir damit sicher eine Freude machen – und tut das auch. Aber es steckt noch etwas in diesen Aufmerksamkeiten. Katja verteilt die Komplimente, die man sich selbst gibt. Diese Wohlfühlmomente, die nichts mit Eitelkeit oder einer Wirkung nach außen zu tun haben. Die nur für einen selbst bestimmt sind, weil es Spaß macht, sich zu spüren. Wenn man sich morgens erst durch das Parfum vollkommen fühlt, die hübsche Unterwäsche genießt, die Kraft des roten Pullis spürt, sich sicher weiß, weil mit diesen Schuhen nichts passieren kann. Katja hat keinen Bezug mehr zu ihrer Weiblichkeit, zu ihrem Körper. Sie kann sich diese aufbauenden Gefälligkeiten nicht mehr geben. Aber sie genießt es, das bei mir zu tun.

Natürlich bemühen wir uns, auch Katja diese Wohlfühlmomente zu ermöglichen. Sogar Chanel Nr. 5 steht auf ihrem Nachttisch. Aber sie rührt es nicht an. Als ob das Verhältnis nicht mehr stimmen würde. Einmal wünscht sie, dass wir ihre Beinhaare rasieren. Aber zum einen sind da kaum Haare, zum anderen habe zumindest ich Angst, mit einem Rasiermesser an diesem Thrombosebein herumzufuhrwerken. Dann spielen die Beinhaare ohnehin keine Rolle mehr. Der ganze Körper spielt keine Rolle mehr. Ganz gleich, wer ins Zimmer kommt, Katja verbirgt weder die Windel noch den Katheder. Manchmal fällt mir diese Art der Schamlosigkeit auf, dann lege ich ein Handtuch über ihren Unterleib, da sie so gerne von der Decke befreit in ihrem Bett liegt. Das nimmt sie kaum zur Kenntnis. Einzig nach Vollbädern sehnt sie sich. Die aber sind ihr nicht mehr zu gönnen. Schon nach einer Haarwäsche ist sie für den Rest des Tages erschöpft. Ihre Haare sind unglaublich. Litt Katja immer unter ihren »langweiligen, dünnen« Haaren, ist diese Feinheit jetzt ein Vorteil. Sie verfilzen nicht auf dem Kopfkissen, sie fließen in langen Wellen neben ihrem Gesicht herunter und glänzen so seidig, als ob alltäglich ein Coiffeur sein Bestes gäbe. Aber das alles sieht Katja nicht mehr. Sie hat keinen Spiegel auf ihrem Nachttisch. Ich überlege, ob ich da einen hinlegen soll, aber dann lasse ich es. Wenn es ihr Wunsch wäre, würde sie es schon sagen.

Katja ist aufgeregt. Sie hat im Fernsehen eine Talkshow gesehen. Da sei ein sympathischer Schauspieler aufgetreten, der seinen Krebs besiegt hätte. Den würde sie gerne sprechen. Ihr fällt der Name des Schauspielers nicht ein, aber ich bin mir sicher, dass ich ihn kenne. Nach einer gemeinsamen Arbeit haben wir losen, aber freundlichen Kontakt. Katja wird immer aufgeregter. Dieser Schauspieler wäre von Freunden in einem Haus aufgenommen worden. Dort sei er wieder gesundet. Wie sehr vermisse sie es, derart gepflegt zu werden. Ach, Katja. Zum einen lag dieser Schauspieler noch nicht im Sterben. Zum anderen hat niemand von uns ein Haus mit Garten. Daran ist einfach nichts zu ändern. Das denke ich aber nur.

Da der Schauspieler diesen starken Eindruck hinterlassen hat, überlege ich, ihn zu fragen, ob er demnächst in München sei und Zeit hätte. Aber dann entscheide ich schon während meines Besuches, das nicht zu tun. Es würde falsche Hoffnungen wecken.

Monate nach Katjas Tod treffe ich ihn. Er schimpft mich, ihn nicht angerufen zu haben. Er hätte gerne geholfen. Er erzählt mir, mit welcher Haltung er seinen Krebs angegangen sei. Er habe mit dem Tod gerechnet. Dann hätte er Glück gehabt. Nun sei er seit fünf Jahren krebsfrei. Er empfände sein Leben als neues Spiel. Er sei sich bewusst, wieder Krebs bekommen zu können, wie alle anderen Menschen auch, aber diese Runde hätte er geschafft.

Wie er es erzählt, kann ich nur heraushören, dass er den Tod an sich akzeptiert hatte und deshalb alles als Chance begreifen konnte. Und das ist der entscheidende Unterschied zu Katja. Deshalb hatte ich Skrupel, neue Hoffnungen zu schüren. Vielleicht ein riesiger Irrtum. Vielleicht hätte er es geschafft, Katja zur Ruhe zu bringen. Aber zu dem aktuellen Zeitpunkt wäre jede zusätzliche Hoffnung in die falsche Richtung eine weitere Last geworden.

ANZEIGEN

Bei der morgendlichen Zeitungslektüre bleibt der Blick plötzlich auf einer Seite hängen. Die Seite mit den Todesanzeigen und Bestattungsterminen. Meine Sympathie gilt den unauffälligen Annoncen. Ein Mensch, der mit fetten Lettern die halbe Seite einnimmt, mag zwar wichtiger für die Öffentlichkeit, den Betrieb gewesen sein oder in einem reicheren Umfeld gelebt haben, aber die Darstellung wirkt unangemessen protzig. Manche Anzeigen dagegen sind so klein, dass sie nicht mehr bescheiden und schlicht scheinen, sondern schäbig und geizig. Neben den Formaten und Formulierungen stechen die Geburtstermine ins Auge. Momentan überwiegen die ersten beiden Jahrzehnte des letzten Jahrhunderts. Die Achtzig- und Neunzigjährigen. Die Siebzigjährigen aus dem dritten Jahrzehnt machen mich etwas beklommen. Zum Glück sterben vorwiegend Leute, die vor 1928 geboren sind. Mein Vater ist also noch nicht zwingend an der Reihe. Alle paar Tage berührt eine Anzeige besonders. Die der Verstorbenen aus den fünfziger und sechziger Jahren. Die waren krank, starben an Unfällen. Den Angehörigen bleibt nur Verzweiflung, die sie mit »unerwartet aus dem Leben gerissen«, »nach schwerer Krankheit sanft entschlafen« ausformulieren. Die Altersangaben bei den Bestattungsterminen sind noch eindringlicher als die Jahrgangsnennungen und empören mich: 89, 91, 96, 101, 81, 87, 93.

Jaja, auch einige Sechzig- und Siebzigjährige sind dabei. Das Mitleid bleibt aber auf der Strecke. Die haben das Klassenziel nicht erreicht. Wenn man schon so alt wird, dann bitte noch ein paar Jahrzehnte mehr. Ein Mensch allerdings stirbt außerhalb aller Kategorien. Da steht »0 Jahre«. Null Jahre, also mit ein paar Monaten oder Tagen verstorben. Im Durchschnitt werden etwa dreißig Menschen pro Tag beerdigt. Und immer ist höchstens einer dabei, der mit vierzig, dreißig oder noch jünger gestorben ist.

Was soll das? Warum muss ausgerechnet Katja sehr bald eine dieser Ausnahmen darstellen? Was nützt dieses Ringen um Akzeptanz des jungen Todes, um Normalität, um »so ist das halt«? Es ist und bleibt ungerecht.

So ungerecht es ist, dass Katja jung sterben wird, allmählich sehne ich mir ihren Tod herbei. Ich fühle mich seit Wochen ausgelaugt und urlaubsreif. Aber ich werde erst wegfahren, wenn das hier alles vorbei ist. Obwohl ich keine Ahnung habe, wie ich es überstehen soll, wenn sich Katjas Zustand noch auf unbestimmte Zeit dehnt. Diese Überlegung ist natürlich vollkommen absurd. Es ist mir inzwischen nur zu bewusst, dass alles unsicher ist. Nur das Ende ist klar.

Aber ich weiß nicht mehr, wie oft ich mich noch von Katja verabschieden kann, um sie am nächsten Tag elender, überraschend fit oder tot vorzufinden. Ich brauche Eindeutigkeit. Eine Eindeutigkeit, die vorgibt, was von Tag zu Tag passieren wird und über welche Zeiträume hinweg ich meine Kräfte einteilen muss. Hat Katja noch so viele Monate zu leben, dass ich momentan ein wenig entspannen kann, oder stirbt sie jetzt. Wenn sie jetzt sterben soll, dann aber bitte jetzt, wie »jetzt »gemeint ist. Also heute. Oder morgen. Zur Not noch übermorgen. Aber dieses schwammige »bald, in nächster Zeit« wird mir zu viel. Ich bin nicht die Einzige, die diesem Schwebezustand kaum noch gewachsen ist. Ich werde Zeuge der erschütterndsten Auseinandersetzungen darüber auch im familiären Bereich.

5. April. Hey M.,
ein Wochenende steht wieder an, kaum zu glauben. Und ich fahre jetzt nach Augsburg, nur für den Abend, eine Oper ansehen. Emsig, gelt? Aber ich habe Ende des Monats einen Termin mit dem dortigen Intendanten, da sind zwei Besuche davor nicht übertrieben. Na, mal sehen, ob da was mit einer Regie klappt.

Ansonsten übe ich gepflegtes Warten mit den beiden Filmprojekten, die im März entschieden werden sollten. Offenbar war aber der März im nächsten Jahr gemeint, da ich bisher noch nichts gehört habe. Wie mir das auf den Senkel geht, wenn diese Beamten in den Sendern mit ihren regelmäßigen Gehältern so unverschämt mit den Zeiten anderer umgehen.

Auch sonst heißt es warten. Katja liegt nun in den Endzügen. Ich bin ehrlich erstaunt, wie viele Stufen des körperlichen Zerfalls nach unten ein Mensch mitmachen kann. Tagelanges Dämmern, wo man sich schmerzhaft auf das Ende einstimmt, dann plötzlich schlägt sie wieder die Augen auf und ist fit im Kopf. Sofort keimt Hoffnung auf. Bildet man sich das alles ein? Ist das gar nicht so schlimm? Können die Tumore stagnieren, gar schrumpfen? Dann aber neue Schmerzen, neue Tumore, neue Probleme. Und Realitätsverlust. Abschweifen in Gedankensphären, in Traumwelten, in die Vergangenheit. Sehr kindlich teilweise, sehr, sehr alt auf der anderen Seite. Resignation, Verzweiflung, Annahme, Aufbegehren. Ach. Es zerreißt einem das Herz, diese Qualen anzusehen. Man kann gar nichts tun. Nur die Hand halten oder ganz, ganz vorsichtig die Beine, den Rücken massieren, was ihr zumindest etwas gut tut.

Wenn ich bei ihr sitze, sagt sie, sie würde mich jetzt gerne auf einen Cappuccino im »Adria« einladen. Und während wir dann fast wirklich im Café sitzen, wissen wir, dass das nie wieder stattfinden wird. Sie kann nicht einmal mehr in einem Rollstuhl sitzen. Nur noch liegen.

An Wunder glaubt niemand mehr. Aber das Ringen zwischen ihrem vehement starken Lebenswillen und der brachialen Kraft der Krankheit ist fürchterlich.

Um mich aus diesem zeit- und raumlosen Zwischenzustand, der um sie herrscht, besser herauszuhieven, habe ich das Wahnsinnsprojekt begonnen, einen Roman zu schreiben. Die erste Woche flutschte ziemlich gut. Dann habe ich gemerkt: Mannohmann, wohin führt denn das, was soll das. So geht das nicht. Und es wird mindestens ein Jahr dauern, bis ich auch nur andeutungsweise mit der ersten Rohfassung fertig bin. Klasse. Damit habe ich mich natürlich wieder ausgebremst. Jetzt durchforste ich noch einmal die möglichen Ansätze. Es sind ja nur zirka zehntausend. Dabei war ich so froh, meinen Aufhänger gefunden zu haben. Grrr. Aber das wird schon. Ich bin einen Millimeter davor.

Ansonsten ist mir zu dem Filmprojekt mit den spießigen Jugendlichen, die mit ihrem Heiratswunsch die modernen und ach so toleranten Eltern fassungslos machen, der Knopf aufgegangen. Es war mir zu eindimensional. Jetzt habe ich verschiedene Erzählperspektiven eingebaut. Damit wird das Ding zwar wieder unkommerziell, aber das ist mir inzwischen wurscht. Hauptsache ist schließlich erst einmal, dass es mir gefällt. Und dauern tut das in jedem Falle ewig, unabhängig davon, ob das Projekt angeblich kommerziell oder angeblich unkommerziell ist.

Jetzt ein schönes Wochenende.

SCHUTZENGEL

Das stellt man sich so romantisch vor: Ein Todkranker legt sich zum Sterben hin, die Liebsten scharen sich um ihn, alle weinen. Der Todgeweihte spricht gefasst seinen Segen aus, nach ein paar Tagen, Wochen stirbt er, mit einem sanft lächelnden Gesichtsausdruck. Er ist in Frieden gegangen. Die Verbliebenen sind erschüttert, aber geläutert.

Das mag es geben. Bei Alten, die ihr Leben gelebt haben, bei Jungen vielleicht auch. Diese Sterbenden müssen es irgendwie schaffen, ihre Lebenskraft abzugeben. Katja gibt diese Kraft keineswegs ab. Sie holt aus ihrem ausgezehrten Körper und Geist unvorstellbare Reserven hervor. Aber die Todeskraft zieht ebenfalls alle Register. Die Haut birst an Ellenbogen und Knien, die Organe versagen. Katja lacht. Der Kampf geht weiter, auf unbestimmte Zeit. Für Katja, aber auch für uns.

Auch ohne religiösen Glauben: Gewisse Riten geben beruhigenden Halt in der Hoffnungslosigkeit, dass wahrscheinlich kein Wunder mehr geschieht. Meine Freundin zelebriert ein Sammelsurium von allem, was ihr wichtig ist, auch wenn sie die Bedeutungen nicht vollkommen kennt. So arrangiert sie hingebungsvoll auf dem Nachttisch einen Altar mit zwei kleinen Buddha-Statuen, einem hinduistischen Ganesha, einem Specksteintiger, einem afrikanischen Totem, einer Muschel und Steinen. Aus dem

Christentum darf eine Maria dabei sein. Die ist mir geblieben, sagt sie. Bei ihr fühle ich mich wohl.
Gedichte von Rilke werden unsere Gebete. Die körperlichen Gesten des nahen Vertrauens werden Handlungen einer Andacht. Hand halten, die federleichte Massage ihrer blau angelaufenen Füße sind stille Meditation. Ihr Streichen über meine Stirn, der Kuss auf meine Hand eine Segnung. Auch der Geist findet seine Symbole. Aus den Schlingen ihrer Vorstellungskraft tauchen immer öfter Schattengestalten auf. Ihre Schutzengel?

Zuerst tauchen diese Wesen nachts auf, wenn Katja allein ist. Schwarze Männer, dunkle Schatten. Katja hat keine Angst vor ihnen. Sie sind einfach da. Dann erscheinen sie auch tagsüber, wenn Katja wach ist, sogar bei Besuch. Am häufigsten wohl, wenn Julia-Anna oder ich bei ihr sind. Müssen diese Wesen bei den Gallionsfiguren auftauchen, um Katja zu erinnern? Trauen sie sich eher, in unserer Anwesenheit zu kommen? Ist das alles Zufall? Diese Wesen werden Katjas ständige Begleiter.

Tagebucheintrag 7. April
Sie sagt, es sei ernüchternd festzustellen, dass es nur darum geht, in Geist und Körper gesund zu sein. Um diese Gesundheit gehe es zwar immer, aber man nehme sie in der Normalität nicht wahr. Sie habe solche Angst, ganz abzudriften. Sie weint. Katja hat das Gefühl, dass ihr das normale Glück einfach verwehrt wird.
Katja ist erstaunlich wach und rege seit ein paar Tagen, seitdem sie von sich aus die Schmerzmittel etwas reduziert hat. Sie hat noch nicht abgeschlossen. Sie hat noch etwas vor.

Sie streift sich über das Gesicht und sagt, sie habe das Gefühl, auch da so abgenommen zu haben, da sei nichts mehr. Und wenn sie ihre Arme, den Körper beschaue, dann sähe das alles aus »wie im Endstadium Krebs«. Im selben Atemzug beruhigt sie sich: »Mal sehen, wie das noch ausgeht.« Ich bin wie gelähmt.

ENTFERNUNG

Eigentlich hat sich Katja schon von uns entfernt, als die neuen Metastasen entdeckt wurden. Aber damals, kein Jahr ist es her, haben wir dieses Gefühl nicht zugelassen. Jetzt kommen wir nicht mehr umhin. Je länger der Kampf dauert, desto tiefer wird ein Keil zwischen uns getrieben. Dabei sind wir Katja näher denn je. Und Katja ist immer noch die Katja, die wir kennen und lieben. Aber sie ist inzwischen auch ein fremdartiges Wesen. Ein Zwitter in einem Zwischenzustand. Vielleicht wäre es eine Hilfe, wenn sie bewusstlos oder verrückt wäre. Aber das ist sie nicht, trotz ihrer Absenzen. Je klarer und wacher sie ist, desto größer ist die Kluft. Sie teilt uns mit, was sie erlebt. Wir können nicht folgen. Und Katja begreift nicht, wie wenig wir folgen können, wie weit wir von ihr entfernt sind, obwohl wir neben ihr sitzen. Mit einer normalen Entfremdung hat das nichts zu tun. Im Gegenteil. Es gibt keine menschlichen Barrieren zwischen uns. Es ist der Tod, der seinen Schatten über sie wirft. Es ist diese andere Welt, die so viel Zeit hat, sich über Katja zu stülpen. Vermutlich ist diese Welt noch einmal ganz anders, als sie sich Katja zeigt. Das wissen wir alle nicht. Aber sie zeigt sich ihr. Und uns nicht. Wir stehen außen vor und können nur zusehen. Das tut verdammt weh.

8. April. Große Aufregung. Dieses Mal von mir ausgehend. Schon vor ein paar Tagen verschwand eine liebevolle Postkarte, die meine Mutter Katja geschickt hatte. Und jetzt ist von Katjas Altar auf dem Nachttisch mein kleiner Ganesha verschwunden, der ihr als hinduistischer Elefantengott Glück bringen sollte. Warum verschwinden nur Sachen, die von meiner Familie oder mir kommen? Idiotische Frage, ich weiß. Natürlich steckt da keine Absicht dahinter. Idiotisch auch, das Verschwinden überhaupt zu thematisieren. Aber meine Nerven drehen durch, ich kann mich nicht beherrschen. Katja weiß natürlich keine Antwort auf den Vorwurf. Vermutlich der blöde Zufall, sagt sie. Wir beide heulen. Immer mehr. Immer aufgelöster. Immer befreiter. Sollte dieser beschämende Ausbruch der Auslöser für unsere längst fälligen gemeinsamen Tränen geworden sein? In jedem Fall liegen wir uns dann in den Armen, in einer großen Ruhe vereint, noch enger verbunden, sehr tief spürend, was wir beide verlieren werden. Ich schiebe sie in ihrem Bett auf die Terrasse. Sie sieht mich an und sagt: »Fassbinder würde einen Film über diese Situation drehen. Oder eben meine Freundin Henriette?«

Nachdem Katja mir die Beweggründe für einen Film nahe gebracht hat, werde ich auf dem Heimweg von einem ungewohnten Gefühl übermannt. Mein Ego erwacht und rebelliert. Katjas Sterben betrifft auch mich. Ich verliere eine Freundin. Es geht nicht ausschließlich um ihre Not und den Versuch, sie ein wenig zu lindern. Jede Sekunde ist auch für mich als zurückbleibende Freundin wichtig. Von diesen abgezählten Momenten kann ich nichts an »Professionalität«

abgeben. Ich will den letzten Satz, den ich von Katja höre, für mich als Freundin mitbekommen und ihn nicht verpassen, weil ich über Technik oder Schnittmaterial grüble. Ich muss an mich denken!

Ich weihe Katjas Mutter ein, von der ich eine Ablehnung des Projektes erhoffe. Doch sie ist dafür. Ein Film über Katjas Sterben? Vielleicht war es genau das, was Katja noch vorgehabt hat. Vielleicht schafft es der Film, sie zur Ruhe zu bringen. Vielleicht kann sie dann endlich sterben. Schließlich finde ich mich damit ab. Ein paar Tage warte ich noch. Schon oft schien Katja stabil, brach dann aber zusammen. Und wenn wir diesen Film machen, braucht Katja Kraft und ich etwas Zeit. Immerhin muss auch versucht werden, das zu schildern, was schon längst geschehen ist, was ein für alle Mal vorbei ist. Ich bedaure, nicht schon vor Monaten die Idee gehabt zu haben, sie mit der Kamera zu begleiten. Aus filmischer Sicht kommt dieses Projekt zu spät. Da wir beschlossen haben, gemeinsam die Fragen für unsere Gespräche zu entwickeln, beginne ich mit den Vorüberlegungen. Es gelingt nicht, sie mit Katja abzusprechen. So sehr sie konzeptionell an dem Film beteiligt sein möchte, diese Fragen interessieren sie nur halbherzig.

Tagebucheintrag 9. April
Katja stirbt nicht schnell genug. Offenbar soll sie nun in ein anderes Hospiz, das den Patienten ungefähr sechs Monate einräumt, nicht nur drei Wochen wie hier.
Zu Hause bei den Eltern geht es irgendwie nicht. Das Buch, das ihre Oma über sie als Kind geschrieben hat, wird symptomatisch für sie. Es heißt: »Wohin mit Katja?«

Katja kann auf der Palliativstation nicht mehr länger ein Zimmer für sich allein beanspruchen. Sie soll verlegt werden. Mir wird bewusst, dass man wirklich damit gerechnet hat, dass sie jetzt sterben wird. Die drei Wochen, die normalerweise für eine Schmerzmitteleinstellung – oder das Sterben – ausreichen, sind bald vorbei. Aber Katja denkt nicht daran zu sterben. Sie ist fitter denn je. So kann das noch Wochen gehen, vielleicht sogar Monate. Auch wenn nicht ganz geklärt ist, wie das mit diesen wuchernden Metastasen gehen soll, von denen jetzt vielleicht auch eine im Hirn sitzt, wie die Ärzte vermuten. Katja ist vollkommen aufgelöst, als man ihr die Umlegung anträgt. Das Buch »Wohin mit Katja?« hat sie ihrer Großmutter nie verziehen. Es erzählt, wie Katja als Kind einmal bei der Großmutter zu Besuch war. Die Großmutter hätte Katja aber ausgenutzt und sich an etwas »geweidet, was nicht existiert habe«. Ich kann darauf nichts entgegnen, weil ich das Buch nicht gelesen habe. Aber der Titel taucht als Leitmotiv ihres Lebens in der Tat beängstigend finster auf. Kein Wunder, dass Katja sich abgeschoben fühlt.

Natürlich versuchen wir alles, damit sie sich nicht abgeschoben fühlen muss, die Argumente liegen auf der Hand. Die Palliativstation hat nur Doppelzimmer. Ihr sei es doch sicher nicht recht, wenn jetzt ein zweiter Mensch neben ihr liegen würde. Man könne aber andere Patienten auch nicht länger ablehnen. In dem neuen Hospiz dagegen gäbe es Einzelzimmer. Katja bittet mich, das Hospiz auszuspionieren.

Ich tue das und werde freundlich empfangen. Die Zimmer sind sehr klein, aber Einzelzimmer. Dazu gibt es nette Gesellschaftsräume, alles ist freundlich und hell, das Personal extrem hilfsbereit. Der Hospizleiter nimmt sich Zeit, mir das gesamte Hospizwesen zu erklären – und wird Monate später nochmals alle meine Fragen beantworten. Momentan merke ich mir aus den vielen Faktoren nur diejenigen, die Katja angehen: Dieses Hospiz entspringt der Aidsinitiative. Da es in München inzwischen zum Glück sehr wenig Aidspatienten gibt, konnte es für Krebskranke geöffnet werden. Ein Problem offenbart sich aber. Das Hospiz liegt im dritten Stock eines Mietshauses, mitten in der Innenstadt, ohne Balkon, ohne Garten. Ein Haus im Grünen wird noch gesucht. Ich berichte Katja alles, sie lässt sich schweren Herzens überzeugen. Aber sie hat nach wie vor unglaubliche Angst. Sie fürchtet, dass das Zimmer in dem neuen Hospiz ihr letztes sein wird.

Ein paar Tage nach Katjas Tod erfahre ich, dass nicht nur die Bettnot ein Grund für die Verlegung war. Man wollte es Katja erleichtern, loszulassen. Menschen in einer solchen Situation können sich offenbar mit einem Bett, einem Zimmer stark verwurzeln. Mehr brauchen sie nicht zum Leben. Auf diese Weise kann es noch lange weitergehen. Wenn der Sterbenskampf zu schwer wird, kann ein Ortswechsel helfen, diese letzten Wurzeln abzureißen. Für unseren gewohnten Umgang mit Patienten und Krankheit ist das sicher ein brutaler Akt. Aber die Ärzte und Schwestern in den Hospizen und Palliativstationen bewerten Krankheit in diesem Endzustand anders. Natürlich müssen Schmerzen gelindert und der Prozess kontrolliert werden, damit das verbleibende Leben bestmöglich stattfinden kann. Aber die Krankheit selbst spielt eigentlich keine Rolle mehr. Es geht nur noch um den Tod und darum, das Schlimmste weitestgehend zu verhindern. Und die Folgen des letzten körperlichen Zerfalls können so grauenhaft sein, dass es besser ist, wenn sie nicht erlebt werden müssen.

Ein Vorgeschmack bahnt sich für alle sichtbar an. Katjas Haut bricht an Ellenbogen und Knien auf und heilt nicht mehr. Die Druckstellen werden immer tiefer. Die Haut, zu hauchdünnem Pergament ausgetrocknet, kann keine Feuchtigkeit mehr aufnehmen. Bald schon wird die Haut diesen kranken Körper auch an weniger exponierten Stellen nicht mehr halten können. Bald werden auch die Tumore im Leib ihre ganze Macht zeigen.

Blutrot schwappt der Urin im Katheder. Jetzt ist es passiert. Der Tumor hat die Blase gesprengt. Nein, doch nicht. Julia-Anna hat am Vorabend Rote-Beete-Suppe für Katja gekocht.

DAMALS, JETZT

Seit dem neuen Aufenthalt in der Palliativstation hadert Katja nicht mehr. Auch das Thema Tod wird nicht angeschnitten. Unsere Gespräche haben wieder rein freundschaftlichen Charakter. Seit ein paar Tagen hat Katja schlimme Alpträume, die alle mit ihrer Anfangszeit in Berlin zu tun haben. Vermutlich berichtet sie mir die Träume so ausführlich, weil wir diese Zeit gemeinsam verbracht haben. Wir waren beinahe täglich zusammen, haben uns alles erzählt. Aber erst durch ihre Träume erfahre ich, dass Katja damals wegen ähnlicher Dinge ähnlich tief litt wie ich. Das haben wir gut voreinander verborgen. Lässig, tapfer, abgebrüht.

Es gab keinen besondern Grund für unseren Kummer. Unser Leben verlief so normal, wie nur irgend möglich:

Ausbildung, Studium, Jobs, in den angesagten Cafés und Kneipen abhängen, die Nächte durchfeiern. Darüber hinaus hatten wir zahlreiche Affären, die meistens von vornherein zum Scheitern verurteilt waren. Traurig manchmal, ärgerlich, überflüssig oder sogar beschämend. Aber wir machten möglichst kein großes Aufheben davon: Schwamm drüber, rein ins Gewühl und auf ins nächste Abenteuer. Je mehr, desto besser. Dass da irgendwo eine Essenz enthalten sein könnte, die im Angesicht des Todes als erschreckender Traum auftaucht, hätte ich nicht für möglich gehalten. Dabei liegt es auf der Hand, dass diese Zeit eine existenzielle Bedeutung für uns hatte. Wir waren zwanzig. In Berlin sollte unser Leben, die Zukunft beginnen. Katja fragt mich unsicher, ob ich übereinstimme, dass wir damals uns und unser Leben nicht ernst genommen haben. Ich kann leider nur bestätigen und durchschaue erstmalig, was damals geschehen war. Unter dem Deckmantel, alles im Griff zu haben und das Chaos, die Turbulenzen als Beweis für Lebendigkeit zu sehen, missachteten wir uns immer mehr. Wir litten, weil wir uns der Selbstmissachtung bewusst waren. Aber wir zogen die falschen Schlüsse daraus und versuchten Tiefschläge mit eben jenen Verdrängungstechniken zu überspielen, die uns nicht bekamen und neue Miseren erzwangen. Falls Schamgefühl oder Traurigkeit über diesen Kreislauf aufkeimte, beruhigten wir uns, dass sich alles noch ändern werde. Und dann würde es beginnen, das Leben, wie es uns vorschwebte. Dabei wussten wir sehr wohl, dass keine Phase eine Vorbereitung für das Leben ist, sondern das Leben selbst. Das eigene Leben.

Ich habe vermutlich noch Zeit, mir meine Versäumnisse zu vergeben. Katja hat diese Zeit nicht. Sie muss ein Schnellarrangement finden.

Katja fragt, ob ich mich an die Reha erinnere und an diese Tischnachbarin, die so prompt gestorben ist. Katjas jetzige Scham über ihre einstige Ironie, dass diese Frau sich direkt vor dem Tod noch kuschelig eingerichtet hatte, öffnet mir Türen, ihre Haltung während dieser Zeit in einem neuen Licht zu sehen.

Schon ein paarmal musste ich an diese Frau und Katjas stolze Reaktion denken. Sowohl im Krankenhaus vor einem halben Jahr als auch während ihres ersten Aufenthalts in der Palliativstation hatte Katja kurzzeitig eine Zimmergenossin. Beide Frauen, die äußerlich recht gesund wirkten, starben nach wenigen Tagen. Katja zeigte beide Male überhaupt keine Regung. Kein Mitleid, kein Wort, nichts. Und so ahne ich jetzt, dass es nicht, wie vermutet, Stärke war, damals die Therapierunden kühn abzulehnen, den Tod der Frau zu veräppeln. Es war wohl eher die brüske Abwehr, etwas damit zu tun zu haben, selbst tödlich krank zu sein, mit den anderen Krebskranken in einen Topf geworfen zu werden. Schon wieder der Tod, der, in das Leben integriert, alles verrückt.

Katja geht nicht nur einzelne Etappen ihres Lebens konzentriert durch, sie zieht sinnliche Resümees: »Wenn ich mein Leben mit einem Musikstück vergleichen würde, dann wäre ich das Brahms-Violinkonzert.«

Tagebucheintrag 12. April
Der Vergleich passt. Es gibt kaum eine andere Musik, die gleichzeitig so romantisch geschmerzt und aufbäumend leidenschaftlich ist wie das Violinkonzert von Brahms.
Wir reden sehr offen über unsere Freunde. Sie sieht ihren Kern, sie sieht alle von innen heraus. Wie gut sie auch mich kennt, wie genau sie meine Schwächen weiß. Sie

sorgt sich um mich und warnt mich vor Fallen, in die ich tappen könnte.
Noch während ich bei ihr bin, denke ich an die Zeit ohne sie. Wie sehr werden mir ihre umsichtigen Meinungen und feinfühlig intelligenten Formulierungen fehlen. Wie sehr wird mir ihre sanfte Klugheit fehlen, die für mich immer wieder Altvertrautes neu beleuchtet. Ihre Fähigkeit, sogar die verfahrensten Angelegenheiten mit einer emotionalen Komponente zu versehen. Aber auch ihre strenge Klarsicht bei Vorgängen und Leuten, wo ich viel zu vertrauensselig und trottelig bin. Ihr origineller Humor. Ihre Wärme. Und mein Wohlfühlen, wenn ich mir neben ihr wie ein winziger Wurzelsepp vorkomme und bei einer Umarmung irgendwo in ihrem Brustbereich verschwinde.

DER ATEM

Wie immer klopfe ich in einer Mischung aus kaum wahrnehmbar und deutlich an ihre Zimmertür, um sie nicht zu wecken, falls sie schläft, und um mich anzukündigen, falls sie wach sein sollte. Wie immer halte ich den Weg von der Türe bis zu ihrem Bett kaum aus. Ist sie noch schmaler und fahler geworden? Gibt es neue Verbände als Indizien für weiteren Zerfall? Hat ihr Leben vielleicht gerade eben aufgehört? Meist liegt ihr Kopf ein wenig zur Seite geneigt auf dem Kissen, der Mund leicht geöffnet, die Augen geschlossen. Und die Nase als hagerer Krummbogen emporgereckt, wie es erschreckend universell bei allen Menschen geschieht, die zu alt, zu mager, zu schwach sind, um eigentlich noch am Leben sein zu können. Es dauert immer länger, bis ich wahrnehmen kann, ob sie atmet. Ihr Atem ist nicht zu hören, ihr

Brustkorb bewegungslos. Sie könnte ... Aber dann fließt doch noch ein wenig Luft in ihren Körper. Ich entspanne mich und setze meinen Begrüßungskuss auf ihre Wange. Manchmal weckt sie diese Geste. Manchmal bleibt sie da, wo sie ist. Schlaf kann man das nicht nennen. Hier ruht kein erschöpfter Körper aus, um neue Kräfte für die Wachheit zu sammeln. Der Zustand ist auch kein Dämmern, keine Trance, keine Betäubung, keine Bewusstlosigkeit. Das ist eine fremde Ruhe, die von unserer Welt weiter entfernt ist als die Tiefe unter dem Ozean, das Nichts in der Leere, das All über dem Kosmos.

FILM

14. April. Heute wollen wir mit den Filmaufnahmen beginnen. Bei meiner Ankunft schläft Katja und wacht nicht auf. Ich lasse mich durch ihren Schlaf nicht aus dem Konzept bringen und nutze die Zeit für einen Handkameragang: mein subjektiver Blick, während ich durch den Flur gehe, an ihre Zimmertür klopfe, die Tür öffne, mich dem Bett nähere, ihr gegenüber auf dem Stuhl Platz nehme und schließlich mit einem lieben Lächeln belohnt werde, wenn sie die Augen öffnet und mich erkennt. Irgendwann habe ich die Tücken dieser langen Einstellung im Griff und filme. Damit Katja im entscheidenden Augenblick wach werden und die Augen öffnen kann, räuspere ich mich kurz zuvor. Aber Katja schläft weiter. Ich wiederhole die Aufnahme und räuspere mich lauter. Katja wacht auch dieses Mal nicht auf. Ruhig und gleichmäßig geht ihr Atem. Ihre Augen bleiben fest verschlossen. Stille. In dieser Stille überkommt mich Scham. Wie konnte ich mich hinreißen lassen, Katjas Sterben mit

den billigsten Mitteln einer kitschigen Fernsehserie darstellen zu wollen und zur Steigerung der Gefühle sogar Manipulation zu betreiben. Als ich die Kamera kleinmütig wieder einpacke, wacht Katja auf und begrüßt mich. Ich traue mich kaum, sie anzusehen. Als ob ich sie missbraucht hätte.

Katja bittet mich, aus der Stationsküche einen frischen Tee zu holen. Als ich mit dem Tee zu ihr zurückkomme, sagt sie: »Wir wollten heute doch mit dem Film anfangen. Ich bin so weit.« Ich hole die Kamera wieder aus der Tasche, setze sie in Position und nehme Luft für die erste Frage. Katja wartet aber nicht ab, spricht von selber los und erzählt ihr Schicksal derart dringlich, als ob sie seit Monaten auf diese Möglichkeit gewartet hätte. Nach einer halben Stunde bricht sie ab und fragt, ob sie mich siezen oder duzen soll. So etwas kann sich nur Katja überlegen. Genau dafür liebe ich sie. Ich merke allmählich, wie ich mit der Filmsituation umgehen kann, ohne Katjas Zustand zu verraten, aber auch ohne meine Bedürfnisse zu vernachlässigen. Die Zeit, die ich filmend mit ihr verbringe, muss ich auch ohne Kamera bei ihr sein. Um während des Drehens meine Haltung als Freundin wahren zu können, verwende ich die Kamera mit Absicht unprofessionell und schlampig. Dabei muss ich ganz schön gegen meinen inneren Schweinehund ankämpfen, der genau weiß, wie wichtig gewisse Dinge wären, wenn ich Katjas Anliegen einigermaßen sorgsam ausführen möchte. Aber es geht nicht anders. Keine Zwischenschnitte, keine Wiederholungen, technische Mängel sind egal. Für all diese Mankos wird mir beim Schnitt schon eine Lösung einfallen.

Vor der Kamera verdichtet sich Katjas Widersprüchlichkeit noch krasser als sonst. Sie verweigert meine Fragen, die ihre

Krankheit, den körperlichen Zerfall und die inneren Vorgänge betreffen. Fragen, die den Tod berühren, überhört sie ebenso. Die Absicht, im Dialog gewisse Schwierigkeiten auszuformulieren, misslingt vollkommen. Katja redet eloquent, weitschweifig ausholend über alles, nur nicht über das, warum sie diesen Film machen wollte.

Nichts deutet auf Tod hin. Nichts. Im Sucher und abends auf dem Monitor sehe ich nur eine aparte junge Frau, die sehr schwach, sehr elegant, streng und ernst ist. Einzig diese verkrustete Stelle auf ihrem linken Nasenflügel, die ich mit Make-up überdeckt habe, irritiert. Vor über zwei Monaten ein normaler Pickel gewesen, ist da jetzt ein tiefer Krater. Jeden Tag, jeden geschlagenen Tag kratzt Katja die Kruste auf. Für mich ein irrsinniges Symbol ihres Zustandes. So lange sie kratzt, lebt sie noch. Aber je länger sie kratzt und unsere ästhetischen Maßstäbe missachtet, desto mehr rückt sie von uns ab, dem Tod näher.

Und dann dokumentiert die Kamera eben doch spröde, wie nahe das Ende ihres Lebens bevorsteht. Aus eigener Kraft ist sie nicht in der Lage, eine andere Liegeposition einzunehmen. Ich stelle die Kamera irgendwo ab und komme zu ihr ins Bild. Was für ein Unterschied. Egal wie blass oder müde ich aussehe, ich bin das blühende Leben gegenüber Katja. Windel, Katheder und dieser Elefant von Thrombosebein liegen offen da, wenn ich die Decke zurückschlage. Es dauert Minuten, bis ich die stützenden Kissen umschichte, die Beine, den Leib um Zentimeter verrücke. Jede noch so sanfte Berührung schmerzt sie und sie zuckt zusammen. Auch meine Unbeholfenheit offenbart den Ernst der Situation. Das Erschrecken, wenn ich neue Furchen durch das Wundliegen entdecke. Der ratlose Versuch, das alles so normal wie möglich zu handhaben, und mein Scheitern, wenn sie in Sphären rückt, die für mich unerreichbar sind. Ich kann sie nicht sehen, diese Wesen, die gerade mit uns im Zimmer sind, die Brot aufschneiden, wie Katja flüstert. Für mich und die Kamera ist da nur eine blanke Wand.

Tagebucheintrag 15. April
Immer häufiger dämmert sie, ihre Stimme wird schwächer. Aber dann: Sie liest einen Brief meiner Tante an mich vor, an deren kleiner, verwackelter Schrift ich gescheitert bin: »Damit ich auch mal was für dich tue.«
Beim Gehen habe ich das Gefühl gehabt, ich sehe sie nicht wieder.

FRAGEN

Am 16. April soll Katja in das neue Hospiz verlegt werden. Sie ist aber zu schwach und die Verlegung wird auf den nächsten Tag verschoben. Als ich sie anrufe, ist sie allerdings recht wach. Ich kann mir ein Grinsen nicht verkneifen. Sie hat alle reingelegt. Sie will nicht verlegt werden. Ich fahre für die Filmaufnahmen zu ihr. Wir drehen. Katja ist unglücklich: »Der Film wird mir zu ernst.« Sie möchte mehr Humor, Leichtigkeit. Ich weiß kaum, wie ich reagieren soll. Verdrängt sie, dass der Film um ihr Sterben geht? Sehnt sie sich danach, in leichter, humorvoller Stimmung zu sterben? Wie gern würde ich ihr genau dabei helfen. Wenn ich nur wüsste wie. Mir scheint nur sicher, dass ich dazu kaum eine Möglichkeit haben werde, solange Katja selber das Sterben nicht vollkommen annimmt. In meiner Ratlosigkeit frage ich, ob wir Purzelbäume schlagen sollten, um mehr zu lachen. Katja übergeht diese billige Form der Aufmunterung.

Sie möchte nicht so viel reden, sagt sie, und beschwert sich über meine Fragen, die sie zwingen, so komplex zu antworten.

Vielleicht sind die Fragen schlecht. Das ist gut möglich. Welche Fragen stellt man einem Sterbenden? Zumal einem Sterbenden, der das, worum es geht, konsequent verweigert? Bei allen Fragen, egal ob sie konkret oder allgemein, direkt oder indirekt sind, blickt Katja durch mich hindurch und schlängelt sich ins Abstrakte oder zu längst vergangenen Ereignissen. Irgendwann verliert sie den Faden, unterbricht sich und fragt, ob hiermit die Frage ausreichend beantwortet sei. So wenig meine Fragen taugen mögen, es ist Katja, die die aufwendigsten Verbindungen flicht, um nicht ihren jetzigen Zustand zu benennen. Das aber kann ich ihr nicht sagen. Ich mauschle herum, dass sich vielleicht auch hinter einfachsten Fragen ein ganzer Kosmos verbirgt und es keine geradlinigen Antworten gibt. Wir überlegen, wie wir die Filmsituation ändern können, damit sie dialogischer wird. Vielleicht hilft es, wenn Julia-Anna hinzukommt. Dann kann ich mit der Kamera im Hintergrund bleiben, während sich zwei Freundinnen unterhalten. In jedem Fall muss ich die Technik aufrüsten. Ein stärkeres Mikrophon für ihre nur noch flüsternde Stimme, eine Weitwinkeloptik.

V. Zimmer
Eine Woche Hospiz

DAS BERG-BILD

17. April. Katjas Vater und ich warten als Empfangskomitee in dem neuen Hospiz. Die Familie hat das Zimmer am Abend zuvor mit Katjas Tisch, ihrem Kerzenständer und blauen Hortensien eingerichtet. Außerdem hängt Davids Berg-Bild an der Wand, daneben Raphaels Madonna, am Fenster die orangenfarbenen Vorhänge. Auch das Hospizpersonal ist beeindruckt, welchen Charme das schmale Zimmer mit diesen wenigen Versatzstücken bekommt, und wird sich noch viele Monate später daran erinnern. Der Vater packt ein paar Utensilien für Katja aus. Er ist nicht von meiner Kamera irritiert, die ich natürlich dabei habe. Wenn schon, denn schon. Immerhin bahnt sich die einzige Action-Szene in einem Film an, in dem sonst nur gelegen wird.

Dann kommt der Notwagen mit Katja und ihrer Mutter, wir gehen zu ihnen in den Hinterhof hinunter. Katja kichert unternehmungslustig: »Na, mal sehen, wie die mich da hochkriegen.« Die Liege, auf der sie festgezurrt ist, passt auch senkrecht nicht in den Lift. Die Sanitäter schleppen sie durch das schmale Treppenhaus in den dritten Stock. Ich hechte um sie herum, um wenigstens hier ein wenig »professionelles« Schnittmaterial zu ergattern. Dann geschieht der spektakuläre Moment, wie sechs Menschen versuchen, Katja ohne Schmerzen von der Liege in das Bett zu wuchten. Ich – Held der Technik – schalte versehentlich auf den Off-Knopf. Erst als Katja im Bett liegt und das Zimmer sich leert, drücke ich auf »on« und filme minutenlang meinen Turnschuh. Katja sieht das Berg-Bild an der Wand und freut sich. Sie könne nicht verstehen, dass viele Menschen das Bild mit dem großen Berg deprimierend fänden. Es sei doch leicht und licht. Ihr Blick könne sich darin verlieren und sie empfinde Glück dabei. Auch für mich ist das Bild nicht bedrückend, trotz des hohen Braunanteiles. Die Aufteilung aber macht es frei. Mein Blick verliert sich allerdings nicht, sondern wird von der Spitze des Berges in einen Sog gezogen. Während wir im Flüsterton Davids Kunst diskutieren, verteilt die Mutter Katjas wenige Habseligkeiten in den Schränken. Dann geht es um den Nachttisch. Jetzt muss Katja helfen.

DER NACHTTISCH

Der Nachttisch ist Katjas Welt. Alles, was sie für ihr Leben im Bett braucht, muss hier seinen Platz finden. Ein logistischer Bravourakt. Was soll mit einem Griff erreichbar sein, was kann in der Schublade gesucht werden, für welche Dinge reicht die tiefere Ablage, was muss prophylaktisch vorhanden, aber nicht unbedingt griffbereit sein? Zum fünften Mal in knapp drei Monaten richtet Katja ihre Welt neu ein. Sie kennt sich infolgedessen aus. Dieser Nachttisch ist zu klein. Zum Glück entdecke ich den Mechanismus, der die Abstellfläche verdoppelt. Erleichterung. Aber erstmalig ist dieser Platz nicht nötig. Wichtig ist nur noch der kleine Altar, den Katja liebevoll einrichtet. Bisher wurden daneben die TV-Fernbedienung, die Verstellautomatik für das Bett, die Personalklingel, das Handy, das Telefon, das Filofax und die Medikamente an vorderster Front aufgereiht. Jetzt kann die TV-Fernbedienung in die Schublade, das Filofax nebst Büchern und Zeitungen nach unten. Gleiches gilt für die immer noch unbeschriebenen Hefte. Als ich eine Steckdose für das Handy-Aufladegerät suche, werde ich mit großen Augen angeschaut. Handy. Stimmt. Diese Welt außerhalb des Bettes. Katja braucht das Handy nicht mehr. Es landet ausgeschaltet in der Schublade. Für den Notfall würde ich ja wissen, wo die PIN-Nummer aufgeschrieben steht. Auch das Telefon muss nicht angeschlossen werden. Nur der kleine Band mit Rilke-Gedichten soll obenauf, damit wir daraus vorlesen können. Alles andere, die Saftflaschen, der Flakon mit Chanel Nr. 5, das Pflegeset für die Nägel, wird eher zur Dekoration eingerichtet. Oder zu unserer Beruhigung, dass Katja der Welt noch nicht ganz so entrückt ist, wie es den Anschein hat.

Katja freut sich über den Kuchen, den ihre Mutter mitgebracht hat. Während die Eltern und ich Kuchen essen, genießt sie die ruhige Stimmung. Dann gehen die Eltern. Sie wünschen ja, dass ich mit Katja filme. Aber daraus wird nichts. Katja schläft ein. Ich betrachte sie. Da hat sich neben den Falten ein neuer Zug um ihren Mund eingegraben. Dieser Zug lässt mich schaudern. Diesen Zug kann ich nicht filmen, egal ob Katja wach ist oder schläft. Jedes Mal, wenn ich zu ihr komme, nehme ich die Kamera mit, in der Hoffnung, dass dieser Zug verschwunden ist. Aber er bleibt.

17. April. Hey N.,
»Criminale« ist eine gute Idee. Auf spannende Krimis und Filmfestrummel hätte ich Lust. Ich könnte am Freitag oder Sonntag. Allerdings bin ich zur Zeit ein bisschen auf Abruf, weil es meiner lieben Freundin furchtbar schlecht geht und wir jeden Tag mit dem Ende rechnen. Außerdem hat sie vorgeschlagen, einen Film über ihr Sterben zu machen, sodass ich etwas im Emotions- und Wurschtelchaos bin. Trotzdem,

vielleicht gerade deswegen, bin ich wild auf Abwechslung. Alles Liebe.

DAS WASCHEN

Auch am Tag nach dem Hospizwechsel schläft Katja fast durchwegs. Ich denke nicht direkt an das Sterben. Sie zieht sich nach der emotionalen Aufregung mit dem Umzug wieder zurück. Das Personal des neuen Hospizes bemüht sich, Katja und ihr Umfeld kennenzulernen. Sie notieren Telefonnummern für den Notfall, sind offen und vertrauensvoll.

19. April. Ich komme vormittags. Katja wird gerade von einer Schwester gewaschen. Ich solle ruhig helfen. Wir sind sicher eine halbe Stunde beschäftigt. Es ist ganz schön umständlich, einen bettlägerigen Patienten zu säubern, der bei jeder Berührung Schmerzen empfindet. Das Bett wird ununterbrochen hinauf- und heruntergefahren, für fast alle Bewegungen ist es gut, wenn eine zweite Person dabei ist. Kissen, die als Polsterung zwischen Knien und Gelenken liegen, werden vorsichtig verschoben. Die Haut wird nach dem Anfeuchten sorgsam trockengetupft. Die Haut ist keine Haut mehr. Brüchiges Papier, hauchdünn. Sie wird rundum eingeölt, obwohl keine Menge Öl den Prozess der Austrocknung verhindern kann. Während des Waschens untersucht die Schwester den Körper auf Druckstellen. Darum geht es hauptsächlich. Die Gefahr, dass die Haut jetzt auch am Rücken nicht mehr hält, ist groß.

Dann wollen Katja und ich ein Gespräch führen. Aber sie ist zu schwach und nickt ein. Betroffen mache ich mich mit der Kamera im Gepäck von dannen.

Am Abend komme ich noch einmal ins Hospiz. Julia-Anna und ich wollen es mit dieser »aufgelockerten« Drehsituation probieren, auch wenn wir uns nicht viel Hoffnung machen, dass es klappt. Wie es der Zufall will, sind noch David, Thomas und eine Freundin anwesend. Das Zimmer birst aus allen Nähten. Einige wollen gehen, damit die anderen Platz haben. Aber Katja möchte, dass wir alle bleiben, ihre Gäste sind. Seit Tagen nur dahindämmernd, fragt sie nun fürsorglich, was wir trinken wollen, ob wir alle gemütlich sitzen, Hunger haben. Als sie das Gefühl hat, dass wir nichts mehr benötigen, bittet sie uns, Geschichten zu erzählen. Möglichst lustige. Ich weiß nicht, wie David es schafft, eine komische Anekdote herbeizuzaubern, aber wir lachen alle. Plötzlich sagt Katja, dass sie sitzen möchte. Seit Wochen kann Katja nicht mehr sitzen, nicht einmal, wenn das Kopfteil ihres Bettes als Stütze hochgefahren wird. Seit Wochen liegt sie. Und nun möchte sie sitzen. Zu dritt rücken wir sie näher an die Bettkante, drehen ihr Gesäß nach vorne, führen die Beine herab, richten den Oberkörper auf, stopfen Kissen als Stütze dahinter. Katja sitzt. Sie sitzt wie wir. Sie plaudert und lacht.

Nach wenigen Minuten ist sie erschöpft. Wir rufen den Pfleger, weil wir beim Hinlegen nichts falsch machen möchten. Der Pfleger bittet uns, den Raum zu verlassen. Das einmalige Sitzen ermöglicht es ihm, Katja gründlicher als sonst auf Wundstellen zu untersuchen. Als Katja wieder liegt, verabschiedet sich die Runde. Ich bleibe noch für die Schlafvorbereitung und reiche ihr die elektrische Zahnbürste.

Die Zahnbürste schnurrt monoton in ihrem Mund. Immer langsamer bewegt Katja sie hin und her. Irgendwann bleibt sie an einem Zahn stehen. Sie schnurrt und schnurrt. Katja hat sie wohl vergessen. Während ich mich zu ihr beuge, nimmt sie die Zahnbürste mit einer heftigen Bewegung aus dem Mund und sagt: »Das geht nicht.« Ich bin über ihren strengen Ton überrascht. »Was geht nicht?«, frage ich. »Wir können nicht gehen, ohne zu zahlen.« Sie merkt, dass ich ihr nicht folgen kann. Die Verwirrung ist jetzt beiderseitig. »Ja, aber ... aber wir saßen doch gerade im »Adria«, haben schnabuliert und die Jungtiere beobachtet.« Ich beruhige sie, dass ich die Rechnung schon am Tresen beglichen hätte. Sie flüstert: »Dann ist gut.«

Tagebucheintrag in derselben Nacht
Dieses Filmprojekt bringt mich in einen ungeahnten Konflikt. Aber seit drei Tagen, seitdem ich für teuer Geld ein Zusatzmikrophon und einen Weitwinkelvorsatz gekauft habe, ist an Filmen und Gespräche ohnehin nicht mehr zu denken. Jetzt ist sie für alles zu schwach. Jetzt ist da dieser Zug um den Mund, der zu privat, zu fürchterlich ist. Katja geht es beschissen. Sie zerfällt.
Ihre Stimme existiert kaum noch. Nur ein Flüstern.
Morgens: »Ich war heute schon draußen. Mit Jakob. Wir haben herumgetollt.«
Jakob. Immer wieder Jakob. Sie würde sich freuen, ihn zu sehen. Sie will aber keine Extrawürste. Ich werde noch einmal in Zürich anrufen.
Habe geweint. Beim Waschen konnte ich ihren Oberarm locker mit Daumen und Zeigefinger umschließen. Es passte noch reichlich Luft dazwischen. Diese körperlichen Auseinandersetzungen sind die intensivsten.

Abends: Sie wollte sitzen. Sie saß ein paar Minuten. Sie ist und bleibt eine Nachteule.
Diese Sehnsucht rauszukommen. Immer wieder. Luft, Draußen. Wir waren im »Adria«.

GEBURTSTAG

Der 21. April ist ein Sonntag. Ich komme ein paar Stunden früher ins Hospiz als ausgemacht. Katjas Mutter hat heute Geburtstag und ich möchte auf keinen Fall den angekündigten Nachmittagsbesuch stören. Katja schläft. Als ich kaum noch damit rechne, dass Katja aufwacht, schlägt sie für den Bruchteil einer Sekunde die Augen auf. Sie flüstert traurig: »Meine Mutter hat heute Geburtstag. Ich habe kein Geschenk.« Noch ehe ich etwas erwidern kann, kommt die Mutter mit einer Freundin herein. Sie hat ihren Kaffeeklatsch umgelegt. Die Mutter bittet mich zu bleiben. Ich nehme schräg hinter Katja Platz, damit die Mutter sich nahe zu ihr ans Bett setzen kann. Die Mutter sagt, Katjas Geschenk an sie sei, dass sie Katjas Lieblingsgedichte von Rilke vorlese. Sie nimmt den Band vom Nachttisch und schlägt ihn auf.

Ich liebe meines Wesens Dunkelstunden,
in welchen meine Sinne sich vertiefen;
in ihnen hab ich, wie in alten Briefen,
mein täglich Leben schon gelebt gefunden
und wie Legende weit und überwunden.

Aus ihnen kommt mir Wissen, dass ich Raum
zu einem zweiten zeitlos breiten Leben habe.

Und manchmal bin ich wie der Baum,
der, reif und rauschend, über einem Grabe
den Traum erfüllt, den der vergangne Knabe
(um den sich seine warmen Wurzeln drängen)
verlor in Traurigkeiten und Gesängen.

Katja flüstert: »Das ist so schön.« Da kann ich mich nicht mehr zurückhalten. Ich heule Rotz und Wasser und bin nur froh, dass ich außerhalb von Katjas Blickwinkel sitze. Katjas Mutter liest das zweite Gedicht.

Ich lebe mein Leben in wachsenden Ringen,
die sich über die Dinge ziehn.
Ich werde den letzten vielleicht nicht vollbringen,
aber versuchen will ich ihn.

Ich kreise um Gott, um den uralten Turm,
und ich kreise jahrtausendelang;
und ich weiß noch nicht: bin ich ein Falke, ein Sturm
oder ein großer Gesang.

Katja möchte unbedingt wach bleiben, um ihre Mutter länger mitzubekommen. Aber sie schafft es nicht.

Dieser Moment zwischen Katja und ihrer Mutter veranlasst mich, am nächsten Tag nicht ins Hospiz zu gehen. Ich fühle mich nicht mehr in der Lage, meinen Kummer zu verbergen, und möchte es ihr nicht erschweren, gehen zu können.

Ich rufe vormittags bei den Eltern an, um mich nach Katja zu erkundigen. Der Vater ist am Apparat. Er sei nur zufällig in der Wohnung, um Wechselkleidung zu holen. Er und seine Frau hätten die Nacht im Hospiz verbracht. Am gestrigen Abend habe Katjas Todeskampf begonnen. Vielleicht könne ich es mir einrichten, sie mittags ein wenig abzulösen?

Ich sehe gerade noch, wie die Hospizschwester über einen Tropf Valium einflößt. Katjas Todeskampf ist so heftig, dass man sie beruhigen möchte. Katjas Eltern verabschieden sich, um essen zu gehen. Ich bin mit Katja allein.

Wie konnten wir irgendetwas von dem, was Katja bisher durchgemacht hat, für den Todeskampf halten. Das hier ist etwas vollkommen anderes. Mitleiderregend, aber auch furchteinflößend. Sie röchelt mit einer Stimme, die ich noch nie gehört habe. Eine raue, kehlige Stimme aus einer fremden Welt. Sie ringt mit den Armen in der Luft, sucht Halt, greift in die Leere. Auch ihre weit aufgerissenen Augen suchen etwas. Aus dem Schwall der unverständlichen Laute immer wieder: »Hilfe, Hilfe, hallo, holt mich raus, es ist zu eng hier.« Ich spreche sie zögerlich an. Ich habe Scheu, sie zu berühren. Bekommt sie mich mit? Erkennt sie mich? Darf ich mich da einmischen?

Eine Schwester kommt ins Zimmer. Ich frage, ob Katja mich bemerkt. Die Schwester meint, sie nehme alles wahr, was hier geschieht. Ich solle ihre Hand halten, sie am Nacken streicheln, das könne beruhigen. Die Schwester geht wieder.

Ich versuche, wie geheißen, den Nacken zu massieren. Hand halten geht nicht. Ihre Arme sind zu unruhig. Ich spreche Katja deutlicher an. Sie reagiert. Dann greifen ihre Arme nach mir. Ich bekomme Angst. Was hat sie vor? Will sie mich mitreißen, dahin, wohin sie muss? Sie will raus, an die Luft, in die Leichtigkeit. Ihre Arme klammern sich um meinen Hals, wollen sich mit dem Haltegriff hochziehen, wie wir es in letzter Zeit immer gemacht haben. »Raus ins Bad, aufs Klo!« Ich brauche Kraft, um ihre Hände von meinem Hals zu lösen. Sie will nicht auf die Toilette. Seit Wochen war sie nicht mehr auf der Toilette. Das ist ein anderes »Raus«. Da kann ich nicht helfen. Nein. Und jetzt erst, in diesem Moment, kann ich sie bitten, loszulassen und fortzugehen. Sie wird nicht allein sein. Wir werden alle bei ihr sein. Katja, sehr leise: »Das weiß ich.« Ein paar Augenblicke später, noch leiser: »Ich kann nicht mehr.« Ich schlucke und nehme diesen Satz als Appell: Du musst nicht mehr kämpfen. Der Kampf ist vorbei. Wir sind alle bei dir, aber andere Kräfte werden dich führen.

Sie gehört nicht mehr zu uns. Sie muss gehen. Es ist gut, dass sie geht. Ihre Arme sind nun ruhig, wir halten uns an der Hand. Sie bittet mich mit geschlossenen Augen: »Versprich mir, dass …« Ich kann nicht verstehen, was ich versprechen soll. Sie wiederholt die Bitte noch ein paarmal. Es bleibt unverständlich, aber ich verspreche es. Katja schlägt die Augen auf und sieht mich an. Dann kommen ihre Eltern zurück und ich gehe.

DAS LACHEN

Bevor ich das Hospiz verlasse, frage ich das Personal, wie lange dieser Todeskampf dauern könne. Sie antworten: »Zwei, drei Tage.« Ich informiere Julia-Anna.

Nach meinem Besuch wirkt das Valium und Katja wird ruhig. Julia-Anna und Thomas besuchen sie an diesem Tag. Die Eltern bleiben die ganze Zeit über bei ihr. Die vor Tagen informierte Pfarrerin, bei der Katja konfirmiert wurde, ruft unvermittelt eine Woche früher an als ausgemacht. Sie kommt vorbei und spricht den Segen. David entscheidet sich spontan um. Er fährt nicht, wie er es vorhatte, mit dem Nachtzug von Berlin nach München, sondern nimmt einen Flieger. Er kommt kurz nach 22 Uhr ins Hospiz und setzt sich neben die Eltern.

Mein Telefon klingelt um ein Uhr in der Nacht. Es ist David. Vom Hinterhof herauf hat lautes Teenagerlachen die Eltern und ihn für einen Moment abgelenkt. Da war es 22 Uhr 45, und da ist Katja gestorben.

Eigenartig unberührt wandere ich in meiner Wohnung auf und ab. Ich zwinge mich, wieder zu schlafen. Ich träume, dass Katja in einem Kindergokart herumfährt und sich quietschfidel amüsiert.

Danach

DIE KERZE

Am nächsten Morgen gehe ich in das Hospiz. Nun flackert auch vor Katjas Tür eine Kerze, die jeden einladen soll, sich von der Verstorbenen zu verabschieden.

Ich trete ein. Katja, flach wie ein Blatt Papier, liegt unter weißem Linnen, auf dem ringsum Blumen verstreut sind. Ich starre auf den Brustkorb. Ein bisschen, ganz, ganz wenig wird er sich doch bewegen. Nur ein einziges Mal noch, bitte. Ich halte den Atem an, lange. Aber umsonst. Katjas Brustkorb bewegt sich nicht mehr. Nicht nach oben, nicht nach unten. Katjas Mutter und eine Hospizschwester kommen ins Zimmer. Ich bitte sie, mich ein paar Minuten mit Katja allein zu lassen. Die Schwester sagt, ich solle Katja nicht berühren. Für den Fall, dass ihre Seele noch hier sei, solle man es ihr nicht schwer machen zu gehen.

Ich unterdrücke mein Bedürfnis, Katjas Hand zu berühren, über ihr Gesicht zu streichen, einen Abschiedskuss auf die Stirn zu setzen. Katjas Gesicht. Ich erkenne es kaum. Nur Schmerz, alle Qualen liegen bloß. Ohne Atem, ohne Seele, die das Leiden noch menschlich gemacht haben, wirkt der Anblick fast unerträglich. Dann aber hilft der Schrecken über diese Wandlung. Ruhe. Katja ist jetzt irgendwo oder nirgendwo. Aber sie ist nicht mehr hier.

Katjas Mutter kommt wieder ins Zimmer. Sie erzählt aus ihrer Sicht, wie Katja gestorben ist. Ruhig war sie, bei diesem auffallend fröhlichen Lachen der jungen Mädchen hat sie den Atem ausgehaucht. Ich versuche herauszuhören, ob Katja nicht nur ruhig war, vermutlich erwirkt durch die hohe Dosis Valium, sondern ob sich der Familie vermitteln konnte, dass Katja einen Moment des Friedens gefunden hatte. Friede? Nein, eigentlich nicht. Allerdings überraschende Wachheit und Freude, als die Pfarrerin kam. Die Mutter berichtet weiter, was nach dem Tod geschehen ist. Zuerst gab es einen riesigen Schrecken. Katja wurde für die Waschung entkleidet. Die Haut sei an jeder Rippe gerissen gewesen, der Rücken ganz offen. Welch ein Glück, dass sie das, was noch hätte geschehen können, nicht erleben musste. Nach dem Waschen sollte ihr das Totengewand angezogen werden. Aber daran hatte niemand gedacht. Die Mutter fuhr also des Nachts mit dem Taxi durch die Stadt, um passende Totenkleidung zu suchen. Dann kam sie wieder mit einem Hemd und einer Hose. Das schöne Linnentuch über Katjas Körper sei ein Erbstück aus der Familie des Hospizbesitzers, der es für Fälle ausleiht, die ihn bewegen. Die Blumen hätte die Mutter darübergestreut.

Wann und wo die Bestattung sein wird, kann die Mutter nicht sagen. Es werde sich aber vielleicht noch heute herausstellen, ob die Beerdigung am folgenden Montag oder am Dienstag stattfindet. Hoffentlich nicht schon am Freitag. Da würden die Benachrichtigungen zu spät eintreffen. Menschen, die an einem Dienstag sterben, lösen offenbar dieses Dilemma aus. Entweder eine überstürzte Beerdigung am Freitag oder diese übertrieben lange Wartezeit auf die nächsten Arbeitstage.

Die Mutter ist verzweifelt. Sie weiß nicht, wie sie die Beerdigung gestalten soll. Sie soll so sein, wie Katja sie sich wünschen würde. Aber da sie mit niemandem darüber geredet hat, weiß man nicht, was sie gerne hätte. War es ihr egal? Hat sich Katja darauf verlassen, dass die Mutter alles in ihrem Sinne ausrichten wird? Das Beste ist sicher, wenn die Mutter sie so ausrichtet, wie es für sie selbst am schönsten ist. Als ich frage, ob eine Anzeige in der Zeitung geplant sei, zögert die Mutter etwas. Ich plädiere dafür und verspreche, mich um die Details zu kümmern.

ABSCHLUSS

Ich vereinbare mit der Zeitung eine mittlere Größe, die nicht zu popelig, aber auch nicht zu bombastisch wirkt. Die Familie akzeptiert meinen Vorschlag und hat inzwischen einen Text aufgesetzt. Julia-Anna, Thomas und ich haben schon vor ein paar Tagen beschlossen, eine kleine Anzeige im Namen der vielen Freunde aufzugeben. Immer deutlicher wird, dass die Beerdigung eine finanzielle Last für die Familie darstellt. Schon seit Monaten können die Eltern ihrer Arbeit nicht mehr nachgehen. Das Spendenkonto fällt mir ein. Es spielte nach Katjas Rückkehr aus Teneriffa kaum noch eine Rolle. Die geplanten Kuren waren alle hinfällig geworden. Ein Teil der Spenden ist noch vorhanden. Ich frage David, ob er es für sinnvoll hält, dieses Geld seinen Eltern anzubieten. Ich kann eine gewisse Erleichterung heraushören, zumal Jakob auf dieses Erbe nicht angewiesen sei. Ich bin sicher, dass es allen Spendern Recht ist, wenn ihr Geld für Katja jetzt der Familie diesen Dienst erweist, und leite die nötigen Schritte ein. Die Rechnung des Bestattungsunternehmens wird später an mich geschickt. Ziemlich beeindruckend, was da für Posten anfallen und wie teuer das alles ist. Die Spenden reichen nicht aus. Julia-Anna drückt mir die fehlende Summe in die Hand, um das Konto aufzustocken. Die Kosten können nun insgesamt übernommen werden. Das Konto ist mit der Bezahlung exakt auf null und für mich damit erledigt. Ein Irrtum, wie sich Monate später herausstellen wird.

24. April. Liebe S.,
Auch wenn sie gestern schon sooo weit weg war, der Unterschied zu heute ist eben genau der, ob das Leben ausgehaucht ist oder nicht. Sehr erschreckend. Aber dann tritt auch eine befreiende Erlösung ein. Eine Auferstehung nicht nur für den Gestorbenen, sondern auch für die anderen. Das Aufbahren der Leiche scheint mir elementar wichtig zu sein. Absurd, dass das nicht immer gemacht wird, sondern dass der Tod auch hierbei abgeschoben wird. Der Akt des Aufbahrens ist ja kein modischer Kram, den sich ein paar Hospize als Luxus leisten. Es ist ein wichtiger und alter Bestandteil in so ziemlich allen Kulturen weltweit. Sogar wir hatten das früher. Es ist offenbar gut für den Toten und gut für die Überlebenden.

24. April. Lieber M.,
danke der Nachfrage. Meine liebe Freundin ist gestern Nacht gestorben. Ich fühle mich im Moment ein bisschen leer. Es ist ganz gut, dass ich der Familie ein wenig helfen kann. Anzeigen, Adressen. Vermutlich klappe ich erst nach der Beerdigung zusammen. Vielleicht nicht. In jedem Fall schwebt mir dann eine Woche Insel vor, mit Luft und Sonne und Meer.

Heute hätte ich einen Termin bei diesem Opernintendanten in Augsburg gehabt. Der Termin war schon Mitte Januar vereinbart worden. Zum Glück konnten sie ihn auf morgen nachmittag verschieben.

Vielleicht denke ich in ein paar Wochen anders, dann, wenn mir auffällt, dass Katja nicht mehr da ist. Wenn ich allein im »Adria« sitze. In der Tat saßen wir noch ein paarmal dort. Vor vier Tagen noch, während sie sich die Zähne putzte. Das war einfach ihr Schönstes. In der Sonne sitzen, Café schlürfen, ratschen. Was ich sagen will: Obwohl ich endlos traurig bin, gehört diese Erfahrung mit Katja in den letzten drei Monaten sicher zu den intensivsten in meinem Leben. In vielen Bereichen. So erschütternd es war, dieses unendliche Schwächerwerden, diese Kämpfe und Schmerzen mitzuerleben, es gab Momente, Stimmungen, die ich nicht missen möchte.

Du hast natürlich vollkommen Recht. Es ist wichtig, dass wir uns mit dem Tod auseinander setzen. Und zwar zu Lebzeiten. Das heißt ja nicht, dass man fortan nur noch heulend durch die Welt läuft, weil man sterben muss. Ganz im Gegenteil.

Auch ich habe den Frühling bisher in vollen Zügen genossen. Heute allerdings regnet es Schnürlfäden. Wird schon wieder besser werden. Alles Liebe.

Am Abend sitzen wir neben der Leiche, trinken Wein und beschriften Kuverts für die Beerdigung. Die Leiche beginnt ein wenig zu riechen. Für die Aussegnung muss Lavendel gesprüht werden. So befremdlich ich diesen Akt durch eine Pfarrerin der Christengemeinschaft finde, so wichtig ist er als ritueller Abschluss. Danach möchte ich nur noch weg von der Leiche. Ich möchte mein Leben feiern, tanzen, auf Partys gehen.

27. April. Brief. Liebe C.,
über dein anteilnehmendes, verständnisvolles, kluges Fax bin ich zutiefst dankbar.

In der Tat ist es so. Wenn Katja gestorben wäre und ich hätte sie aufgrund eines anderen Wohnortes, unflexibler Arbeit, Angst etc. nur ein paarmal gesehen oder mit ihr telefoniert, dann … Nein, das kann ich mir gar nicht vorstellen. Es war, wie du schreibst. Es war selbstverständlich, dass ich sie begleitet habe. Mit all den Gefühlen, die du nennst.

Ich wusste die ganze Zeit, dass Katja sterben wird. Aber ich habe zu diesem Gedanken keinen Bezug gefunden. Ihn mir nicht vorstellen können. Das war nicht die Zeit. Sie hat ja noch gelebt.

Du hast sicher Recht, dass ich Mut haben soll, die Trauer zuzulassen. Erst zwei Tage vor ihrem Tod gab es einen Moment der Erschütterung, der mich ahnen ließ, was für eine Trauer in mir steckt, die auch mich betrifft. Bisher allerdings kam noch keine Trauer auf. Nur eine Leere. Und eine riesige Erschöpfung – zum Glück viel Anteilnahme.

Und Verzweiflung kam. Mir fehlen die Erinnerungen an meine gesunde Katja. An die lachende. Sie werden sicher wiederkommen, wenn die Bilder der letzten Zeit etwas verblassen. Noch weiß ich nicht, wie es sein wird, wenn ich sie nicht mehr anrufen, auf einen Cappuccino mit ihr gehen kann. Wird sie nur fehlen? Werde ich sie vermissen? Wie stark? Davor habe ich Angst …

JUNGTIERE 2

Der Tag vor der Beerdigung. Schönster Sonnenschein. Ein Sonntag, an dem ich mich mit Katja im »Adria« treffen würde. Ich gehe allein hin.

Mir gegenüber am Tisch ist ein Loch. Ich klammere mich an meine Sonnenbrille, die Packung mit den Papiertaschentüchern. Vielleicht kommt sie ja noch. Als Geist, wirklich, als Geruch. Nein. Vergiss es. Sie kommt nicht mehr. Während ich Zucker über den Milchschaum meines Cappuccinos streue, kreuzen neben mir zwei Passanten. Sie bleiben stehen und lachen. Zu ihren Füßen Gewusel, Hundeleinen verwickeln sich. Zwei Welpen tollen miteinander herum. Die Jungtiere …

Ich bin nicht der Schmerz, der meine Sinne quält
Ich bin nicht der Kummer, der Nacht um mich bereitet
Ich bin nicht der Zweifel, der den Schutz gleich einem Mantel
von mir zieht und mich läßt in Verlorenheit.

Ich bin dein Kind
Eine Flamme aus deiner Flamme
Ohne Ende
Körperlich, körperlos
Wandernd zwischen den Welten

hin zu dir

in Schmerzen
mit Kummer
und Zweifeln

hin zu dir

singend
voll des Glücks
und einem Glauben, der an Wissen grenzt.

Da bist du in mir und der Weg, den ich gehe
Zwischen den Welten
hin zu dir.

Ich bin nicht mein Körper
Ein Schrecken ist der Tod
Verlassen, die ich liebe

Ich bin nicht mein Körper
Ich bin dein Kind
Flamme aus deiner Flamme
Ohne Ende
Körperlich, körperlos
Wandernd zwischen den Welten
in unendlicher Liebe.
hin zu dir.

29. APRIL 2002

Liebe Familie von Katja,
liebe Freunde und ganz besonders lieber Jakob.
Katja hat mit ihrer anmutigen Art uns alle bewegt. Jedem wird Katja fehlen, jeder wird die Momente, die er mit ihr verbracht hat, im Herzen bewahren. Viele, auch ich, müssen die Erinnerungen an die gesunde, lachende Katja erst wieder finden. Umso kostbarer die Augenblicke, wo sie auch bei ihrem Schwächerwerden, ihrem Leiden und der verzweifelten Hoffnung noch lachen konnte, mit Charme ihre geistigen Absenzen kommentierte und uns an der Leichtigkeit ihrer Wunschwelt teilhaben ließ – und sogar bis zuletzt immer rührend um das Wohl ihrer Besucher besorgt war. Ihr Schmerz war für uns unfassbar. Wenn überhaupt, konnten wir nur häppchenweise helfen. Der Trost in seiner Gänze blieb Katja verwehrt. Und wir Noch-Lebenden, Gesunden können nur erahnen, wie schmerzlich der fehlende Trost ist und dass es um ihn geht, auch wenn es ihn nicht geben sollte. Jetzt, nachdem Katja gegangen ist und nicht mehr leiden muss, spüre ich, wie dankbar ich sein kann, kleine Momente des Trostes mit Katja erlebt zu haben.
Schon vor knapp sechs Wochen mussten wir glauben, dass Katja uns verlässt. Aber nein. Da schlug sie die Augen wieder auf und war voller Lebenslust. Einen »Leichenschmaus« wollte sie für uns machen, wie sie es formulierte. Jeder, der einmal bei Katja zu Besuch war, weiß, wie viel Stimmung sie mit den schlichtesten Mitteln erwirken konnte. So auch jetzt, obwohl alles an ihrem Krankenbett stattfand, obwohl Katja ihr Wunschgericht – Kohlrouladen – gar nicht mehr essen konnte. Sie hat uns verschwie-

gen, dass auch ihr Mund wund ist, dass fast alles zu scharf für sie ist. Etwas später, als die Runde kleiner wurde, sagte sie: »Ich weiß jetzt, um was es im Leben geht. Es geht um die gelebte Menge von Liebe.« Sie sei glücklich, zu merken, wie sehr sie uns ALLE liebt. Jeden auf seine Art, jeden wegen seiner Art. Dann wurde sie traurig und sagte, weil sie uns alle so liebt, hätte sie Angst, an diesen unbekannten Ort zu gehen, wo sie allein sein würde. Den Anwesenden blieb jegliches Wort im Halse stecken.

Erst am Tag ihres Todes, während des Todeskampfes, wirkten die möglichen Worte nicht mehr nur schal: »Du kannst gehen. Du bist nicht allein. Wir sind alle bei dir.« Und Katja antwortete kaum hörbar: »Das weiß ich.« Genau dieser kleine Satz gibt mir den Trost. Wenn Katja in ihrem ärgsten Moment wusste, dass wir alle bei ihr sind, dann können auch wir jetzt wissen, dass Katja bei uns ist.

Liebe Katja. Am meisten wirst du bei Jakob sein. Und das ist gut so. Aber vielleicht findest du ein wenig Zeit, auch schon mal für uns auszuchecken, wie der Ort funktioniert, an dem du jetzt bist. Wo zum Beispiel das netteste Café für unseren Cappuccino ist, wo die schönsten Aussichtsplätze sind, die gemütlichsten Wolken, damit wir gemeinsam die Seele baumeln lassen können, wenn wir nachkommen. Bis dahin: Ich danke dir für deine Freundschaft und Liebe und wünsche dir den Frieden, den du hier nicht finden konntest.

Kein einzelner Kater, ein ganzes Rudel tobt in meinem Kopf. Das musste ja sein, dass wir bis fünf Uhr morgens in der Küche versackt sind und wie die Weltmeister getrunken haben. Aber ich habe versprochen, diesen Film zu machen, also keine Ausrede. Auf zum Friedhof. Mit angeschalteter Kamera gehe ich durch das Eingangstor, hinein in die grüne Flut frisch knospender Bäume, in die bunte Pracht der Frühlingsblumen. Warum nur war es gestern so kalt. Es hätte doch so schön sein können wie heute. Obwohl – das Wetter passte. Bitterkalt, aber gut getimet. Erst als der letzte Trauernde sich verabschiedet hat, begann es zu regnen. Hoffentlich werde ich mich nicht verlaufen. Das war doch ganz einfach. Schnurgerade aus, direkt an der Mauer. Ich gehe schnurgerade aus, stehe direkt an der Mauer und habe mich trotzdem verlaufen. Kichernd orientiere ich mich. Da sehe ich das Grab und die Blumenberge.

Wie weit ist sie von mir weg, obwohl ich nur einen Meter vor ihr stehe. Im wahrsten Sinne des Wortes trennen uns Welten. Ihr Reich ist das Reich der Toten, meines das der Lebenden. Ich betrachte die Blumenberge, die durch den gestrigen Regen vermatscht sind, aber immer noch üppig die Erde bedecken. Das ist also der Sinn. Die Ehrungsblumen der Lebenden an den Verstorbenen sollen den Erdhaufen verbergen, der sich so schnöde über ihn häuft. Klug. Der Anblick des neuen Grabes ohne diese Pracht wäre zu brutal. Das provisorische Holzkreuz, das Jakob mit all der Kraft, die ein tapferer Junge aufbringen kann, in die Erde neben das Grab stieß, wurde umgesetzt. Die Friedhofsarbeiter haben es dahin gesteckt, wo in der Verlängerung nach unten der Kopf meiner Freundin liegen müsste. Die Daten auf dem Kreuz stimmen. Ich seufze. Irgendwie habe ich gehofft, dass sie nicht stimmen. Als ob sich dann alles als schlechter Witz entpuppen würde, als ein peinlicher Fehler, an den wir uns später in Anekdoten kichernd erinnern würden. Aber Vor- und Nachname sind korrekt, das Geburtsdatum und das Sterbedatum auch. Es hilft nichts. Sie durfte nicht älter als siebenunddreißig Jahre alt werden. »Ach Katja.«

– Ach – Katja –. Mein Stoßseufzer bleibt schwer in der Luft hängen und weiß nicht wohin. Dann entscheidet er sich abrupt. Er drängt durch die Blumen und wühlt sich durch die Erde. Am Sarg prallt er ab. Er nimmt Anlauf, versucht das Holz zu durchbrechen. Der Sarg birst, Katja schlägt die Augen auf. Sie erschrickt im feuchten Schwarz der Erde, sie steigt lachend und gesund empor, sie geistert ruhelos als Vampir herum, sie umarmt mich herzlich, sie leidet noch länger die Qualen durch die Tumore. Voller Grauen schüttle ich meine Visionen ab und schalte die Kamera aus, die vergessen in der Hand baumelt. Der Schrecken über die Auswirkung der Namensnennung aber bleibt. An der liebevollen Erklärung einer Freundin, dass man Katja in den nächsten sechs Monaten nicht rufen dürfe, weil ihre Seele nach den vielen Qualen auf Erden in einem Seelensanatorium sei, kann das nicht liegen. An so etwas glaube ich nur bedingt. Der Schrecken sitzt in mir selbst. Ich kann Katja als Tote nicht ansprechen oder mit ihr reden. Ich weiß nicht, ob ich das jemals kann oder will, aber momentan ist es ausgeschlossen. Ich muss unseren Dialog beenden. Katja darf keine Rolle mehr spielen.

Wie soll das möglich sein. Die Erschöpfung springt mich an wie ein hungriges Raubtier. Ich seufze, so stumm es geht. Die sechs Monate Schweigeforderung kommen vermutlich nicht von ungefähr. Allerdings nicht, um Katjas Seele in ihrem Sanatorium in Frieden zu lassen, sondern um mir Ruhe zu bringen, beschließe ich.

Ich verlasse Katja und gehe durch die Gräber zurück. Auf Kindergräber sind Osterhasen gesetzt, Windräder, Glockenspiele. Blumen überall, zwitschernde Vögel in den hohen Bäumen. Mein Blick geht zum Himmel. Der ist weit, hellblau, frei. Fliegt sie da irgendwo herum? Ist sie jetzt in der Luft, in der Leichtigkeit, wohin sie sich so dringend sehnte?

Halt! Jetzt bin ich dran. Ich muss die Erinnerungen sortieren, an mich denken und diese Schwere verlieren. Ich muss mich über Banalitäten aufregen, flirten, streiten, schlapplachen. Ohne Katja im Kopf. Ohne ihr Sterben. Ich verlasse den Friedhof, um ihn lange Zeit nicht mehr zu betreten. Die Kamera schlenkert an meinem Bein. Die werde ich ebenfalls nicht mehr anrühren. Katjas Anliegen hin oder her.

30. April. Lieber T.,
vielen Dank für die CD. Klasse Idee, den guten alten Gainsbourg elektronisch aufzupeppen.

Als vorläufiger Abschluss des traurigen Themas: Gestern war also die Beerdigung von Katja. Vehement viele Leute da, sicher zweihundert. Und allen glaubte man, dass sie betroffen waren. Eine Freundin von Katja hat zur Orgel sehr schön gesungen, eine Freundin der Mutter hat ein Gedicht vorgelesen, das Katja geschrieben hat. Ich habe eine kleine Rede zusammengebastelt, weil Katjas Mutter sich wünschte, dass das jemand macht. Und das war gut so. Man hat mir erzählt, dass alle geheult haben, was ich nicht gemerkt habe, weil ich nur darauf konzentriert war, meine Stimme in

Schach zu halten. Leider standen viele weit hinten in einem akustischen Loch. Sie haben weder die Predigt noch mich gehört. Die rituellen Gebete der Pfarrerin waren eigenartig für Leute, die nicht wie Katja und ihre Familie aus dem anthroposophischen Kreis und dieser Christengemeinschaft kommen. Also auch für mich. Naja. So hatte man die Möglichkeit, sich zwischendurch zu fassen.

Die Rede der Pfarrerin auf Katja war dann am offenen Grab. Und die war schön, persönlich und hat Katjas Wesen gut wiedergegeben. Ich wusste nicht, dass sie als Kleinkind das eher peinliche Krabbeln und Kriechen ausließ, um erst mit drei Jahren, dann allerdings perfekt, aufrecht gehen zu können. Rührend war der Moment, als Jakob ein schlichtes Holzkreuz neben dem Grab in die Erde stopfte. Jakob war extrem tapfer. Es hat weit über eine Stunde gedauert, bis sich alle von Katja verabschiedet haben, mit der Erde und Blumen. Blumen, Blumen, Blumen. Und einer Statue, die David vor ein paar Jahren von Katja gemacht hat, als heilige Margarethe oder so. Die Statue soll nun das Grabmal für das Familiengrab werden. – Man bekommt heute keine Einzelgräber mehr. Nur Familiengräber. Da wird es wohl für die vielen Singles Grab-WGs geben müssen. Ähem. – Als der Letzte durch war, hat es zu regnen begonnen und wir waren zu Eisklötzen erstarrt, weil es vor der Beerdigung sehr warm war und alle auf Winterstiefel verzichtet hatten.

Auf dem Leichenschmaus waren vielleicht vierzig, fünfzig Leute, die sich irgendwann auf den harten Kern reduzierten und bis sehr spät unglaubliche Mengen Wein wegtranken. Abschließende Runde mit Spaghetti in der Küche.

Ich bin um fünf Uhr ins Bett geplumpst und es ist ein Wunder, dass die nächste Beerdigung nicht gleich stattfinden muss, weil ich mit brennender Zigarette eingeschlafen bin, wie ich heute um acht Uhr bemerkt habe, als mich lästigerweise jemand aus dem Schlaf klingelte.

Am Samstag ist noch eine Messe für Katja. Aber ich glaube, ich kann nicht mehr. Thomas geht es auch so. Wir hatten ja einen äußerst langen Abschied. Seit Ende Januar haben wir uns täglich darauf eingestellt, dass wir Katja nie wiedersehen werden, vielleicht. Wir waren direkt vor ihrem Tod beim Todeskampf da, dann neben ihrer Leiche. Wie froh wäre ich, wenn da ein Zug der Entspannung, des Friedens in ihrem Gesicht zu sehen gewesen wäre. Aber diesen Frieden wird sie vermutlich erst jetzt im Jenseits erhalten. Hier, mit ihrem Körper, durfte sie den nicht haben. Scheiße.

So. Jetzt ab in unser Leben. Dir alles Liebe, viel Spaß und gute Arbeit in New York und eine herzliche Umarmung.

ZU VIEL STERBEN

Nicht nur Katja hockt tonnenschwer in mir. Zwei Tage nach Katjas Tod erfahre ich von meiner Mutter, dass ihr krebskranker Bruder einen großen Metastasenschub hatte. Mein Herz schnürt sich zusammen. Das wird mir zu viel. Ich kann mich emotional nicht damit auseinander setzen, so sehr ich meinen Onkel liebe. Bis zu Katjas Beerdigung kann ich mir erbitten, mich nicht damit zu belasten.

Aber jetzt, nach der Beerdigung, muss ich meiner Mutter zumindest zuhören, ihr bei Entscheidungen helfen. Man hat das Gefühl, dass es das Beste sei, ihn von Hamburg nach Freiburg in eine Spezialklinik zu bringen. Ich weiß nicht, was ich raten soll. Ich kenne weder die Umstände in Hamburg noch die in Freiburg. Ich habe auch keine Ahnung, wie es um meinen Onkel bestellt ist oder was er will. Ich weiß nur, dass man aus der Ferne nichts sagen kann. Wenn man etwas tun oder sagen will, muss man vor Ort sein. Die Ratlosigkeit bleibt zwar auch dann, so bescheiden bin ich geworden, aber man kann sich wenigstens einen Überblick verschaffen. Meine Mutter zerreißt es, weil alle Informationen quer durch die Republik über das Telefon laufen, abhängig vom Gesprächspartner sind und sich komplett widersprechen.

Mein Onkel wird nach Freiburg gebracht. Er ist jetzt also nicht mehr bei seiner Frau in Hamburg, mit der er seit fast fünfzig Jahren verheiratet ist. Seine Frau, selbst bewegungsunfähig, kann auf keinen Fall zu ihm nach Freiburg reisen. Mit der Operation wird nicht erreicht, was man sich erhofft hatte. Er liegt nun auf der Intensivstation, zurzeit noch bei Bewusstsein.

Meine Mutter ist dementsprechend verzweifelt. Ich flehe sie an, zu ihm zu fahren. Meine Mutter drängt mich, sie zu begleiten. Ich wehre mich mit Händen und Füßen. Ich kann nicht. Ich kann mich nicht nur noch mit dem Sterben umgeben. Ich bin ausgelaugt, erschöpft. Ich bin so schwer im Herzen. Ich kann da nicht noch mehr hinzuschütten. Wir streiten. Ich sei egoistisch, sagt meine Mutter. Vielleicht bin ich egoistisch. Ich muss es sein.

Aber da ist noch mehr. Es ist meine Mutter, die vielleicht noch etwas mit ihrem Bruder auszusprechen, gemeinsam zu fühlen hat. Bei mir gibt es nichts, was mit meinem Onkel zu klären wäre. Wir mögen uns sehr. Wann immer es sich einrichten ließ, habe ich ihn besucht. Aber bei seinem Sterben muss ich nicht dabei sein. Zumal nicht nach diesen heftigen Monaten. Und schon gar nicht als Anker für meine Mutter. Es zehrt an meinen Nerven, dass sie im Krebs ihres Bruders eine erneute Bestätigung dessen sieht, welcher Gefahr sie selber ausgeliefert ist. Ich kann diesen Aspekt der Angst natürlich nicht vollkommen nachfühlen, meines Wissens habe ich diese todbringende Krankheit nicht. Ich bin da vielleicht auch abscheulich streng. Aber ich habe gerade einen Crash-Kurs gemacht, was Sterben betrifft. Und zwei Dinge habe ich sehr eindringlich erfahren: Das Sterben ist ein eigenständiger Akt, auch wenn es durch eine Krankheit ausgelöst oder beschleunigt wurde. Und es gehört unausweichlich zu jedem Leben hinzu, ist unvermeidbar, egal wie viel Panik man vor ihm hat. Es ist mir ein Riesenbedürfnis, dass meine Mutter sich die Chance gibt, das mit dem Leben verbundene und gleichzeitig von Krankheit losgelöste Sterben bei einer geliebten Person für sich zu erleben.

Irgendwann fährt meine Mutter zum ersten Mal nach Freiburg. Seitdem tut sie es regelmäßig. Wir sprechen viel über das, was sie dort erlebt. Sie erfährt wie ich die unvorstellbare Dichte während der Besuche, die bleierne Erschöpfung nach wenigen Stunden. Sie geht sehr gefasst mit dem Sterben ihres Bruders um. Ich fühle eine neue Nähe zu ihr. Und wenn ich etwas mehr Kraft habe, werde ich meinen Onkel besuchen. Er ist mir doch sehr wichtig.

AUF IMMER VERBUNDEN

Eine meiner anderen »Busenfreundinnen«, über die mich Jakob so interessiert ausfragte, kommt von einem Arbeitsaufenthalt zurück, auf dem sie telefonisch unerreichbar war. Ich gratuliere nachträglich zu ihrem vierzigsten Geburtstag. Sie spürt, dass ich etwas gebremst bin. Ich sage, Katja ist gestorben, und druckse um ihren Todestag herum. Meine

Freundin ahnt ihn von selbst. Es ist ihr Geburtstag. Es hat mich einige Zeit gekostet, bis ich den Gedanken formulieren konnte, den sie jetzt auf Anhieb ausspricht: Der Tag ist für mich fortan an beide gekoppelt und mit zwei sehr unterschiedlichen Gefühlen behaftet. Mit Trauer, die eine Freundin da verloren zu haben, mit Freude, dass die andere an diesem Tag geboren wurde.

2. Mai. Fortsetzung des Briefes an C.,
Inzwischen war die Beerdigung. Am Tag danach, nach einem langen Leichenschmaus, wachte ich verkatert, aber wild entschlossen auf, die letzten Monate fallen zu lassen und für mich weiterzumachen. Aber das geht natürlich nicht so prompt. Abendliche Events, auf die ich mich freute, mussten daran glauben. Ich bin voll, ich quelle über. Das erfahrene Leid, alles was ich gedacht, gefühlt habe, war einfach viel. Diese unzähligen Begriffe, die für mich bisher leicht verwendbare Worte oder abstrakte Ebenen waren, die nun emotional zu erleben und körperlich, pur, elementar zu verspüren, das war heftig: Trost, das Fehlen von Trost, das Leben und Sterben Jesu, Tod, die Ahnungslosigkeit immer noch, Vertrauen, Liebe, Hoffnungslosigkeit, Hilflosigkeit, Reich der Toten, den Atem aushauchen, Annehmen, Loslassen undundund. Und dabei immer das Schwächerwerden meiner Freundin, das Kämpfen, der Lebenstrieb, die körperlichen Abstiege, die geistigen Qualen.

Ach C.! Wie sehr hoffe ich, dass du bei deiner krebskranken Mutter erleben konntest, dass sie irgendwann Frieden mit dem Sterben empfinden durfte. Katja durfte es nicht. Und ich merke, wie sehr mich das traurig macht, weil es auch die Sinnlosigkeit des Helfens zeigt. Weil wenigstens dieser Trost jetzt fehlt …

Mitte Mai. Ich weiß nicht, was ich gerne hätte. Alles, nichts. Katjas Kerzenständer, den mir ihre Mutter auf dem Leichenschmaus überreichte, freut mich sehr. Was sonst noch würde ich als Erinnerung haben wollen, fragte sie da. Vielleicht eine ihrer barocken Kaffeetassen, antwortete ich. Die Mutter sah mich verwundert an und sagte: »Geh am besten in die Wohnung und suche dir etwas aus.«

Ich streife durch den engen Flur, das Bad, die schmale Küche, die beiden Zimmerchen. Es ist alles wie immer, es ist vollkommen anders. Die Wohnung hat mit Katja nichts mehr zu tun. Ein paar Sachen sind bereits weg, ein Tisch, das Powerbook, der Drucker. Das Bett ist abgezogen. Auf dem Bett liegen Katjas Klamotten. Da brauche ich wegen eines Erinnerungsstücks gar nicht nachzuschauen, sie war so viel größer als ich. Trotzdem taste ich die Kleider durch. Auch sie haben keinen Bezug zu Katja, obwohl ich jedes Kleidungsstück kenne. Sie hatte nie viel. Aber alles wirkte an ihr elegant, eigentümlich altmodisch und stilvoll. Jetzt sehen die Kleider schlichtweg abgetragen aus. Katjas Geruch hängt noch in ihnen. Nicht einmal der Geruch bringt mir Bilder aus ihrer gesunden Zeit zurück. Ich trage nur Bilder aus ihren letzten Monaten in mir.

Überall sind hier noch Utensilien aus dieser Zeit. Riesige Windeln, kleinere Einlagen. Der hübsche Jugendstil-Toilettenstuhl, dessen Schüssel plötzlich durchgerostet ist, der moderne Ersatz. Der Gehwagen, den Katja für so praktisch erklärte, der aber nur wenige Tage seinen Zweck erfüllte. Die schrill violetten Krücken, auf diese verrückte Länge eingestellt.

Im Wohnzimmer sind Kisten und Kasten aus den Regalen hervorgeholt. In einer Kiste sind Fotografien. Ich entdecke Aufnahmen aus unserer gemeinsamen Berliner Zeit. Eine kenne ich nicht. Meine Güte ist Katja da rundlich. Und ich auch. Sie umarmt mich von hinten, wir lachen uns schlapp. Was für ein lebensfrohes Foto. Davon würde ich gerne eine Kopie haben. Aus einer anderen Blechkiste ragen Briefe. Ich klappe den Deckel hoch und meine eigene Handschrift blinkt mir entgegen. Ich ziehe den Brief heraus und lese ihn. Unversehens stecke ich in meiner Vergangenheit, die ich meiner Freundin mit möglichst viel Selbstironie als erlebnisreiche Gegenwart schildere. Seltsames Gefühl, sein Leben in einer Kiste bei jemand anderem zu entdecken. Ich muss gar nicht weitersuchen. Meine Briefe finden sich von selbst. Das sind sicher fünfzig Briefe, diverse Karten und sogar Zeichnungen, die ich ihr zum Geburtstag schickte. Diese Briefe hätte ich gerne. Ihre Briefe an mich habe ich auch aufgehoben. Die stecken bei mir in Kisten und Kasten. Ich weiß nun, dass ich auch ein Paar Ohrringe gerne hätte, das ich Katja vor Jahren schenkte und das sie häufig trug, bis sich ihre Ohren entzündeten. Ihre Kaffeetassen stehen nicht mehr im Regal. Die wurden offenbar schon aufgeteilt. Ein anderes Erinnerungsstück aber, das für mich Katjas Wesen verkörpert, kann ich nicht entdecken. Vielleicht eine ihrer hübschen Schachteln. Keine Ahnung, was die Familie mit ihnen vorhat. Ich hoffe, dass sie genügend für Jakob zurückhält. Jakob, dem nur das Powerbook wichtig war, der aber in einigen Jahren sicher mehr Erinnerungsstücke an seine Mutter braucht.

Die Wohnung wird ausgeräumt. Leidenschaftslos bin ich mit der Kamera dabei. Dieses Filmprojekt erscheint mir immer aberwitziger. Katjas Mutter bietet mir ununterbrochen etwas an, was dann aber in einer Abfalltüte landet. Ein paar Dinge scheinen mir dennoch ganz praktisch: eine Thermoskanne, Nescafé, Müsli. Dann bekomme ich ein paar meiner Geschenke an Katja zurück und die Briefe. Schließlich lächelt mich Katjas Mutter an: »Du warst nicht die Einzige, die eine Tasse wollte. Deshalb habe ich sie beiseite geräumt. Ich hoffe, das ist die Tasse, die du dir gewünscht hast.« Ich halte den verschnörkelten, seltsam unproportionierten Porzellanbecher in der Hand. Das war sie. Das war Katja.

KREBSVORSORGE

Die Krebsvorsorge steht an. Mein Wunschtermin im Mai wird abgesagt. Die Kasse zahle nur einmal im Jahr, ich müsse noch zwei Monate warten, wird mir mitgeteilt. Es ist der falsche Moment für solche Argumente. Natürlich kann nicht jeden Tag eine Untersuchung gemacht werden, um diese Krankheit früh genug zu erkennen. Aber die Behauptung, dass ein einmaliger Check pro Jahr garantiert ausreiche, ist einfach nicht wahr. Den besten Beweis habe ich gerade erlebt.

Als ich dann endlich untersucht werden darf, fleht die Ärztin mich an, das Geld für die Ultraschalluntersuchung selbst aufzubringen, da sie viel mehr aufdecken könne als der Standardabstrich. Ich zahle die dreißig Euro, aber ich mache keinen Hehl aus meiner Einstellung zu dieser Sparmaßnahme. Ich weiß zwar nicht, was Katjas Krebs- und Sterbebehandlung samt Rollstuhl, Krücken, Reha, Operationen, Schmerzmittel und allem anderen gekostet hat. Aber mit Abstand mehr als diese dreißig Euro für unzählige

Frauen. Die Einsparungen im Präventivbereich entlarven das gesamte Gesundheitssystem schon lange als reine Farce. Wenn man sich aber vor Augen führt, dass eine an sich vermeidbare Krankheit auch tödlich werden kann und der Krankheitsverlauf samt Sterbeprozess dann beinahe automatisch im medizinischen Milieu stattzufinden hat und dabei Unsummen verschlingt, bleibt einem nur noch Zynismus.

Natürlich führen unendlich viele Sachzwänge zu solchen Missständen. Nicht ausschließlich menschenfreundliche allerdings. Aber auch weniger sarkastisch betrachtet, entpuppt sich da letzten Endes nur eine weitere unselige Variante, wie der Tod in unserer Gesellschaft und in den Strukturen ausgeblendet wird. Auch im Gesundheitssystem. Für alle Reformbemühungen aber müsste er dringend als inhaltliche Realität mit all seinen Auswirkungen integriert werden. Es gibt nun einmal diesen Zusammenhang zwischen Gesundheit, Krankheit und Sterben. Es gibt auch einen Zusammenhang zwischen Früherkennung und Aufschiebung einer Krankheit. Einen Zusammenhang zwischen richtiger Behandlung und Heilung. Einen Zusammenhang zwischen Präventivmaßnahme und dem Vorbeugen einer Krankheit mit tödlichem Ausgang. Und um Heilung oder die Vermeidung eines finalen Endes geht es allen Verantwortlichen im Gesundheitssystem – neben Gewinnsteigerungen und Geldeinsparungen – doch auch noch ein bisschen. Oder?

Die Schwere in mir bleibt so zäh und standhaft, dass ich Angst habe, sie nie mehr zu verlieren. Mehrere Leute, die Ähnliches erlebt haben, bereiteten mich darauf vor, was jetzt geschehen werde. Auch sie steckten während des Sterbeprozesses ihre Trauer ganz selbstverständlich weg. Nach dem Tod allerdings brach sie umso stärker hervor.

Meine Trauer aber zeigt sich nicht. Sehnsüchtig warte ich auf sie. Ich hoffe, durch ihr Ausbrechen meine Schwere zu verlieren. Ich hoffe, dann endlich meine Erinnerungen an früher zurückzuerhalten. Die Bilder an die gesunde Katja fehlen mir vehement. Freilich habe ich keine Ahnung, wie sich meine Trauer anfühlen wird. Was ich gerade spüre, hat meines Erachtens nicht viel damit zu tun. Ich weine nicht permanent, ich bin nicht deprimiert, Katja fehlt mir nicht. Ich denke ununterbrochen an sie. Sie ist überall dabei. Vielleicht ist das schon meine Trauer. Katjas Sterben war schließlich auch reichlich anders, als ich es mir vorzustellen vermochte.

Auf jeden Fall muss ich etwas tun, um dieses Bleigewicht in mir zu verlieren. Ich überschütte mich mit Arbeit, vergnüglichen Abwechslungen, Flirtereien. Und ich merke immer deutlicher, dass ich das ganze Thema für mich abschließen muss. Mit irgendeinem Akt.

Die Briefe scheinen mir dafür geeignet. Ich suche Katjas Briefe an mich zusammen. Es sind ebenfalls ungefähr fünfzig, dazu unzählige Postkarten. Dann versuche ich sie mit meinen Briefen chronologisch zu ordnen. Meine eigene Schlampigkeit wird mir zum Verhängnis. Ich habe die wenigsten Briefe datiert. Einen besseren Anhalt bieten die unterschiedlichen Adressen. Katja schlägt mich mit ihren vielen Umzügen um Längen, eine Kunst, da auch ich ununterbrochen umgezogen bin. Die Briefe liegen irgendwann einigermaßen geordnet vor mir. Ich möchte sie der Reihe nach lesen. Das wird mir aber schnell langweilig. Das ist nicht der Abschlussakt, der mir vorschwebt. Nur noch ein paarmal greife ich planlos in die Stapel. Und da bin ich doch recht beeindruckt, was sich zufällig ergibt.

Vor knapp zwölf Jahren. Katja, noch kinderlos, ist mit ihrem Freund in Spanien. Schwärmerisch beschreibt sie ihre Liebe und das berauschende Glücksgefühl, mit dem alten Mercedes zu den Klängen des Brahms-Violinkonzertes durch die Pyrenäen zu fahren. Das Violinkonzert, mit dem sich Katja vor einigen Wochen noch verglichen hat. Als Nächstes lese ich einen Brief von mir an sie, vor ungefähr fünfzehn Jahren geschrieben. Es ist zufällig der, in dem ich Katja von diesem Konzert vorschwärme und anbei eine Einspielung auf Kassette mitschicke.

Natürlich. Es ist die Aufnahme von meiner zerkratzten Langspielplatte, die uns beide fesselte. Ich habe die Platte noch und ziehe sie aus dem Regal hervor, um einen so großen Schreck zu erhalten, dass ich sie sofort wieder zurückstelle. Die Aufnahme ist mit der genialen Geigerin Ginette Neveu, die bei einem Flugzeugabsturz ums Leben gekommen ist. Da war sie erst knapp über dreißig.

Vielleicht ergibt sich eine Art Abschluss, wenn ich meine Notizen aus Katjas Sterbenszeit durchsehe. Da ich nur selten Tagebuch führe, finden sich derartige Einträge rasch in meinem Computer. Außerdem staut sich in diversen Ordnern eine unüberschaubare Menge von E-Mails. Leider ist auch hier nur selten eine Orientierung durch Daten gegeben. Viele der E-Mails stammen nämlich aus dem Jahr 1904. Das ist das Datum, auf dem sich mein Computer nach einem Absturz einnistet. Und da mein Computer meinen Internetprovider hasst und regelmäßig abstürzt, bin ich lange vor meinem Leben ziemlich emsig gewesen. Aber ich beiße mich durch und rekonstruiere mit Antwort-Mails und Geschehnissen die fehlenden Daten. Was Katja betrifft, stellen sich schnell zwei Freunde als Hauptadressaten heraus.

Abgesehen von einem gewissen Mitleid gegenüber meinen Opfern, dass sie sich von mir derart zuschütten lassen mussten, und dem innigsten Dank, dass sie das mit herzlicher Anteilnahme geduldet haben, stellt sich auch Verwunderung ein. Katjas körperlichen Zerfall habe ich in den Mails ziemlich genau beschrieben. Auch die Lichtblicke, in denen sie ihre Situation anzunehmen schien. Aber die geistigen Qualen und mein Gefühl der Lähmung habe ich mehr oder weniger verschwiegen. Ich kann nicht sagen, warum. Vielleicht wollte ich die Adressaten schützen, vielleicht auch mein eigenes Wunschdenken ausformulieren, um für mich selber Hoffnung und Mut zu schöpfen. Oder ich fühlte mich außerstande, die Stimmung zu beschreiben, oder ich habe die einzelnen Situationen unbewusst ausgefiltert. Möglicherweise wurde der Kampf für mich sogar Normalität und schien deshalb nicht erwähnenswert. Eine Mischung aus allem vermutlich.

Aber ich weiß genau, dass der Kampf trotz aller Hoffnungsschimmer entsetzlich schwer war. Dementsprechend zäh haftet er jetzt in meiner Erinnerung. Und dieses Bleigefühl werde ich vermutlich nie wieder verlieren und … Mit einem Wort, diese Mail-Aktion erbringt auch keine Erleichterung. Nur die Erkenntnis, dass ich endlich lernen sollte, wie das Rechtschreibprogramm für Mails aktiviert wird.

DOCH TRAUER?

Das »Adria« meide ich weitestgehend. Ich sitze mit einem Freund in einem anderen Schwabinger Café. Da radelt Katja an mir vorbei. Das kann nicht sein. Katja ist tot. Aber trotzdem: Das ist sie! Vielleicht, wie auch immer, ist sie ja irgendwie … Nein, doch nicht Katja. Ich kenne die Frau auf dem Fahrrad sogar vom Sehen. Ihre Ähnlichkeit mit Katja fiel mir früher allerdings nie auf. Noch ein paarmal zucke ich heftig zusammen, wenn ich in der Ferne die aufrechte, unsportliche Körperhaltung, die altmodische Eleganz, die braunen Haare entdecke. Auch Katjas Mutter wird Opfer dieser Radlerin. Sie weiß, dass die Gestalt auf dem Rad nicht ihre Tochter sein kann. Sie lässt trotzdem alle Einkaufstüten fallen, um ihr nachzulaufen. Ohne Erfolg. Sie verliert die Spur im Straßenverkehr.

Ein paar Wochen später treffe ich diese Doppelgängerin auf einem Empfang. Ich bitte sie, in Schwabing etwas krummbuckliger zu radeln. Es gäbe ein paar Menschen, die bei ihrem Anblick sehr erschrecken. Diese Frau muss mich für verrückt halten und entschuldigt sich verdutzt für etwas, für das sie nichts kann.

Auf einer kleinen Feier schiebt sich plötzlich Katjas Antlitz über das Gesicht meines Tanzpartners. Sie lächelt mir zu. Ich kann mit nichts getröstet werden.

Diese plastischen Erscheinungen verebben irgendwann. Dann sind Landschaften, Lieder, Worte, Gegenstände die Auslöser für Erinnerungen. Erinnerungen an den letztmaligen Zusammenhang mit Katja vor ihrem Sterben. Die Bilder aus der gesunden Zeit fehlen weiterhin.

Die Erinnerungen aus den vielen Jahren davor sind überschattet. Sie werden wohl wiederkommen. Ein kleiner Trost. Ein anderer Trost fehlt momentan. Das tote Gesicht meiner Freundin zeigte mir zu deutlich, dass sie zu Lebzeiten keine Form von Frieden gefunden hat. Habe ich vor dem Tod den Wert des Friedens nur für meine Freundin erkannt, spüre ich jetzt umso heftiger, wie er mir fehlt. Eine Spekulation auf ihr Seelenheil im Jenseits hilft da nicht wirklich. Aber dann verspüre ich einen anderen Trost, der mir vielleicht über den bleibenden Verlust meiner Freundin hinweghelfen kann.
Es war ein wertvolles Geschenk, dass ich so nah an ihrem Sterben teilhaben durfte. Die Schrecken werden verblassen. Aber da war auch diese innige Vertrautheit, die vollkommen zweckfrei und ungefiltert stattfand. Dieses Gefühl werde ich hüten wie einen Schatz. Ebenso das Gefühl, dass das Sterben einen Platz in meinem Bewusstsein bekommen hat. Gegen die Fallen der Verdrängung hilft mir vielleicht am ehesten die Einsicht, dass das Sterben kein losgelöster Akt vom Leben ist, sondern dessen Fort-

führung. Angesichts des Endes durch den Tod scheint auch verständlich, dass in diesem Moment das Leben aufgedeckt und zurechtgerückt wird. Nicht mehr und nicht weniger. Sein Geheimnis darüber hinaus wird der Tod niemals preisgeben. Seltsam beruhigend plötzlich. So normal. Wie das Leben, das auch voller Rätsel und dennoch banal ist. Für das Leben finden wir doch auch Hilfsmittel, ganz gleich, ob das innere Werte sind, Glaubenskonzepte oder andere Überzeugungen. Sie sollten möglichst nur standhalten, wenn der letzte Teil des Lebens naht.

Während ich einen Schluck Kaffee aus der Lieblingstasse meiner Freundin trinke, lasse ich endlich einen möglichen Sinn ihres Sterbens zu, nach dem sie mich so häufig fragte und worauf ich keine Antwort geben konnte. Der Sinn nämlich, dass ich mich mit dem Thema auseinandersetze, dass ich womöglich die Chance wahrnehme, etwas vorbereiteter zu sein, wenn es mich trifft. Der Sinn vielleicht auch, von nun an das Meinige zu tun, dass dieses Thema nicht so verdrängt wird. Das hätte ich meiner Freundin aber noch weniger sagen können, als dass ihre Krankheit, ihr Sterben keinen Sinn haben.

FERIEN

Ich bin eingeladen, die Pfingstferien mit Freunden in einer Villa am Chiemsee zu verbringen. Ich nehme mein iBook mit und beginne mit dem Essay »Annehmen und Loslassen«. Es dauert Wochen, bis ich ihn ein paar Leuten zeige. Ich werde durch ihre Kommentare bestätigt, was gut tut. Dann zeigt auch ein Rundfunksender Interesse an dem Text. Mit diesem Angebot im Rücken reiße ich meinen gesamten

Mut zusammen, ihn den Eltern von Katja zu geben. So sehr ich mich über positive Reaktionen freue, wirklich wichtig ist mir nur die Meinung ihrer Eltern. Nur sie können beurteilen, ob ich den Kern einigermaßen treffe. Die Eltern geben mir nicht nur die Erlaubnis zur Veröffentlichung und die beruhigende Bestätigung, nichts verfälscht zu haben, auch wenn sie gewisse Dinge anders bewerten als ich. Sie sprechen mir bewegt ihren Dank aus. Damit habe ich nicht gerechnet.

SAHNETORTEN

Zeit ist Leben. Leben ist Zeit. Eine Binsenweisheit. Überall in meinem Alltag lauern aber plötzlich Momente, an denen sie leichtfertig übersehen werden kann. Zeit wird da nicht als Lebenszeit aufgefasst, sondern als irgendeine Zeit. Als ob es zu der Lebenszeit zusätzliche Zeiten gäbe. Als ob man Zeiten aufheben könne. Gleich einer Sahnetorte, die man erst bei Bedarf anschneidet und verteilt. Diese süße Zeit der Zukunft, in der man die Freunde trifft, für die man jetzt leider keine Zeit hat. In der man sich mit jemandem aussöhnt, was momentan zu lästig ist. In der man Sport macht, an die frische Luft geht, was der Stress gerade nicht erlaubt. Diese Schokoladenzeit, in der man genießt, entspannt, in der man gute Laune hat – was augenblicklich nicht geht, weil das Wetter schlecht ist oder ein anderes Problem die Stimmung verdüstert. Das viele Jammern, obwohl man lebt und alles irgendwie läuft, entlarvt sich für mich geradezu als verwegener Luxus. Spätestens nach einigen überraschend einfachen Selbstversuchen, auch trüben Tagen eine positive, humorvolle oder erfreuliche Komponente abzugewinnen, ist für mich ein für alle mal verinnerlicht, was als Plattitüde ohnehin jeder weiß: Es ist reine Entscheidungssache, wie man sein Leben, die Lebenszeit verbringt. Und zwar trotz unvorhersehbarer Schicksalsschläge oder tragischer Lebensumstände, die nicht zu verändern sind. Gerade weil man vieles nicht beeinflussen kann, scheint es umso elementarer, das Wenige zu gestalten, das man in der Hand hat: das »Wie«.

Noch während ich diese moralischen Gedanken wälze, fallen mir meine Mails ein. Nicht aus Willkür, wie ich bei abermaligem Lesen merke. Das Thema Zeit spielt in ihnen eine überraschend große Rolle. Und zwar nicht nur wegen Katjas Sterben. Sondern allgemein und in vielen Varianten. Zumeist allerdings, weil ich zum Warten verdonnert bin. Immer wieder geht es darum, wie viele Monate und Jahre die einzelnen Filmprojekte verschlingen, wie lange Entscheidungen dauern, wie selten zeitliche Absprachen seitens der Geldgeber eingehalten werden. Mit diesen hinhaltenden Mechanismen habe ich mir schon immer schwer getan. Durch den direkten Gegensatz zu Katjas verrasenden letzten Monaten und Wochen aber wirken sie wie der blanke Hohn. Lauter Sahnetorten, die im Stillstand ranzig geworden, weggeschmissen werden. Es ist ganz egal, ob eine Entscheidung drei Monate früher oder später fällt, es spielt keine Rolle, ob ein unangekündigter Urlaub des Redakteurs den Arbeitsprozess eines Autors zwangsweise behindert. Hey! Das ist aber alles keine Sahnetorte, die da im Müll landet, sondern Lebenszeit! Und zwar meine!

Für diese Zeitvernichtung kann ich leider nicht die Verantwortung alleinig auf langwierige Branchenmechanismen oder unzuverlässige Fernsehredakteure abwälzen, die einen Autor mit seinem Projekt in der Luft hängen lassen. Ich muss auch mich in die Mangel nehmen. Ich selbst habe Zeit ranzig werden lassen, weil ich die Terminvereinbarungen nicht nur als Ansporn oder Ziel genommen, sondern mich von der Zukunft abhängig gemacht habe: Meine Arbeit würde die verdiente Anerkennung finden, einige Vorstellungen würden in Erfüllung gehen, finanzielle Schwierigkeiten könnten ein Ende haben. Und das, obwohl ich seit jeher weiß, dass man mit nichts rechnen darf und alles Zukünftige unkalkulierbar ist. Das ist das oberste Gebot für einen Freiberufler, wenn er überstehen will. Und die vertrackte Kunst, trotz aller Unsicherheit immer wieder die Arbeitskraft anzustacheln und Vertrauen in das eigene Tun zu entwickeln, beherrsche ich eigentlich formidabel. Nicht selten bin ich während dieser Arbeit ohne Garantie sogar glücklich. Auch bei der x-ten Drehbuchänderung fallen mir noch Dialoge ein, über die ich mich schlapplachen kann.

Letztendlich bedeuten genau diese Momente Freiheit. Eine Freiheit, die sich nicht durch die Unbestimmtheit der Zukunft beeinträchtigen lässt. Und nur in dieser selbst bestimmten Freiheit über die momentan zu verbringende Zeit kann verhindert werden, das Leben in die Zukunft zu projizieren und mit Illusionen und Wünschen aufzuladen, die dann häufig nicht erfüllt werden. Dieser Gedanke gilt natürlich für alle Menschen. Nicht nur für Freiberufler, bei denen er sich lediglich existenzieller aufdrängt als bei Berufstätigen, die sich mit regelmäßigen Einkünften in einem funktionierenden Absicherungssystem wähnen. Und dieser Gedanke galt auch für Katja, die sehr darunter litt, dass ihr vieles im Leben nicht vergönnt war. Zuerst, weil es die Lebensbedingungen nicht erlaubt hätten. Dann, weil sie ertragen musste, zu früh zu sterben, um es später zu leben.

Noch ein Geschenk von Katja an mich. Und was für eines. Das Miterleben ihres Sterbens hat mir nicht nur den Tod ins

Bewusstsein gerückt. Es hat mir auch die Augen für das Leben geöffnet. Und wie ich es selber mitgestalten kann.

DIE BADEWANNE 2

Ein Moment aus den letzten Monaten mit Katja gärt besonders in mir. Der Augenblick am 2. Februar, als ich Katjas Tod in der Badewanne sah. Da habe ich den Tod begriffen. Da ist er konkret geworden. Bis dahin war er für mich also abstrakt.

Wie aber kann er so lange abstrakt und fern gewesen sein. Ich wusste ihn doch. Ich wusste, was es bedeutet, dass die Metastasen inoperabel sind. Ich wusste, dass die Hoffnung auf ein Wunder verwegen ist. Ich wusste, dass sie sterben wird. Wenn mir damals jemand gesagt hätte, dass dieses sichere Wissen genauso vage ist, wie alles, was ich über meinen oder irgendeinen Tod zu wissen glaube, wäre ich ziemlich entrüstet gewesen. Und jetzt bin ich entgeistert, weil es stimmt. Trotz der direkten Bedrohung war Katjas Tod für mich genauso wenig zu fassen wie alle anderen Tode, die noch so weit weg wirken. Außer bei diesem Erlebnis in der Badewanne.

Wenig hilft es, dass ich kein träger Einzelfall zu sein scheine. Auch Katjas Mutter gesteht entsetzt, erst so spät begriffen zu haben, um was es geht. Auch sie sieht sich plötzlich mit einer verzweifelten Frage konfrontiert. Die unsinnige, aber nicht auszumerzende Frage nämlich, ob man irgendetwas an Katjas Krankheitsverlauf hätte ändern können, wenn man früher verstanden hätte, was los ist. Wenn man schon bei erstem Ausbruch des Krebses gesehen hätte, dass die Möglichkeit des Sterbens nicht nur eine schlimme

Zukunftsvision ist, sondern ein Fakt. Ein Fakt, der sich hier unverschämt früh in einem jungen Leben ankündigt. Ein Fakt aber, der unumstößlich ist. Ein Fakt außerdem, der niemals ausgetrickst, umgangen, abgewendet werden kann, egal mit welchen Methoden man die Krankheit angeht und sie zu besiegen versucht. Und wenn man begriffen hätte, dass man fortan mit diesem Fakt des Todes ein Arrangement treffen muss.

Es ist sinnlos darüber zu spekulieren, ob wir Katja zu einer Chemo hätten überreden wollen oder können, wenn wir damals in unserem Wissen weiter gewesen wären. Darum geht es nicht. Die Chemo wurde heftig diskutiert, und es ist geschehen, was geschehen ist. Es geht aber darum, dass sogar diejenigen, die bei Unterlassung der Chemo den Tod prophezeiten, ahnungslos waren. Natürlich ging es um Tod. Das ganze Leben geht um Tod. Das wissen wir alle. Aber der Tod wurde debattiert, als ob er vermieden werden könne, durch Chemo, durch esoterische Konzepte, durch das absolute Nichtstun, durch was auch immer. Man kann den Tod aber nicht verhindern. Man kann ihn vielleicht ein wenig hinauszögern und ein paar Ansätze in der Krankheitsbehandlung scheinen effizienter zu sein als andere. Aber das ändert im Kern nichts daran, dass mit falschen Versprechen argumentiert wird, wenn der Tod angeblich mit dieser oder jener Methode ausgeschlossen werden kann. So lange sich der Tod nicht abrupt in einem Leben ankündigt, können natürlich viele Ansätze, Behandlungen und Theorien wunderbar helfen, den Tod zu umschiffen, da herrlich spekulativ alles und nichts behauptet werden kann. Wenn er aber seine Fratze zeigt, trennt sich die Spreu vom Weizen. Nicht bei der Wahl der Behandlungsart einer Krankheit, sondern in der Einstellung zu ihr und dem Tod.

Nicht nur Katjas Ringen und meine plötzliche Todesvision zeigen mir, wie himmelweit abstraktes und konkretes Verständnis einerseits auseinander liegen und andererseits kaum zu unterscheiden sind. Auch unsere befreundeten Ärzte geben zu, bei Katjas Sterben zum ersten Mal bewusst miterlebt zu haben, was da passiert. Dabei haben sie zuvor schon häufig die Diagnose »austherapiert« verkündet und den Tod festgestellt. Sie und viele andere Mediziner können das Sterben oftmals ebenso wenig erfassen wie andere Menschen. Meine Freunde wissen um dieses Manko, das in den Kliniken herrscht, und baten bereits um einführende Seminare durch Hospizmitarbeiter. Aber bürokratische Hürden haben diese Einweisungen bisher verhindert. Ich bin meinen Freunden dankbar für ihre Ehrlichkeit. Ihr Eingeständnis ist es auch, das mir die dehnbare Reichweite der Verdrängungsmöglichkeiten um den Tod noch unheimlicher macht. Wie soll denn ein Normalmensch in der Lage sein, den Tod für sich greifbar zu machen, wenn sogar Profis, die ihn täglich sehen, daran scheitern?

NOCH 2

Vielleicht ist es genau diese Verdrängung, die ein Leben möglich macht. Das wird oft genug behauptet. Wenn die Verdrängung einen einigermaßen beschaulichen Tod beschert, ist es vermutlich wirklich das Beste. Bei Katja aber mussten wir ziemlich erschreckend das Gegenteil erleben. Egal wie schön für sie ihre Jahre davor gewesen sein mögen. Egal auch, ob sie mit Absicht verdrängte, um noch einige Zeit frei sein zu können. So ein Ende hat sie ganz bestimmt weder für sich noch für uns in ihrem Fahrwasser eingeplant. Manchmal konnte man sogar den Eindruck gewinnen, dass ihre Verdrängung, ihr Illusionismus darauf abzielten, uns zu schützen und von ihrem Sterben zu entlasten. Das ging daneben, falls es so gewesen sein sollte. Wenn dies aber zugetroffen haben sollte, dann muss ihr Kampf noch schlimmer gewesen sein, als er es ohnehin war. Statt in wüste Spekulationen zu verfallen, halte ich mich lieber an das, was ich mitbekommen habe. Ihr »Noch« der Hoffnung auf Änderung der Situation wurde für sie und für uns irgendwann die eigentliche Hölle. Ich bin diesem »Noch« immer noch nicht gnädiger gesonnen. Je weiter Katjas Sterben zurückliegt, je mehr ich zulasse, dessen emotionale Bedeutung für mich wahrzunehmen, desto deutlicher offenbart sich mir erst seine ganze Größe. Dieses kleine Wort war es, das echte Verabschiedung, gemeinsame Trauer und möglichen Trost verhinderte.

WANN?

Wir haben ganz schön versagt, ihr bei der Akzeptanz des Sterbens zu helfen. Ja und nein. Als wir aus der Position der Unbetroffenen heraus endlich begreifen konnten, um was es geht, war es zu spät für eine mögliche Hilfestellung in diese Richtung. Es mag Menschen geben, die das können. Aber uns fehlten die Worte, Bilder und Gesten, die uns nicht anmaßend und belehrend schienen. Wir wurden durch die Akzeptanz ihres Todes auch demütig vor dem Unterschied zwischen uns Gesunden und der Sterbenden. Wir wussten, dass wir Katja nur ein wenig unterstützen und von den weitesten Utopien zurückholen konnten, wenn wir mit ihr schwammen. Wären wir gegen sie geschwommen, wären wir schnell abgetrieben. Und eigentlich rechne ich es uns allen hoch an, dass wir diesen Respekt vor dem Unterschied hatten. Durch das Sterben muss jeder für sich und allein durch. Und das ist schwer genug.

Aber wenn es eine Phase geben sollte, die es Außenstehenden ermöglicht, dem Betroffenen leichter Hilfestellung zu bieten, dann sehr viel früher.

Bei uns wäre das vermutlich der Moment gewesen, als der Tod bei Katja anklopfte, sich mit Krankheit tarnte, einer Krankheit, die vielleicht sogar kurierbar wäre. Da waren wir noch auf einer Ebene mit ihr. Bei uns stand – und steht – der Tod auch direkt vor der Türe. Er hat nur noch nicht angeklopft. Das konnten wir damals aber nicht sehen. Blind vor Entsetzen hoben wir Katja auf eine andere Ebene und räumten ihr eine Sonderstellung ein. Zum Glück war sie so tapfer und willens, die Krankheit zu besiegen. Da würde sie auch einen Weg finden, zu akzeptieren, falls noch Schlimmeres passieren sollte. So hofften wir, und forderten es vielleicht sogar.

Eigentlich eine Unverschämtheit. Warum sollte sie eher das Unfassliche begreifen können als wir? Weil sie betroffen war? Unsere eigene Verdrängungskunst hätte genügend Warnung sein müssen. Aber wir wussten nicht, dass wir verdrängen. Wir kamen uns zwar überfordert, aber sehr umsichtig und abwägend vor.

Wir ahnten die Verdrängung erst, als der Tod die Türe öffnete und begann, seine neuen Metastasen in Katjas Haus zu schleppen. Vielleicht hätten wir da noch etwas bewirken können. Vielleicht. Aber wir waren damit beschäftigt, diesen Tod wieder hinauswerfen zu wollen, auch wenn wir wussten, dass das wahrscheinlich nicht gelingen wird. Und als der Tod sich fertig eingerichtet hatte, um gemütlich das Ende abzuwarten, da war es zu spät. Katja lag im Sterben.

Für uns war kein Platz mehr in ihrem Haus. Wir konnten ihr nicht mehr helfen.

Auch bei größtmöglichem Schuldeingeständnis glaube ich nicht, dass wir uns außergewöhnlich naiv oder doof verhalten haben. In unserer Kultur und Gesellschaft haben nur die wenigsten einen echten Bezug zum Tod. Wie auch. In diesen jugendkultigen, sterilen Straßen kann er sehr leicht übersehen werden. Und falls er irgendwo die Straße beschmutzt, haben wir ja zum Glück diese vielen tollen Methoden, ihn wegzukehren.

ZU SPÄT

Anfang Juli. Ich fühle mich einigermaßen gestärkt und es ist mir ein dringendes Anliegen, meinen Onkel zu besuchen, der inzwischen meist im Koma liegt. Gleich nach dem Münchener Filmfest möchte ich nach Freiburg fahren. Auf einem Geschäftstermin während des Festivals erhalte ich den Anruf, dass er gestorben ist. Zu spät. Ich kann nur noch hoffen, dass er nicht gedacht hat, er sei mir unwichtig. Ein schaler Rest von Verrat wird aber immer in mir bleiben, auch wenn die Gründe nachvollziehbar gewesen sein mögen, so lange mit dem Besuch gezögert zu haben.

Da mein Onkel wie Katja an einem Dienstag gestorben ist, gibt es die gleichen Schwierigkeiten mit dem Beerdigungstermin. Die Beerdigung findet ebenfalls am Montag darauf statt, in Ravensburg, wo es ein Familiengrab gibt.

Hochsommerliche Gluthitze. Wir sind etwas zu früh auf dem Friedhof. Ich stehe alleine vor dem Sarg und bitte die Friedhofsarbeiter, ihn für mich zu öffnen. Wieder sehe ich ein Gesicht, das ich nie mit der lebenden Person zusammenbringen würde, wenn ich nicht wüsste, dass es diese Person sein muss. Wie hat meine Mutter untertrieben, als sie sagte, mein Onkel sei dünn geworden. Da ist gar nichts mehr. Dieser Mann mit seinem einstigen Bauchumfang von drei Medizinbällen liegt als schmales Häuflein an die Sargwand gedrängt. Das Gesicht ist filigran, zierlich. Es spiegelt seine dringlichsten Interessen wider, seine eigentliche Wesensart, die früher immer unter einer Fettschicht verborgen war. Außerdem wirkt sein Gesicht von Frieden beseelt. Er hat sein Leben gehabt.

Trotz der vielen berührten Gäste, ist hier eine sehr andere Stimmung als bei Katjas Beerdigung. Wenn ein siebenundsiebzigjähriger Mensch geht, hat das seine Richtigkeit, auch wenn da am Schluss etwas schief gegangen sein mag. Würdig anerkennend wirken auch die unzähligen Kränze. Die Kränze, die es bei Katja ausdrücklich nicht geben sollte, weshalb alle leichte Sträuße mitbrachten. Passend ist hier auch der dunkle Sarg, der bei Katja helle Fichte war. Sie war eine junge Frau, mein Onkel ein älterer Herr. Während der Musik werde ich von hinten umarmt. Katja.

FÄDEN

Meine Wunschsprecherin für die Radiosendung ist eine enge Freundin aus alten Schulzeiten. Sie ist Schauspielerin, kannte Katja von einigen meiner Partys und hat selbst ein Jahr zuvor ihre Mutter beim Sterben begleitet. Caroline sagt begeistert zu. Sie möchte ebenfalls die Chance nutzen, aktiv beizutragen, das unerquickliche Thema an die Öffentlichkeit zu bringen.

Die Aufnahme gerät für uns zu einem intensiven Rausch. Ausgehungert, erschöpft, aber euphorisiert gehen Caroline und ich im Anschluss daran essen. Da sie in Köln lebt und wir uns nur noch selten sehen, wollen wir den Nachmittag für ein Gespräch nutzen, wie wir es früher häufig hatten und es jetzt lange überfällig ist. Das letzte Mal trafen wir uns vor knapp über einem Jahr, zu der Zeit, als Katja diese unerklärlichen Rückenschmerzen hatte. Da war Caroline mit ihrem gerade geborenen Baby in München bei den Eltern zu Besuch. Ich war sehr neugierig, das Baby und Caroline in ihrer neuen Mutterrolle zu sehen. Wir verabredeten uns in der elterlichen Wohnung, weil sie ihre Mutter nicht allein lassen wollte, bei der vor kurzem neue Metastasen entdeckt worden waren. Die Mutter sei sehr schwach und hätte entsetzlich abgenommen, wurde ich vorsorglich von ihr gewarnt.

Caroline gesteht jetzt, bei diesem Besuch beinahe unsere Freundschaft infrage gestellt zu haben. Ich sei so laut und rücksichtslos gewesen. Ich bin einigermaßen überrascht. Ich mag sonst laut und rücksichtslos sein, aber just bei diesem Besuch habe ich mich kaum getraut zu atmen. Ich wusste, dass ich störte, ausgeschlossen war und bleiben würde. Ich wusste nur nicht, warum. Am liebsten hätte ich direkt nach der Begrüßung auf dem Absatz kehrtgemacht. Aber da war doch das Baby. Angesichts der lähmenden Stimmung um mich herum hielt ich meine Euphorie allerdings zurück, was einem offenen Affront gegen jede junge Mutter gleichkommt, ich weiß. Ich verließ die Wohnung auch nicht, weil ich Caroline sehen wollte. Caroline, die gute Freundin, die in meinen Augen allerdings maßlos übertrieb, was ihre Mutter betraf. Ihre Mutter erschien mir ebenso elegant, sympathisch und jugendlich frisch, wie ich sie von früher kannte. Kein Gramm zu dünn, keines zu dick. Sie mochte neue

Metastasen haben, aber von »schlecht gehen« mit körperlichen Auswirkungen konnte ich nichts erkennen. Gut, sie zog sich nach dem Mittagessen zum Ausruhen zurück. Aber das tun auch viele gesunde Menschen. Caroline und ich setzten uns auf den Balkon. Fragen, ihre Mutter betreffend, verkniff ich mir. Nachdem im Jahr zuvor bei ihrer und meiner Mutter zeitgleich die Krankheit diagnostiziert worden war und jetzt nur noch ihre Mutter aktiven Krebs hatte, während bei meiner nichts mehr zu entdecken war, wollte ich meine Freundin nicht verletzen. Caroline selbst sprach nicht über die Krankheit und beharrte auch nicht auf Babythemen, wofür ich dankbar war. Ich plauderte über meinen Indien-Aufenthalt, über Projekte und wusste, dass das alles eine Farce ist. Nach dem Besuch telefonierten wir noch ein paarmal, etwas verhalten, weil Caroline die Mutter nicht stören wollte, der es immer schlechter gehen sollte. Ich hatte überhaupt keinen Gradmesser mehr. Die Mutter wirkte eben noch so gesund. Und ein paar Wochen später starb sie. Ich war entgeistert.

Jetzt ist auch Caroline überrascht, wie anders der Besuch in meiner Erinnerung verlief. Dann wird uns etwas klar. Bereits zu diesem Zeitpunkt waltete der Tod in der Wohnung, freilich versteckt. Versteckt, weil die Mutter nicht sterbend wirkte. Versteckt, weil Caroline mir gegenüber verbarg, nicht nur ihrer kranken Mutter ein wenig zu helfen, sondern sie beim Sterben zu begleiten. Vermutlich fiel ihr auch schwer, sich das selbst einzugestehen. Wie auch, bei der eigenen Mutter, die trotz aller Krankheit noch so gut in Form war. Und sie wollte sicher die Diskretion wahren, die ihrer Mutter wichtig war und die sie auch in den folgenden Wochen aufrechterhielt. Freilich war Caroline aber schon so sensibilisiert, dass alles, was diesen Ansprüchen und dem familiären Code im Umgang mit der schlimmen Situation widersprach, plump wirken musste. Und ich, vollkommen ahnungslos, trampelte auf diesen Geheimgesetzen herum, vermutlich umso mehr, je trauriger ich über unsere Distanz wurde, je mehr ich versuchte, mich in Arglosigkeiten zu retten.

Uns beiden wird bewusst, wie geheimnisvoll verwoben die Fäden des Todes sind, wie schwer es fällt, offen über ihn zu sprechen, wie groß seine unsichtbare Macht ist, wie viel Verwirrung er auslösen kann. Wir sehen aber auch, wie falsch es war, nicht schon früher kleine Irritationen zwischen uns geklärt zu haben. Und wir sind unendlich froh, dass wir uns über die Jahrzehnte hinweg nicht in unserer Freundschaft geirrt haben, sondern etwas derart Massives ohne fahlen Nachgeschmack aus der Welt räumen können.

Wir vergleichen unsere Erfahrungen. Es gab viele Parallelen: die Dichte der Emotionen, die Normalität, dieses Akzeptieren der Vorgabe, wie der Betroffene das Sterben angeht, die zerreißende Schwierigkeit, mit dem Zerfall zurechtzukommen, das Mitleid, losgelöst von der eigenen Person. Dann aber auch die Unterschiede. Die Mutter von Caroline sprach nie über das Sterben oder den Tod, konnte sich aber der Tatsache fügen. Sie regelte nicht nur gewisse Dinge für ihren Nachlass, sie fand offenbar ihren Frieden, der sich ein wenig auf die anderen übertragen konnte. Noch ein anderer Punkt klafft weit auseinander. Caroline hatte keine Todesvision wie ich. Sie sagt, da gab es doch bis zuletzt diese Hoffnung.

Vier Monate nach Katjas Beerdigung besucht Jakob die Großeltern in München. Ich bin in dieser Zeit nicht da und erkundige mich später bei Katjas Mutter nach seinem Befinden. Sie erzählt, wie sie mit Jakob an Katjas Grab war und er sich langweilte. Dieser Erdhaufen sagte ihm nichts. Auch nicht die Tatsache, dass darunter seine Mama liegt. Er erklärte der Oma, dass die Mama in seinem Herzen sei und mit ihm spricht. Die Oma reagierte überrascht. Das wiederum verwunderte ihn. Es war unvorstellbar für ihn, dass Katja nicht auch mit anderen Leuten redet. Dann wurde er stolz, dass sie ihn erwählt hat. Er tröstete die Oma: Katja sagt ihm, dass sie uns alle liebt. Und dass es ihr gut geht.

Im Sommerurlaub an der Côte d'Azur durchzuckt es mich. Katja ist weg. Niemals, auch nicht in zehn, fünfzehn Jahren, wird sie aus Neuseeland oder einem ähnlich weit entfernten Land anrufen, um vergnügt zu schildern, wie sie mit einem Mann auf einer Farm lebt und zwei Kinder hat. So ein Telefonat habe ich natürlich nie ernsthaft erhofft, ich weiß, dass Katja nicht umgezogen, sondern gestorben ist. Aber bis eben noch wirkte Katja auf mich nicht »weg«. Dementsprechend verwirrt bin ich jetzt. Als ich meinem Reisebegleiter, der ebenfalls sehr gut mit Katja befreundet war, davon erzähle, wirft er mir vor, dass ich ihren Tod noch nicht verarbeitet hätte. Das mag sein. Ich denke viel an sie und rede auch darüber. Aber ein Schweigen, wie der Freund es pflegt und von mir genervt und vielleicht zu Recht erwünscht, bedeutet für mich auch nicht zwangsläufig Verarbeitung. Ehe wir uns versehen, stecken wir in einem heftigen Streit über die »richtige« Methode der Verarbeitung – die es vermutlich gar nicht gibt.

Wahrscheinlich liegt es an mir. Es ist entsetzlich schwer, anderen Menschen begreiflich zu machen, was in einer Zeit des Sterbens und der Sterbebegleitung alles passiert. Vielleicht interessiert es sie nicht, vielleicht wühlt es eigene Schichten auf. Ich weiß es nicht. Ich verzichte fortan lieber darauf, mich mit anderen Freunden von Katja darüber auszutauschen, wenn sie nicht danach fragen.

Wenn ich darüber reden möchte, dann mit Leuten, die in ähnlicher Art Sterbebegleitung erlebt haben. Oder mit Katjas Eltern, die sehr offen zu mir sind. Wir durchschreiten viele vergleichbare Phasen und Emotionen. Wir können zum Beispiel alle nicht zu Katjas Grab gehen. Ein richtiger Widerwille steckt da in uns. Auch der Begriff »Verarbeitung« verschließt sich uns. Wir müssen nichts bewusst verarbeiten, vermuten wir. Veränderungen in der Wahrnehmung geschehen, wir lassen sie zu. Aber eine aktiv herbeigeführte Trauerarbeit scheint uns nicht nötig, was sich spätestens auch durch mein gescheitertes Manöver mit dem Abschlussakt drastisch manifestiert hat. Es gibt für mich durch Katjas Tod nichts Unerledigtes, das ich aufdecken müsste, um es zu bearbeiten, bevor ich es eintüten kann. Außerdem herrscht da irgendwie ein Missverständnis vor. Ich muss nicht damit umgehen lernen, dass Katja mir fehlt. Das Problem ist viel eher, dass sie mir nicht fehlt. Sie ist mir ständig präsent. Aber: Katja als Person ist für mich entschwunden. Die Erinnerungen an früher verweigern sich strikt. Ich bin ausschließlich mit ihrem Sterben verwoben, und das irritiert mich. Sie war doch nicht nur Sterben für mich. Sie war meine Freundin.

Ich denke inzwischen, dass ich während ihres Sterbens – wie viele Menschen, die sich plötzlich Katastrophen, großem Leid oder Ähnlichem ausgeliefert sehen – gewisse Abspaltungsprozesse im Unterbewusstsein vollzogen habe, um das alles auszuhalten. Es war sicher kein Zufall, dass ich Katja als Freundin bereits der Vergangenheit zuordnete, obwohl sie noch lebte, wie ich damals bereits verstört feststellte. Vermutlich war es auch nur möglich, den Schrecken nicht auf mich zu übertragen, weil ich Katja und das Sterben in irgendeiner Weise von mir abgetrennt habe. Ich bin keine Psychologin, mich interessiert auch nicht bis in die letzte Pore, was da geschehen ist. Mir reicht, dass ich während dieser Zeit gut funktioniert habe und dass ich jetzt nicht hadere oder sonstige Probleme habe. Aber ich vermisse es, Katja als Freundin zu empfinden, und ich kann dieses Gefühl nicht herbeiholen. Ich fühle mich meiner toten Freundin beraubt, weil ich ihr Sterben so ausführlich miterlebt habe.

Vielleicht ist es dieser Zwiespalt, der die Zeit nach dem Tod für Sterbebegleiter zusätzlich erschwert, wie mir angekündigt wurde. Wie auch immer. Ich hoffe, dass die Zeit das Ihrige tun wird. Ein erster Schritt in diese Richtung bahnt sich bereits an. Katja fehlt mir doch plötzlich als Freundin. Bei solchen geistigen Verstrickungen würde ich sie anrufen, egal ob sie hier wäre, in Neuseeland, in Patagonien oder sonst wo auf der Welt.

Thomas macht eine Party für all seine Freunde, die ihm während Katjas letzter Monate zur Seite gestanden sind. Zu meiner Freude bin auch ich eingeladen. Ein fröhliches Fest, auf dem Katja und ihr Sterben dennoch eine zentrale Rolle spielen. Dann lächelt mich eine Frau an und stellt sich vor. Es ist die Freundin von Katja, mit der sie damals diesen heftigen Streit hatte. Ich möchte mich zwar mit Katja solidarisch erweisen, aber ich kann dieser Frau gegenüber keinen Groll empfinden. Gleiches gilt für die neue Freundin von Thomas, die Katja nur halbherzig akzeptiert hatte.

TRÄUME

Plötzlich berichten Freunde und Bekannte beglückt, wie sie Katja in ihren Träumen begegnen. Strahlend sieht sie aus, gesund, wunderschön. In mehreren Fällen ist sie kugelrund, einmal sogar schwanger. Ich platze vor Eifersucht. Auf so einen Traum habe ich ebenfalls ein Anrecht. Aber der Traumgott, oder wer auch immer dafür verantwortlich ist, hat kein Einsehen und verweigert mir Träume mit Katja.

Dann setzt meine Traummaschinerie doch ein. Riesige, fette Ratten robben durch das Schlafzimmer und ziehen aus den Parkettritzen lange, saure Drops. Dann werden zwei männliche Leichen unter mein Bett geworfen, die ich ziemlich empört in einen Wandschrank stopfe.

Typisch, dass ich von Ratten träume, wenn es um Tod geht. Ratten sind die Begleittiere von Dracula. Ich bin Dracula-Expertin und habe auch eine Kurzfilmkomödie über Dracula gedreht, in der alles nicht mehr so recht für ihn läuft und er von heftigen Zahnschmerzen geplagt wird. Anders kann ich mir die Drops nicht erklären. Insgesamt bin ich etwas enttäuscht über diese unseriöse Art meines Unterbewusstseins, Katjas Tod im Traum aufzuarbeiten. Auch wenn Katja in meinem Dracula-Film sogar eine Komparsenrolle spielte – so miserabel allerdings, dass ich die Einstellung mit ihr im Schnitt nur eine knappe Sekunde verwenden konnte.

Ich besuche ein Palais. Es ist morbide zerfallen, lichtdurchflutet, mit unzähligen Höfen und Räumen, elegant geschwungenen Treppen, wuchernden Pflanzen. Alles ist in ständiger Bewegung, sich ununterbrochen verändernd, atmend wie ein Mensch. Unheimliches geschieht hier, man weiß nicht, was. Die Besitzerin des Palais' ist eine berühmte Ballerina mit einem unglücklichen Leben. Sie ist gestorben, aber ihr Todesdatum ist unklar. Vielleicht lebt sie sogar noch. Oder sie treibt als Untote gleich einem Vampir herum. Ihr riesiges Abbild ragt auf einer Leinwand. Dort sitzt sie im Spagat, das linke Bein weit nach vorne gestreckt. Ich kann sehen, wie das Foto vor Jahrzehnten aufgenommen wurde. Sie soll für den Fotografen das Bein noch weiter dehnen und strecken. Die Ballerina kann die Schmerzen nicht verbergen, aber als Vollprofi führt sie die Forderung mit stolzem Hochmut aus.

Ich soll Licht in das Dunkel bringen und die Gefahr im Palais bannen. Da ich mich nicht fürchte, nehme ich die Aufgabe an. Es muss verhindert werden, dass sich das Übel weiter verbreitet. Die Besitztümer der Ballerina, der Nippes, die Mitbringsel aus aller Herren Länder können irgendwie Unheil anrichten. Sie müssen gefunden und verstaut werden. Im Schlafzimmer der Tänzerin ist beißend stickige Luft. Es ist vollgestopft bis unter die Decke. Ich nähere mich dem Bett. Die Gegenstände werden immer zierlicher und hübscher. Allerdings wird dort auch die Gefahr größer. Es scheint, als ob die Tänzerin, obwohl sie nicht zu sehen ist, vom Bett aus über die Dinge wacht und die Menschen lockt, um sie dann zu überwältigen. Ein paar Dinge kann ich in eine Tasche stecken und in Sicherheit bringen. Rasch schließe ich die Schlafzimmertür hinter mir und betrachte die Gegenstände. Ich merke, dass sie harmlos sind. Der Schrecken vor ihnen sitzt in einem selbst. Ich will noch mehr aus dem Zimmer holen, aber ich finde plötzlich, dass die Ballerina Recht auf ein paar Geheimnisse hat. Außerdem wird die Zeit knapp. Unheimliche Geräusche und Schreie von nah und fern erschrecken mich, und die beiden Begleiter, die plötzlich aufgetaucht sind. Die verzerrten Schreie werden die Hilfeschreie der Tänzerin. Das Haus verschiebt sich ächzend, der hohe Dachgiebel wird sichtbar. Die Tänzerin flieht verzweifelt vor dem Bösen zu ihm hoch und springt vor unseren Augen in den Tod.

Wir wagen uns durch düstere Dachböden zu dem Giebel hinauf. Es muss sein, nur so kann der Fluch gebannt werden. Grässlicher Gestank, gefährliche Ratten überall. Das Böse, der Vampir, treibt hier ganz in der Nähe sein Unwesen. Der Tod will uns holen. Ich habe immer noch keine Angst. Ich rieche weder den Gestank noch werde ich von den Ratten angefallen wie die Begleiter. Plötzlicher Lichtblick: Es ist wie mit dem Nippes. Das Böse greift nur an, wenn man Angst vor ihm hat. So ist es. Die Ratten lassen die Begleiter los. Ich wage den Vorstoß zu dem Dachgiebel. Von dort habe ich eine Aussicht auf eine Landschaft, wie sie schöner nicht sein kann. Ich habe den falschen Film im Fotoapparat. Das Foto würde zu grobkörnig, man würde nichts erkennen. Als ich mit dem richtigen Film wieder hier bin, sitzen zwei Wochenendgäste inmitten der Aussicht. Ich fordere sie nicht auf, aus dem Weg zu gehen, und begreife, dass man die Aussicht nicht festhalten oder fotografieren kann. Man kann sie nur beschauen und im Herzen behalten. Und das ist gut so. Ich verlasse die Villa und habe keinen Strafzettel an meinem Auto, obwohl ich mitten auf dem Gehweg geparkt habe.

In diesem Traum wimmelt es vermutlich nur so von Symbolen, die sich psychologisch auslegen ließen. Aber auch ohne professionelle Deutung empfinde ich zwei Elemente am nachhaltigsten: die Unklarheit, ob die Tänzerin tot ist, lebt oder als Untote herumgeistert, und das gleichzeitige Geschehen von Vergangenheit und Gegenwart. Darin spiegelt sich sicher das parallele Zeiterleben wider, das ich während Katjas Sterben sogar als räumliche Dreidimensionalität empfand, und dieses seltsam lebendige Gefühl von ihr in mir jetzt.

Das Phänomen der Präsenz von Toten ist es aber, das seit vielen Jahrhunderten den Mythos Dracula nährt. Der lebende Tote. Da stecken die niemals zu lösenden Fragen dahinter, was geschieht mit den Toten und warum können sie für andere Menschen so lebendig bleiben. Wahrlich auch ein Stoff für Gruselgeschichten, wenn mit dem Verstorbenen etwas nicht geklärt sein sollte – zumal wenn Tod mit dieser Angst verbunden ist, wie dieser Traum beinahe schon übertrieben plakativ erzählt. Der Traum, der so eindeutig den Mythos Dracula mit meinen Erfahrungen kombiniert, macht für mich nicht nur den Mythos noch wahrhaftiger, sondern erhellt auch ein Vorkommnis bei Katjas Sterben, das ich bisher nur schwammig greifen konnte. Dieser Zustand, den ich Zwischenstadium nannte. Ein Fachwort habe ich dafür nicht entdecken können. Vielleicht existiert diese Phase überhaupt nicht. Aber ich habe dieses Stadium zwischen Leben und Tod bei Katja intensiv verspürt. Und nach diesem Traum wage ich die Behauptung, dass Dracula auch ein Mythos für dieses Zwitterstadium vor dem Tod ist. Dass umgekehrt ein Mensch bei einem langsamen Sterben eine

Phase durchschreitet, in der er ein toter Lebender ist. Vielleicht ist das alles Humbug. Aber mein diffuses Gefühl damals, von Katja ausgesaugt zu werden, spricht nicht unbedingt gegen diese These.

Später vernehme ich ein paar Namen für diese Phase: Raum des Todes, Übertritt. In TV-Shows mit Sterbeforschern spielt diese Zeit vor dem Sterben ebenfalls eine herausragende Rolle, allerdings ohne einen speziellen Namen zu erhalten. Also kann ich getrost meinen Begriff »Zwischenzeit« beibehalten.

ENTSCHEIDUNGEN

Der Leiter des Hospizes erklärt mir, dass er immer mehr Patienten annimmt, als seine Station Betten hat. Er kann sich darauf verlassen, dass viele der angemeldeten Patienten kurz vor dem Einzug sterben. Es sei wissenschaftlich nicht nachweisbar, aber er habe das Gefühl, dass der Mensch seinen Todeszeitpunkt ein wenig beeinflussen kann. Zumindest glaubt er, dass sich die Patienten vor der geplanten Übersiedelung in ein Hospiz mit ihrem unumgänglichen Tod konkreter auseinander setzen als bis dahin. Sie entscheiden sich dann, lieber im vertrauten Rahmen von der Welt zu gehen. Dabei spiele es keine Rolle, ob sich die Patienten von zu Hause aus für das Hospiz anmelden, von einer Klinik oder einer Palliativstation. Eine Entscheidung dieser Art habe er auch erhofft, als Katja angemeldet wurde. Ähnlich vorsichtig, aber dennoch äußerst entschieden, stimmt auch die leitende Ärztin der Palliativstation der These zu, dass die Patienten sehr viel mehr den Todeszeitpunkt bestimmen, als gemeinhin angenommen wird.

Die beiden Fachleute gestehen außerdem, dass Katjas verzweifelte Verleugnung der Tatsachen ihnen unvergesslich bleiben würde. Nicht häufig hätten sie Patienten erlebt, die schon derart nahe dem Tod standen. Die meisten Menschen würden von der Welt gehen, bevor ihr körperlicher Zerfall in ein ähnliches Stadium rückt. Ich muss um Fassung ringen. Ich hatte ja keine Ahnung. Mir war zwar bewusst, dass meine liebe Freundin einen besonders harten Abschied durchlitten hat, aber dass ihr Kampf eine Ausnahmeerscheinung darstellte, der sogar Profis erschütterte, konnte ich nicht wissen. Ich hielt alles mehr oder weniger für Normalität, auch wenn ich nicht glauben mochte, dass solch starke Qualen zwangsläufig dazugehören müssen. Und jetzt erfahre ich, ein paar Stufen des Sterbens miterlebt zu haben, die über das Übliche hinausgehen. Vielleicht offenbarten sich mir sogar ein paar Vorboten des Todes, die sonst nicht zu erkennen sind? Ich weiß es nicht. Beruhigend finde ich nur, dass sich meine Erinnerungen im Laufe der Zeit nicht aufgebläht zu haben scheinen. Das Entsetzen hatte offenbar seine Berechtigung.

Freundlich beantworten die Fachleute meine unzähligen Fragen. Aber sie unterbrechen mich auch immer wieder. Nicht »Sterbehospiz« darf ich sagen. »Hospiz« heißt der Begriff. Nicht den Tod wollen sie vorrangig erleichtern, sondern das bestmögliche Leben eines Patienten erwirken. Zuerst lache ich über diese Wortklauberei. Aber die Korrekturen haben natürlich ihren Sinn. Tod und Sterben sind nach wie vor gesellschaftlich zu tabuisiert, als dass man Institutionen, die darin involviert sind, fahrlässig mit angstbeladenen Begriffen belasten sollte. Außerdem drückt die lebensbetonende Komponente der Sterbebetreuung letztendlich nichts anderes aus, als sich mir während Katjas Leidensphase ohnehin erschlossen hat: Der Tod darf nicht vom Leben abgetrennt werden. Leben und Tod bilden eine Einheit und im Sterben fließen die Prozesse des Lebens und die Vorgänge des Sterbens ineinander. Genau das macht die Schwierigkeit der professionellen Betreuung aus. Bei jeder Entscheidung müssen diese beiden Seiten berücksichtigt werden. Und zwar nicht nur bei Entscheidungen, die bedeutend final wirken, sondern bereits bei alltäglichen Vorgängen, die tief ins Leben hineingreifen und die man als Laie überhaupt nicht dem Sterben zuordnen würde. So zum Beispiel bei der Flüssigkeitsversorgung. In der Tat habe ich mich mehrmals gewundert, dass Katja nicht intravenös behandelt wurde, als sie so erbärmlich austrocknete. Mit Absicht, erfahre ich jetzt. Die Reduzierung der Flüssigkeit erleichtert nämlich das Atmen, weil weniger Schleim erzeugt wird. Ein Abhusten ist für einen derart geschwächten Leib oftmals zu anstrengend und bereitet Schmerzen. Unter Abwägung aller Umstände gilt es also zu überlegen, ob es für den Patienten weniger belastend ist, der Gefahr einer Erstickung ausgesetzt zu werden, oder ob er auf Dauer austrocknen soll. Bei Katja scheint man sich für den trockeneren Weg entschieden zu haben.

DAS BILD

Meine Radiosendung wird zu Allerheiligen gesendet. Ein paar Tage nach der Ausstrahlung bin ich zu einem Essen eingeladen. Die Gastgeberin bittet mich, ihrem sechsjährigen Sohn »Gute Nacht« zu sagen, weil er mich unbedingt kennenlernen möchte. Später gibt sie mir ein Bild, das er für mich gemalt hat, nachdem er mit seiner Mutter die Sendung gehört hat. Das Bild haut mich um. In der Sendung ging es mit keinem Wort um Katja als Freundin oder um unsere Freundschaft. Es ging ausschließlich um die Wirkung ihres Sterbens auf mich und die aufkeimenden Glaubensfragen, wie die Ausschnitte von »Annehmen und Loslassen« hier in kursiver Schrift zeigen. Also keine komplizierten Theorien, aber auch nicht unbedingt kindergerechte Texte. Der Junge aber malte eine riesengroße bunte, gesunde Katja, daneben eine kleine Einheit in Braun, wie Katja weinend und krank im Bett liegt und ich mit Tränen in den Augen dahinter stehe, als ob ich sie beschützen wolle, was nicht gelingt. Er hat damit eine Essenz erfasst, die ich niemals hätte formulieren können. Er hat unsere Freundschaft erspürt und die Brüche und Abspaltungen bemerkt, obwohl sie mir noch lange nicht bewusst waren.

DAS WESEN

Katja hat sehr wohl Schritte in der Annahme ihres Sterbens gemacht. Diese Erkenntnis überfällt mich unvermittelt, als ich nach aufreibenden Dreharbeiten in der Badewanne entspanne. Die Entspannung ist jetzt natürlich hinüber. Ich stecke wieder mitten in den verzweiflungsvollen Wochen von Katjas Sterben. Aber mein spontaner Impuls bestätigt sich auch bei gründlicherem Nachdenken. Es war kein Zufall, dass mit dem zweiten Wechsel in die Palliativstation kein Wort des Haders mehr fiel und der Tod nicht weiter thematisiert wurde. Das war eine Form ihrer Annahme. Deshalb konnte sich auch unsere Freundschaft, die mir wochenlang entschwunden schien, wieder frei entfalten und über sich hinauswachsen. Genossen wir beide diese absolute Vertrautheit schon damals, habe ich jetzt sogar das Gefühl, dass sich in den allerletzten Wochen, von allem Unwesentlichen unbehelligt, die Essenz unserer Freundschaft offenbarte.

Die fünf Phasen des Sterbens von Elisabeth Kübler-Ross fallen mir wieder ein. Vielleicht kann ich sie jetzt bei Katja bestätigt sehen, was mir zu ihrer Teneriffa-Zeit noch verwehrt war. Später, im Gefecht der Aufregungen, dachte ich nicht mehr an sie, auch wenn mir das von jener Fachfrau mit der Technik des Hilfsatmens empfohlen wurde, damit ich ein schützendes Gerüst für mich hätte.

Die beiden ersten Phasen, die der Verleugnung und des Zorns, kann ich Katja problemlos zuordnen. Die dritte Phase, das Verhandeln, macht mich ein wenig stutzig. Was nur könnte Katja mit dem Tod verhandelt haben, das er ihr noch zugestehen müsse, bevor sie abtritt? Natürlich. Ihr unbedingter Wunsch, in die Wohnung zurückzukehren. Diese Zeit hat sie sich ausgehandelt, was auch immer sie sich davon versprach. Die vierte Phase nennt Elisabeth Kübler-Ross »die große Depression« und unterscheidet sie in zwei Arten. Die erste betrifft die gemachten Mühen des Lebens, die Verluste, aber auch die Sorge, vielleicht nicht mehr in der Lage zu sein, alles für die Zeit nach dem Tod vorzubereiten und abzusichern. Da waren bei Katja natürlich zuvorderst all die ungeklärten Fragen mit Jakob. Aber auch das viele andere, von dem sie sich in jener unglückselig unvollendeten Form verabschieden musste. Die zweite Art der Depression sei eine sehr stille, eine, die Trauer ermöglichen und somit helfen könne, den Tod anzunehmen und Frieden zu finden. Allerdings würde häufig die Umgebung dem Patienten diesen Schritt erschweren, weil sie immer noch optimistisch Hoffnung auf Änderung äußerte, während er schon längst bereit wäre, sich auf das Sterben einzustellen.

Es ist natürlich möglich, dass wir Katja versehentlich mit all unseren Gesten, Taten und Worten gezeigt haben, dass wir noch Hoffnung auf ihre Gesundung haben. Vielleicht war es falsch, nicht selbstverständlich über ihren Tod zu sprechen, vielleicht auch unvernünftig, Katja derart fürsorglich zur Seite zu stehen. Aber eigentlich kann ich das nicht glauben. Wir haben auch keinen absurden Optimismus oder unsinnig gute Laune an den Tag gelegt, die diese Trauer hätten stören können. Nein. Katja hat uns keine Möglichkeit gegeben, anders mit der Situation umzugehen. Aber vielleicht haben wir Katja missverstanden? Vielleicht waren ihre lähmenden Hoffnungsschimmer auf eine Kehrtwende eigentlich Hilfeschreie, dass wir ihr endlich widersprechen, dass wir ausformulieren, was ihr so schwer fällt?

Ich kann nicht sicher sagen, ob Katja diese Form der Depression hatte. Ich glaube allerdings schon. Sie wurde stiller, klarer, sanfter. Sie wurde so unendlich schwach. Dieses Stillerwerden, dieses Dösen sei ein Zeichen der fünften Phase, die von Elisabeth Kübler-Ross »die Zustimmung« genannt wird. Diese Phase sei eine passive Zeit, einem Neugeborenenstatus nicht unähnlich. Der Kreis des Lebens schließe sich mit ihr. Außerdem sei die Phase der Zustimmung frei von Gefühlen und der Patient wolle nicht aus ihr gerissen werden. Keine Telefonate, kein TV, immer weniger Gespräche. Das alles traf bei Katja zu und manifestierte sich, als sie in das fünfte Zimmer ihrer Sterbensodyssee eingeliefert wurde, dem Zimmer, in dem sie ein paar Tage später den Atem aushauchte. Und als ob Elisabeth Kübler-Ross dabei gewesen wäre, beschreibt sie weiter, wie die wenigen Patienten, die bis zuallerletzt darum kämpfen, dem Tod zu entkommen, eines Tages sagen: »Ich kann nicht mehr.« Und dann sei der Kampf stets innerhalb kürzester Zeit vorbei.

Ich bin doch ein wenig verwirrt und betroffen. Ich hatte nicht mit derart eindeutigen Überlappungen gerechnet. Der Akt des Sterbens scheint noch sehr viel mehr vorgezeichnet zu sein, als ich vermutet habe. Und auch die Parallele zu einer Geburt drängt sich abermals nur zu stimmig auf.

Lange Zeit nach dieser erneuten Bestätigung universeller Geschehnisse im Sterben stecke ich in einem vergnüglichen Gespräch über etwas vollkommen anderes. Plötzlich aber kommt mein Gesprächspartner auf das Wesen eines Menschen zu sprechen. Häufig trete das wahre Wesen erst kurz vor dem Tod in seiner unbeschädigten Art hervor und sei manchmal erstaunlich konträr zu dem, wie sich der Mensch zeit seines Lebens gab. Der Gesprächspartner, der sich viel mit Sterben auseinander gesetzt hat, erklärt weiter, dass der Sterbende vor diesem Ereignis allerdings zwei Prozesse vollzogen haben muss. Zuerst die Loslösung von seinem Körper, der diesen ungeheuren Zerfall zu erleiden hat. Dann die sehr viel schwierigere Aufgabe für die Psyche, aus dem mentalen Aufbegehren eine Möglichkeit der Annahme des Unausweichlichen für sich zu entdecken. In dieser geläuterten Form schließlich könne das Wesen hervortreten.

Wie eindrucksvoll empfand ich Katjas Abspaltung von ihrem Körper, wie mühsam kämpfte sie um den kaum wahrnehmbaren Schritt in die psychische Annahme. Wie deutlich offenbarte sich ihr innerstes Wesen, auch wenn ich den Zusammenhang erst jetzt begreife. Und auch, wenn ich erst jetzt zulasse, dass diese letzten Wochen genau deshalb jene bereichernde Intensität hatten, weil da trotz aller Traurigkeit immer auch Katjas Wesen – ihre Seele wohl – im Zimmer anwesend war. Gleich einem Schmetterling.

Das Schmetterlingsbild ist nicht von mir. Elisabeth Kübler-Ross benützt es als Metapher für den Augenblick des Todes. Sie schreibt, der Tod sei »ganz einfach das Heraustreten aus dem physischen Körper, in gleicher Weise, wie ein Schmetterling aus seinem Kokon schlüpft«.

Und dann hoch und frei in die Lüfte schwebt und nach dem langen, mühsamen Kampf des Sterbens endlich den wohlverdienten Frieden erhält.

AUFLÖSUNG

Im November flattern Kontoauszüge zu mir ins Haus, die ich zuerst nicht verstehen kann. Dann entdecke ich, dass es nicht um mein Konto geht, sondern um Katjas Spendenkonto. Nachdem es auf null stand, ist es inzwischen ins Minus gerutscht, da ich vergessen habe, es aufzulösen. Ein weiterer Bescheid folgt. Ich soll eine bestimmte Summe unterschreiben, damit die Bank sie an das Finanzamt für die Erbschaftssteuer weiterleiten kann. Ich gehe zur Bank. Welche Erbschaft ist gemeint und was für eine absurde Summe soll ich da abzeichnen? Es ist die Summe, die an Katjas Todestag auf dem Konto war. Ich versuche, ruhig zu argumentieren: Anhand der Belege sei eindeutig zu ersehen, dass mit dem Geld die Beerdigung der Kontoinhaberin beglichen wurde. Schließlich wurde zu diesem Zweck das Konto sogar noch einmal aufgestockt. Es hätte nie eine Erbsumme gegeben und es müsse doch möglich sein, die Erben, die nichts mit dem Konto zu tun hatten, jetzt nicht damit zu belasten. Aber die Bankmenschen haben kein Einsehen. Ich bitte, dass man dem Finanzamt zumindest die Belege über die Beerdigung mitschickt. Das würde nicht gehen. Jetzt ist es mit meiner ohnehin nicht großen Geduld gegenüber Beamtensturheit vorbei und ich brülle, was meine Stimmbänder hergeben. Wenigstens mit dem Erfolg, dass sie doch die Belege beifügen. Grollend bringe ich das Konto auf null und löse es auf. Vermutlich wissen alle Menschen außer mir, was es mit solchen Konten im Todesfall auf sich hat. Ich fühle mich hintergangen. Schließlich hatte ich im Vorfeld über diese Gefahr mit einem Bankangestellten geredet. Das Wort »Erbschaftssteuer« fiel da nicht. Wahrscheinlich hätte ich kurz vor Katjas Tod so abgebrüht sein müssen und das Geld abheben sollen. Aber da hatte ich anderes im Kopf und ich hätte es auch nicht über das Herz gebracht, ihr Verscheiden in dieser schnöden Form vorwegzunehmen.

Zumindest scheinen die Angestellten vom Finanzamt einsichtig und behelligen die Erben nicht mit einer Steuer.

IM CAFÉ

Es ist der Abend vor Weihnachten. Ich bin in Mexiko, in dem Indiostädtchen Oaxaca. Nach einem guten Essen flaniere ich durch das bunte Treiben der milden Nacht, um später in einem Hotel mit dicken, uralten Klostermauern zufrieden ins Bett zu fallen.

Hoch über den Wolken auf einem Dach treffe ich Katja. Wir gehen in ein Café. Sie sieht blendend erholt aus, noch schöner, als sie es je war. Wir quatschen und quatschen. Wir lachen uns krumm. Glücklich sagt Katja, wie sehr sie sich nach dieser bekannten Vertrautheit gesehnt habe. Es sei wie früher. Ich will gerade zustimmen, als ich etwas an dieser

Aussage befremdlich finde. »Wie früher.« Es ist eben nicht wie früher, so sehr wir uns das wünschen würden. Diese Umgebung hier und die tote Seite von Katja sind mir auch nicht vertraut. Und darüber bin ich froh, sage ich zu ihr. Ich will noch nicht mit dem Tod vertraut sein. Katja versteht mich, schluckt tapfer und erzählt weiter.

Endlich der heiß ersehnte Traum mit meiner Freundin – aber mit diesem bitteren Beigeschmack. Ich empfinde ihn trotzdem als Weihnachtsgeschenk von Katja an mich. Und als eine Art Abschluss, den ich offenbar doch brauche, auch wenn ich ihn nicht erzwingen konnte.

Zurück in München, im Januar 2003, zeigt sich, dass während Katjas Sterben auch Leben gezeugt wurde. Nachwuchs bei den Ärztefreunden und bei Katjas Schwester. Für Julias kleine Tochter war sogar Katjas Geburtstag als Geburtstermin ausgerechnet worden. Das Mädchen entschied sich aber, ein paar Wochen früher zu kommen. Vermutlich wollte es nicht auf ihren Namen getauft werden.

Dann kommt er, der 18. Januar 2003. Der erste Geburtstag von Katja ohne sie. An dieser Regel eines Trauerjahres scheint etwas dran zu sein. Die jährlich wiederkehrenden Ereignisse müssen das erste Mal ohne den Verstorbenen erlebt werden, die emotionale Verbundenheit muss neu erfühlt werden. Das gilt natürlich besonders für den Geburtstag des Verstorbenen. Um ihren Dank für unsere Begleitung auszudrücken, laden Katjas Eltern Julia-Anna, Thomas und mich an Katjas Geburtstag zu einem Abendessen ein.

Wir scheinen alle das Gröbste überstanden zu haben, aber die Traurigkeit steckt uns immer noch in den Knochen. Unsere jeweiligen Erlebnisse und Gefühle während der Sterbenszeit ebenso. Allen ist Katja immer noch präsent. Einige sprechen immer wieder mit ihr. In kurzen Kommentaren, die gute Laune machen, in längeren Dialogen. Ich tue das nie. Dabei fehlen mir unsere Unterhaltungen inzwischen wirklich. Bei vielen Erlebnissen hätte ich mich gerne mit ihr ausgetauscht, wäre neugierig auf ihre Meinung. Aber ich kann mir nicht vorstellen, was Katja sagen würde. Gerade ihre Originalität und unerwartete Einsichten haben mich stets bereichert.

Irgendwann erinnere ich mich an das Versprechen, das ich Katja am Tag ihres Todes gegeben habe, ohne ihr Anliegen verstanden zu haben. Ich erschrecke sehr. Was nur habe ich versprochen? Wollte Katja, dass ich den Film ausführe? Ich glaube nicht. Ich denke, dass sie mir etwas mitgeben wollte. Aber ich kann es nicht sagen. Ich weiß es einfach nicht. Bei vielen Entscheidungen, die ich zu treffen habe, denke ich an das geheimnisvolle Versprechen: Würde Katja es gut finden, wenn ich dies oder jenes mache? Meinte sie etwas in dieser oder jener Richtung? Das Versprechen wird mein Kriterium, ob ich integer handle oder im Grunde meines Herzens nicht wirklich dahinterstehe. Das erfüllt vielleicht nicht Katjas Wunsch, aber widerspricht ihrem Wesen zumindest nicht, wie ich sie erlebt habe. Und liegt auch meinen eigenen Vorsätzen nicht fern.

Die Schwere hat sich inzwischen verflüchtigt. Ich bin wieder genauso schlurig und für Abwechslungen dankbar, wie ich es immer war. Aber einiges hat sich doch in mir verfestigt. Die Bilder von Katjas Leiden und Sterben, meine Hilflosigkeit und die Demut sind in mir verankert. Diese Erfahrungen werden sich nie verweichlichen oder beschönigen lassen. Wie tief das alles sitzt, zeigt mir auch, dass ich immer noch keine frohgemuten Erinnerungen an die frühere Katja habe. Ihre Mutter hat diese Erinnerungen inzwischen. Aber sie helfen ihr nicht viel. Sie kann ihre Tochter nicht von dem Sterben losgelöst erfühlen. Immer schwappt die Schwere des Endes über sie. Sie seufzt. Ich ahne die Trauer, die dahinter steckt. Ich fürchte auch, dass das bei mir nicht wesentlich anders sein wird. Aber ich hoffe doch, dass die Erinnerungen wiederkehren. Irgendwann werde ich Katja auch wieder als Freundin für mich spüren können.

DIE GRUPPE

Der Leiter des Hospizes, in dem Katja starb, lädt mich auf eine Gedenkfeier ein, die alle Verstorbenen des letzten Jahres ehren soll.

Es starben achtundsechzig Personen in dem Hospiz. So viele? Ja, wann denn? Katja war zwar nur eine Woche dort, aber da starb niemand anderes. Das hätte man bei den wenigen Zimmern mitbekommen. Es starb nicht nur niemand, die Patienten, die ich im Gemeinschaftsraum gesehen habe, wirkten, als ob sie auf Kur seien. Mit Katjas Endzustand jedenfalls hatten sie nichts gemein. Sie sind aber alle gestorben. Sonst könnte die Zahl der Verstorbenen nicht so hoch sein. Wie um Himmels willen stecken die Hospizarbeiter das alles weg? Das muss doch zehren, auch wenn sie nicht familiär oder freundschaftlich mit den Sterbenden verbunden sind. Während ich mich in Gedanken verstricke, werden die Verstorbenen chronologisch genannt, mit Todesdatum, Namen und Alter.

Wie ich später erfahre, bin ich nicht die Einzige, die versucht, ein System zu erkennen. Vergebens. Kaum glaubt man, dass nur Alte sterben, wird ein Neunundzwanzigjähriger genannt. Kaum erkennt man Phasen, in denen leichter gestorben wird, zeigt sich das Gegenteil. Auch geschlechtsspezifisch kann keine Regel ausgemacht werden. Daten, die den Tod magischer anziehen als andere, verweigern sich. Obwohl es auffällig ist, dass plötzlich an einem Tag mehrere Menschen sterben, während wochenlang nicht gestorben wird. Dann aber wieder gut verteiltes Sterben. Mit einem Wort, es lässt sich keine Regel erkennen. Bis auf eine einzige: Jeden erwischt es früher oder später. Keine ganz neue Erkenntnis. Aber dennoch beeindruckend. An einem Ort, in diesem Hospiz hier, gab es in einem einzigen Jahr achtundsechzig Kosmen des Todes mit all dem Schmerz und der Trauer. Und ich hatte fast den Eindruck gewonnen, dass nur Katja leiden musste. Vielleicht hat sie sich das Sterben schwerer gemacht als andere, aber leiden mussten da viele. Von den betroffenen Hinterbliebenen, die hier zahlreich vertreten sind, gar nicht zu sprechen.

Im April starben vier Menschen in dem Hospiz. Auch Katja. Ihr Name verschmilzt mit denen der anderen. Sie entrückt. Sie gehört zu einer speziellen Gruppe Mensch. Nicht zu der Gruppe der Krebsleidenden, der anders geschwächten, der vom Pech verfolgten. Nein. Einfach nur zu der Gruppe der Toten. Diese Gruppe, der wir Lebenden noch nicht angehören.

Auch ganz junge Menschen sterben. So jetzt im März die zwanzigjährige Tochter jenes Freundes, der mit seiner Käsesauce bei Katja versagte. Ihrem Hirntumor konnte mit nichts mehr Einhalt geboten werden. Nach vielen Operationen, Chemos, Haarausfällen und Bestrahlungen hat sie keine Kraft mehr gehabt. Aber sie war es auch, die vor ihren Eltern akzeptierte, dass sie gehen wird. So endlos getroffen die Eltern sind, das Mädchen muss es bewegend geschafft haben, ihnen Momente des Trostes zu schenken.

Wenn schon nicht zu vermeiden ist, dass eine so junge Frau verabschiedet werden muss, dann ist diese Form der Beerdigung ganz bestimmt die stimmigste: ein liebevoll bemalter Sarg, flackernde Teelichter drum herum, bunte Blumen. Kaum jemand, der seine Rührung zurückhalten kann.

Als ich Bilder sehe, die das Mädchen noch kurz vor dem Tod gemalt hat, spüre ich deutlich, was die Anerkennung des Schicksals für eine positive Wirkung haben kann. Die Kraft, die Leuchtstärke und Formsicherheit der Bilder zeugen von einem echten Talent. Sie hat sich aber nicht gegrämt, an der Ausführung gehindert zu werden. Sie hat getan, was sie tun wollte. Und das schaffen viele Menschen bis ins höchste Alter nicht. Dadurch wird ihr früher Tod nicht gerechtfertigt. Aber im wahren Kern des Lebens geht es offenbar nicht um die Dauer. Da spielt anderes eine größere Rolle.

Sterbebegleitung. Was für ein blödes Wort. Andererseits immer noch besser als »Hilfe«, wie ich es in der deutschen Übersetzung von Ken Wilber lese. »Hilfe« finde ich absurd. Das Problem ist doch, dass man nicht helfen kann. »Ratlos-Danebenhocken« scheint mir passender. Aber das degradiert die Tätigkeit natürlich, abgesehen von seiner veräppelnden Komponente. »Stütze«, »Beistand«, »Betreuung« vielleicht. Nein, das stimmt alles nicht. Es gibt kein deutsches Wort, das das Wesentliche vermittelt. Jedes scheinbar passende Wort klingt zu groß, für das, was man tut – ist aber zu klein, für das, was man erlebt und vielleicht auch gibt.

Womöglich existiert ein solches Wort nicht, weil das Sterben bei uns diesen verdrängten Stellenwert hat. Vielleicht auch, weil jeder darüber schweigt, wenn er es bei Freunden oder Angehörigen erlebt. Weil es indiskret ist, darüber zu reden. Komisch. Geburt und Zeugung, ebenfalls reichlich intime Momente, werden nicht verschwiegen. Darüber redet jeder ohne einen Hauch von Scham. Vermutlich, weil alle Menschen diesen Teil des Lebens schon erlebt haben und übertriebene Verlegenheit deshalb nicht angebracht ist. Sicher kommt auch hinzu, dass den Emotionen einer Eizelle, eines Samens, eines Fötus nicht der gleiche Rang zugeordnet wird wie einem Menschen, der stirbt. Das mag in sich stimmig sein.

Ich finde auch, dass den Emotionen eines Menschen der höchste Respekt gilt und ein Sterbender die würdigste Form der Diskretion verdient. Es geht auch nicht darum, einen sterbenden Menschen, die Hilflosigkeit der Beteiligten zu denunzieren, wenn man über diesen Akt spricht. Aber es ist absurd, dass das einzig garantierte Ereignis nach der Geburt zwanghaft verschwiegen wird.

Oder schweigen alle, weil der Tod unvorstellbar ist? Moment. Man weiß auch nicht genau, wie Leben entsteht. Dieses Wunder mit Samen und Eizelle und Zellteilung schlucken wir. Das ist halt so. Sind wir also wegen der möglichen Schmerzen so diskret? Wegen der Schmerzen, die stattfinden können, weil man vielleicht in einer Form stirbt, dass Schmerzen für sich und andere entstehen? Das ist sehr ehrenvoll. Aber nochmals sei die Geburt ins Feld gezogen. Ein Mensch, der bei der Geburt eine ungünstige, sich und die Mutter quälende Lage hatte, muss sich auch nicht sein Leben lang schämen und das Desaster verschweigen. Es kann nicht sein, dass man aus Verlegenheit, diesen letzten Vorgang vielleicht nicht problemfrei zu bewältigen, davor gleich ganz die Augen verschließt. Dadurch wird nichts verbessert. Dadurch werden mögliche Fehlerquellen nur erhöht.

Eine Geburtshilfe, die viele Frauen und Babys rettet, konnte sich auch nicht durch Verschweigen entwickeln. Das geschah durch konkrete Auseinandersetzung. Allerdings scheint da in letzter Zeit etwas übertrieben zu werden. Nichts gegen künstliche Befruchtung. Aber die überzogene Haltung vieler Frauen, die technische Handhabung vieler Ärzte und Kliniken, wie und unter welchen Bedingungen Geburten stattfinden sollen, hat mit einem Vorgang, der in der Natur verwurzelt ist, nicht mehr viel zu tun. Na, vielleicht verfremdet sich die Geburt auch irgendwann wie der Tod und muss peinlich verschwiegen werden. Dann wird es vermutlich ein paar aufgeregte Bücher über dieses Tabuthema geben. So weit sind wir aber noch nicht. Momentan sollte »nur« der Tod wieder zu seiner Normalität zurückfinden und auch besprochen werden dürfen. In anderen Kulturen ist das ja auch möglich. Und zwar nicht nur, wenn die Medien ihn in die Haushalte schleudern und zum tränenreichen Massenevent aufbauschen oder zu einer sofatauglichen Betroffenheitsvorlage degradieren, wie es bei Päpstesterben, Naturkatastrophen und anderen Schicksalsschlägen häufig passiert. Die plakativen Methoden der Medien bringen dem Bürger den Tod nicht näher. Im Gegenteil. Er wird durch sie noch mehr zum sentimentalen Klischee, zum irrealen Ausnahmeereignis entfremdet. Außerdem steigt durch die lawinenartige Medienpräsenz die Gefahr, dass dieses Thema endgültig mit Überdruss aufgeladen und aus dem Bewusstsein abgeschoben wird. Aber sterben muss trotzdem jeder, und zwar für sich allein, in seinem kleinen, alltäglichen Leben.

Zum Glück gibt es immer mehr von diesen Orten, an denen der Tod nicht versteckt, verschleiert, heruntergespielt oder aufgebauscht wird, sondern normal stattfinden darf, mit einem bestmöglichen Beistand. Diese Hospize und Palliativstationen also. Vielleicht ändern sich die Verhältnisse eines Tages auch wieder, dass sich »Haussterben« wie die inzwischen häufigen Hausgeburten durchsetzen kann. Aber momentan sieht es nicht so aus: Die Wohnungen werden kleiner und kleiner, es gibt immer mehr Minifamilien, Alleinlebende, Singles und Kinderlose, das Sterbealter wird kontinuierlich höher. Deshalb ein Plädoyer für diese Einrichtungen, in denen das Lebensende in größtmöglicher Würde stattfindet und gleichzeitig das Sterben als wichtiger Abschlussakt eines Lebens mit Zielrichtung in etwas Unbekanntes behandelt wird.

Eigentlich ist es egal, ob jemand 345, 365 oder 385 Tage weg ist. Aber je näher der 23. April kommt, desto unruhiger werde ich. Ein Jahr. Sie ist vor einem Jahr gestorben.

Ich widme den Jahrestag Katja und höre das Brahms-Violinkonzert in der besagten Aufnahme mit Ginette Neveu. Anschließend stapfe ich auf den Friedhof. Ich verteile meine Blumen und setze mich neben die Statue auf den Sockel, um eine Zigarette zu rauchen. Da Katja so gerne von mir geschnorrt hat, stecke ich eine Zigarette für sie zwischen die Blumen.

Die Zigarette wird später entdeckt und sofort mit mir in Zusammenhang gebracht. Die Familie lässt sie liegen. Sie liegt noch lange da, bis sie eines Tages weg ist.

Am Abend bin ich bei Katjas Eltern eingeladen. Die Mutter drückt mir eine Postkarte in die Hand. Es ist die Karte meiner Mutter an Katja, die verloren ging. Nur der kleine Ganesha wird wohl für immer verschwunden bleiben. Er wollte eben auf Wanderschaft gehen, wie Katja mich damals zu beruhigen versuchte. Nach der Karte reicht mir die Mutter ein schmales Büchlein, das sie in Katjas Teneriffa-Gepäck fand. Es ist »Der kleine Hey«, die Technikbibel für jeden, der eine Sprecher- oder Sängerausbildung macht. Katja hatte auf der Insel aber nicht nur mein abgegriffenes Original dabei, das ich ihr vor vielen Jahren geliehen hatte, als sie Sprechunterricht nehmen wollte, die Mutter fand auch eine Kopie. Offenbar wollte Katja mir das Buch zurückgeben, das ich schon längst vergessen hatte.

Warum aber hatte sie das Buch überhaupt auf Teneriffa dabei? Wegen der Atemübungen? Hoffte sie, durch »Barbara saß nah am Abhang, sprach gar sangbar, zaghaft langsam ...« den Krebs zu besiegen? Gaben ihr die Sprachübungen Ruhe? Wollte sie sich durch das Buch an ihren Wunsch erinnern, Sängerin zu werden? Wie auch für mich »Der kleine Hey« eines der wenigen greifbaren Rudimente meiner Sängerlaufbahn darstellt, die ich nach mehrjähriger Ausbildung bereits im Alter von einundzwanzig beendete.

Wie haben wir gestritten, weil sich Katja von diesem russischen Gesangslehrer das Geld aus der Nase ziehen ließ, indem er ihr vorgaukeln konnte, dass sie auch als dreißigjährige Anfängerin noch eine große Opernkarriere antreten würde. Wie war sie erstaunt, dass ich im Stehen mit den flachen Händen den Boden berühren konnte, während sie nur mit Ach und Krach die Knie erreichte. Was haben wir in Berlin abgetanzt, im »Dschungel«, im »Cri du chat«, im ... Da sind sie wieder, die Erinnerungen.

Mein Gott

Du bist der Grund meiner Seele
Deine Stimme ist meine Stimme
Lass sie deutlich tönen, wenn ich verstumme
Schicke mir Kraft, wenn ich schwach bin
und trage mich, wenn ich nicht gehen kann
gib mir Vertrauen, wenn der Glaube mich verlässt
und tröste mich, wenn ich verzweifle
Führe mich dorthin, wo du mich haben willst
Ich lege mein Herz und mein Leben in deine Hände.

Amen.

Eine Einheit

Einen Themenkomplex möchte ich im Anhang streifen: die Sterbehilfe. Der Anlass ist allerdings nicht so sehr die Aktualität durch neue Gesetzesentwürfe und spektakuläre Fälle, sondern weil sich mit dem Einblick in die Palliativmedizin und das Hospizwesen meine Sicht darauf neu ausgerichtet hat. Und zwar nicht nur, weil diese Bereiche im Themenfeld der Sterbehilfe eine Rolle spielen. Sondern weil sich mir durch Palliativmedizin und Hospizwesen der Akt des Sterbens selbst in vieler Hinsicht erschlossen hat. Und ich bin inzwischen felsenfest überzeugt, dass die Sterbehilfedebatte zwischen Politik, Religionen, Kulturen, Finanzwesen, Gesetzgebung und jedem einzelnen Individuum derart unobjektiv, unversöhnlich und emotional aufgeladen ist, weil die Sterbeprozesse und die Begleitmöglichkeiten weitestgehend unbekannt sind.

Unter diesem Aspekt möchte ich einen Exkurs über einige Faktoren wagen, die meines Erachtens bei der Sterbehilfethematik berücksichtigt werden sollten. Natürlich spielen für meine Überlegungen auch die Aussagen der Fachleute eine Rolle, mit denen ich wegen Katja geredet habe. Aber ich zitiere nicht ihre Meinungen. Vielleicht habe ich sogar einiges in einem falschen Sinne aufgefasst, obwohl es mir geholfen hat, eine Linie durch dieses schwierige Thema zu finden.

Wie man sehen wird, ist eines der großen Erschwernisse, sich durch das Thema zu lavieren, die außerordentliche Begriffsvielfalt. Für mich begann die bereits bei der Unterscheidung von »Palliativstation« und »Hospiz«. Deshalb vorab die Klärung, wie sie sich mir nach und nach erschlossen hat. Für die verschiedenen Namen gibt es rechtliche, bürokratische, finanztechnische und noch ein paar andere Gründe, die aber für den Laien keine wesentliche Rolle spielen. Hospize sind eigenständig und Palliativstationen sind Kliniken angeschlossen. Beide Institutionen aber arbeiten mit den Mitteln der Schmerzbehandlung und betreuen im Sinne des Hospizwesens Sterbende psychisch. Eine vereinheitlichende Zusammenfassung kann da sicher verziehen werden.

Darüber hinaus haben auch beide Gebiete ohne die Sterbehilfeproblematik einen schweren Stand. Sie sind noch sehr junge Fachbereiche und dementsprechend unbekannt. In Deutschland existieren sie erst seit 1983. Und sie sind unmittelbar von dem Tabuthema Tod betroffen. Beide müssen immer zuerst einmal um das Basisverständnis kämpfen, dass der Tod an sich nichts Außergewöhnliches, sondern eine Tatsache des Lebens ist. Dann aber klebt ihnen trotz aller Aufklärungsarbeit immer noch unterschwellig jenes angstbeladene Vorurteil an, dass durch ihre Arbeit der Tod herbeigeführt oder beschleunigt würde. So widersprüchlich das ist, weil laut Umfragen die meisten Menschen zumindest theoretisch in ausweglosen Situationen einen raschen Tod befürworten. Um aber jedes Missverständnis auszuschließen, hat der Gesetzgeber der praktizierten Palliativbehandlung die Beschreibungen »passiv« und »indirekt« beigefügt. Diese Zusätze besagen, dass eine tödliche oder lebensverkürzende Dosierung bei der Schmerzbehandlung vermieden wird, eine Sterbehilfe also ausgeschlossen ist. So wichtig diese Begriffserweiterung sein mag, ein wenig absurd finde ich schon, die gehaltvolle, durchaus direkte und aktive Arbeit in der Palliativbehandlung mit »passiv« und »indirekt« abzuwerten. Darin bestätigt sich meines Erachtens nur, wie hilflos und unsachlich das Thema Sterbehilfe angegangen wird und wie leicht Sachverhalte verfälscht werden können, wenn der Beamtenschimmel seinen Juristenjargon über sie stülpt. Siehe nur: »Passive Assistenz zum Suizid«.

An dieser Stelle könnten diverse Beispiele angeführt werden, wie durch möglichst gründliche Definitionen das komplex verschachtelte Thema keineswegs eindeutiger und praktikabler, sondern eher konfuser wird. Natürlich sind gerade in schwierigen Angelegenheiten, wie es die Sterbehilfe darstellt, Differenzierungen und Abgrenzungen unabdingbar elementar. Umso dringender wäre es allerdings, sie aus ihrem Inhalt heraus zu formulieren, und nicht aus jener Angst, was alles mit diesem Inhalt angestellt werden könnte. Diese Angst vor Missbrauch ist sicher der eigentliche Auslöser für die begriffliche Verwirrung, so unerlässlich der Versuch einer größtmöglichen Missbrauchsverhinderung natürlich ist. Das Problem aber ist, dass kein noch so lückenfrei abdeckendes Gesetz, keine noch so ausgeklügelte Formulierungskolonne jemals in der Lage sein wird, alle Einzelheiten des Sterbens juristisch zu regeln oder gar verbrecherische Einzeltäter abzuhalten. Das sollte auch in Deutschland mit seiner fatalen Euthanasievergangenheit eingesehen werden.

Objektiv betrachtet ist nämlich gar nicht so kompliziert, worum es heute in der Debatte um Sterbehilfe geht. Sie berührt neben den publik gewordenen Streitfällen ausschließlich irreversible Endzustände von tödlichen Krankheiten, in denen die medizinischen Anforderungen der unbedingten Lebenserhaltung auf die Sterbehilfe prallen können. Das geschieht freilich in unzähligen Varianten. Pauschalisierend aber ließe sich sagen, dass sich ab einem bestimmten Krankheitsstadium die Sterbehilfe in Form der reinen Begleitung bis zu einem natürlichen Tod oder in Gestalt der Lebensverkürzung anbietet. Dieser Unterschied könnte zum Beispiel recht simpel durch zwei voneinander getrennte Begriffe markiert werden, um Missverständnisse und Konfusionen auszuschließen. Denn die eine Form, die Lebensverkürzung, ist in Deutschland verboten und die andere ist legal. Aber offiziell geschieht da gar nichts. Vielleicht ist dieser Unterscheidungswunsch in der Tat zu naiv, zumal ihn einige juristische Fallbeispiele hinfällig machen und unter bestimmten Umständen durchaus Geräte abgeschaltet werden dürfen, um ein »natürliches« Sterben zu ermöglichen. Aber im Kern geht es trotz aller Einwände genau um diese Unterscheidung. Und ich vereinfache hier mit Absicht plakativ, um auf einen Missstand hinzuweisen, wie er sich mir unheilvoll darstellt. In Zeitungsartikeln, Presseerklärungen, Gesetzesentwürfen und Untersuchungen, aber auch in Gesprächen mit Fachleuten schwappen die Begriffe »palliativ«, »Sterbehilfe«, »aktiv«, »Unterlassung«, »Euthanasie«, »indirekt«, »Assistenz«, »passiv«, »Zulassen eines natürlichen Prozesses« und viele mehr in derart unüberschaubaren Kombinationen durcheinander, als ob eine Irritation gar nicht unerwünscht wäre. Der Verdacht bestätigt sich durch die vielen Streitereien, die sich eher um eine falsche Verwendung der Begriffe drehen, als um den lästigen Diskussionsgegenstand Sterbehilfe selbst. Gefährlich. Dadurch wird das ohnehin komplizierte Thema nur noch angreifbarer.

Und ein willkommener Nährboden für fatalistische Meinungsäußerungen, egal aus welcher Richtung. So zum Beispiel die pauschale Verteufelung, die mit dem Argument der verbotenen Tötung generell auf einen »natürlichen« Tod pocht und dabei ein bisschen übersieht, dass die meisten Menschen, um die es in der Debatte geht, ohne den »künstlichen« Eingriff der Medizin schon längst verstorben wären.

Diese passive, indirekte, wie auch immer definierte Palliativbehandlung ist bei uns also die legitimierte Form der Sterbehilfe. Um jeden falschen Verdacht auszuschließen, vermeiden die Ausführenden das Wort »Sterbehilfe« beinahe zwanghaft, obwohl wahrlich sie es sind, die den leidenden Patienten in diesen umstrittenen Momenten eine unermesslich wertvolle Unterstützung bieten. Gegen wie viele Klischees Hospizmitarbeiter angehen müssen, zeigt sich mir auch darin, dass Mediziner und Betreuer in normalen Krankenhäusern und Kliniken, die todkranke Patienten mit oftmals den gleichen Medikamenten behandeln, nicht per se gegen einen Verdacht der Sterbehilfe ankämpfen müssen. Deren Bemühungen werden dem Lebensschutz zugeordnet. Auch wenn da im Anschluss an die Behandlung gestorben wird.

Da die Palliativmedizin und das Hospizwesen aber trotz aller Vorbehalte immer mehr als Spezialbereiche für allerletzte Lebensphasen anerkannt werden und die klassischen medizinischen Fachgebiete auch entlasten sollen, ist die Schwierigkeit jetzt, sie zur Finanzierung in das bestehende Gesundheitssystem einzugliedern. Sobald es um Geld geht, tauchen altbekannte Probleme auf. Keine der arrivierten Instanzen gibt freiwillig vom Finanzkuchen ein Stück ab und die Neulinge Palliativmedizin und Hospizwesen konnten noch nicht genügend Lobbys für ihre Bedürfnisse aufbauen. Darüber hinaus kann das Sterben aber auch kaum mit den üblichen Abrechnungsmechanismen einer medizinischen Versorgung abgegolten werden. Und schon gar nicht diese manchmal lang währenden Endzustände. Diese Endzustände, bei denen die medizinischen Maßnahmen für eine Lebenserhaltung, die von den Kassen übernommen werden könnten, erschöpft sind. Diese Endzustände, in denen es nur noch darum geht, das Sterben zu erleichtern. Durch Palliativmedizin, durch Betreuung. Palliativmedizinische Maßnahmen lassen sich gerade noch mit manchmal recht absonderlichen Auswirkungen in das Gesundheits-Krankenkassen-Geldsystem einfügen. Aber die Betreuung fällt größtenteils durch das Raster der Vorgaben.

Diese undefinierbare, hauptsächlich psychische und individuell abhängige Betreuung hat im Medizinwesen generell eine geringe Bedeutung. Das liegt sicher daran, dass die Pflegebedürftigkeit an sich keinen guten Ruf hat. Für eine Besserstellung müsste sich zuerst einmal im allgemeinen Bewusstsein manifestieren, dass Pflegebedürftigkeit ein normaler Bestandteil im Leben ist. Und zwar am Anfang, nach der Geburt, aber auch oftmals am Ende, vor dem Tod. Da solch ein passiver Zustand in einer auf Effizienz getrimmten Gesellschaft kaum werbewirksam angepriesen werden kann – und schon gar nicht von Mitwirkenden in dem tabuisierten Umfeld des Todes –, wären eigentlich die klassischen Mediziner prädestiniert, für diese Pflegebedürftigkeit und die Notwendigkeit einer professionellen Betreuung zu plädieren. Sie genießen hohes Ansehen, geraten durch ihre Tätigkeit auch an diese Endzustände des Lebens und sie kennen die Grenzen der lebenserhaltenden Maßnahmen und die Schwierigkeiten, sich in das Sterben einzufühlen, am besten. Nicht ohne Grund haben sich die Zweige der Sterbebegleitung entwickelt. Natürlich gibt es viele verantwortungsvolle Mediziner, die in der Palliativmedizin und dem Hospizwesen keine Konkurrenz sehen, die ihnen Pfründe und Geld wegnehmen will, sondern eine wichtige Ergänzung zu ihrer Arbeit. Aber für eine gesellschaftliche Aufwertung der Pflegebedürftigkeit und der angemessenen Betreuung müsste die Anerkennung doch noch ein wenig forciert werden.

Die klassischen Mediziner spielen auch auf anderer Ebene eine große Rolle. Sie sind es, die Hand in Hand mit den Palliativmedizinern und Hospizangestellten arbeiten. Das Allerwichtigste ist infolgedessen die Kommunikation zwischen den unterschiedlichen Institutionen. So gut sie bereits sein mag, sie könnte wohl noch verbessert werden. Denn nur wenn die Kommunikation stimmt, kann von Fall zu Fall zwischenmenschlich, fachkompetent und einigermaßen flexibel entschieden werden, was sonst von außen mit fachfremden Argumenten und Sachzwängen gemaßregelt werden muss. Wodurch nicht selten Schwierigkeiten heraufbeschworen werden, die eigentlich gar nicht vorhanden sind. (Und diese Gefahr bestätigen klassische Mediziner und Hospizarbeiter nur zu besorgt, die auch jetzt schon oft genug um Vorgaben herumlavieren müssen, wenn sie im Sinne der Patienten ihr Berufsethos nicht vernachlässigen wollen.)

Natürlich ist auch dem Patienten nur mit dieser ständigen Kommunikation bestmöglich gedient. Bei ihm schließlich verschmelzen Leben und Tod zu dieser Einheit, in der sich die Prozesse des Lebens und die Vorgänge des Sterbens überlappen. Über seinen Fall treffen auch die unterschiedlichen Institutionen zusammen, die mit dem Leben und dem

Tod zu tun haben. Kein Regelwerk kann da mehr als einen Rahmen bieten. Sobald es versucht, Schemata zu fixieren, in denen auf eine Kommunikation verzichtet werden könnte, hätte das schlimme Konsequenzen für alle, die nicht diesem Schema entsprechen. Schemata sind immer abstrakt.

Die Einheit von Leben und Tod aber ist kein abstrakter Gedanke, der poetisch klingen möchte oder beabsichtigt, dem Gesundheitssystem eine zusätzliche Problematik aufzuhalsen. Diese Einheit findet konkret bei jedem Patienten, bei seinem speziellen Krankheitsbild, im individuellen Verlauf der Prozesse statt.

Was für eine komplexe Verantwortung, all die Nuancen der körperlichen und seelischen Vorgänge zu ermessen, wenn die Grenzen zwischen Leben und Sterben verfließen. Man kann den Verantwortlichen für ihre Bemühungen, die jeweils passende Behandlungsform zu finden, nur dankbar sein. Wenn es ihnen dabei auch noch gelingt, dem Patienten zu helfen, sich auf seinen bevorstehenden Tod vorzubereiten und ihn anzunehmen, ist sehr viel erreicht. Und das ist das Hauptanliegen der professionellen Sterbebehandlung. Sie will durch Symptomkontrolle und Betreuung für den Patienten die bestmöglichen Lebensumstände erwirken, damit er seinen natürlichen Tod erwarten und aushalten kann. Allerdings muss auch bei diesem hohen Anspruch berücksichtigt werden, dass es keine Garantie und kein einzuforderndes Recht auf gänzliche Leidensfreiheit körperlicher oder seelischer Natur gibt. Als ich diese Aussage zum ersten Mal vernehme, überrascht mich ihr pathetischer Ernst. Aber es stimmt. In einer Überflussgesellschaft wie der unseren, in der kaum noch jemand mit existenziellen Nöten konfrontiert wird, kann nur zu leicht übersehen werden, dass Schmerz und Leid existieren. Ein normales Leben bei uns kann über diese Tatsache vielleicht noch hinwegtäuschen. Das Sterben manchmal nicht mehr. Zum Glück aber wirken die Mittel der Palliativmedizin beruhigend häufig. Und wenn die Patienten von den schlimmsten Schmerzen befreit sind, sind sie laut Erfahrung der Verantwortlichen zumeist in der Lage, sich auf ihr natürliches Ende einzustellen.

Das mag bei Katja vielleicht nicht ganz nach Wunsch geklappt haben. Aber sie hat auch nicht von sich aus einen lebensverkürzenden Schritt unternommen. Den sie mir gegenüber angesprochen hat und um den sie beim Fachpersonal einige Male bat, wie ich nachträglich erfahren habe. Damit stellt sie keinen Einzelfall dar. Viele Patienten bitten darum. Natürlich aber hätte Katja, wie fast alle Patienten, wie jeder, der mit diesen Medikamenten in Berührung kommt, den Schritt ausführen können. Sie hätte Schmerzmittel horten und zu einem von ihr bestimmten Moment in tödlicher Absicht einnehmen können. Aber sie hat es nicht getan. Und ihr wurde auch nicht dabei geholfen. Die Frage, ob etwas anders geschehen wäre, wenn eine legale Möglichkeit zur Hilfe bestanden hätte, ist nicht zu beantworten. Gleiches gilt für die Frage, ob eine solche Möglichkeit es Katja nicht vielleicht sogar erleichtert hätte, das unumgängliche Ende für sich konkret zu machen, um dann aus eigener Entscheidung mit ein wenig mehr Frieden im Herzen dem natürlichen Tod entgegenzublicken.

Aber auch ohne Konfrontation mit solchen Fragen, ist mir bewusst geworden, wie nahe wir alle an diese lebenswichtigen Entscheidungen gerückt sind. Wie hauchfein die Grenzen verlaufen. Wie dicht verwoben das alles ist: erlaubte Beistellungen, verbotene Maßnahmen, Lebensschutz,

Sterbehilfe, eigener Entscheidungswille, vorgeschriebenes Schicksal, Abhängigkeit von einer Gesetzeslage, das Verantwortungsbewusstsein der Betreuer. Da bleibt nur inbrünstig zu hoffen, dass die anstehenden Regelungen in der Sterbehilfethematik human und flexibel gestaltet werden. Gleiches gilt für alle Überlegungen in Bezug auf die heiß diskutierten Patientenverfügungen.

Das filigrane Geflecht an einem Lebensende darf nicht zusätzlich durch Neuregelungen belastet werden. Und das kann nur gelingen, wenn, von allen System- und Gesetzesfragen losgelöst, berücksichtigt wird, dass Leben und Sterben bei jedem Menschen eine individuelle Einheit darstellen. Dieser humane Charakter des Sterbens muss als oberstes Gebot manifestiert werden. Nur dann können übereifrige Gesetze, allzu praxisferne Sachzwänge oder verbohrte Voreingenommenheit reduziert werden. Nur mit diesem humanen Stellenwert kann sich das Sterben auch vor potenzieller Ausbeutung schützen, zu der natürlich eine materielle Berechenbarkeit gehört. Diese Sorge scheint vielleicht übertrieben schwarzsichtig. Aber in gar nicht weiter Zukunft lauern ein paar massive Gefahren. Die geburtenstarken Jahrgänge zum Beispiel. Deren medizinische Versorgung, deren Betreuung in Endzuständen muss schließlich auch irgendwie geregelt werden. Die können doch nicht alle kostengünstig umgebracht werden. Spätestens bei denen ist aber niemand mehr da, der die Systemkosten in der jetzigen Form übernehmen könnte. Es tut also Not, dass unter anderem über neue Modi der Systeme nachgedacht wird. Das scheint momentan ein Ding des Unmöglichen. Es wird auch in Zukunft schwer bleiben. Es kann überhaupt nur in Ansätzen gelingen, wenn das Sterben nicht weiter ausgeblendet, sondern als Tatbestand in das Leben integriert wird.

Und die Weichen für eine Integration werden nicht morgen, sondern heute gestellt. Auch durch alle Überlegungen, die die unterschiedlichen Varianten der Sterbehilfe betreffen.

Dank

Ich danke allen Mitarbeitern des Deuticke-Verlages und der Hanser-Verlag-Gruppe, die dieses Buch unterstützt haben, und besonders meiner nervenstarken Lektorin Regina Carstensen. Einen großen Dank auch an Stefanie Kremser, Marieke Schroeder und Philipp Kaiser für das Gegenlesen und ihre elementar wichtigen Anregungen. Einen herzlichen Dank an Sybille Giel für ihre vertrauensvolle Redaktionsarbeit bei der Radiosendung »Annehmen und Loslassen«. Ohne diesen Auslöser hätte ich nie die Kraft zu diesem Buch aufgebracht. Diana Schurrmann, Susanne Roller und Hermann Reigber danke ich für ihre fachkompetente Beratung und die geduldige Beantwortung meiner vielen Fragen. Des Weiteren danke ich allen Freunden und meinen Eltern, die ich sowohl bei der Schreibarbeit, als auch während Katjas Sterben mit meinen Problemen nerven durfte, ohne dass jemals irgendjemand gemurrt hätte. Ebenso danke ich den vielen Menschen, die als Freunde, Verwandte, Krankenschwestern, Pfleger, Ärztinnen, Ärzte, Pfarrer/innen unter Katjas Tod litten oder bei der Pflege halfen und derart beitrugen, dass ich so viele Facetten des Sterbens miterlebt habe.

Von ganzem Herzen möchte ich allen Beteiligten danken, die erlaubt haben, dass sie authentisch in meinem Buch vorkommen, sei es als Handelnde oder als Anschreibpartner: Fabien, Franziska, Angelika, Tilman, Susanne, Thomas, Julia alias Julia-Anna, Sinan, Christa, Nikolai, Julia, David, Maximilian, Caroline, Carolin, Désirée, Martin, Jakob und Robert. Katjas Familie möchte ich darüber hinaus meine größte Verbundenheit zum Ausdruck bringen und mich explizit für ihr Vertrauen und die Unterstützung zu diesem Buch bedanken.

Darüber hinaus möchte ich aller Personen gedenken, die mir durch ihr Sterben zusätzliche Komponenten für dieses Buch vermittelt haben. Drei von ihnen durfte ich persönlich kennenlernen, worüber ich sehr glücklich bin. So Ingrid, die Mutter meiner Freundin Caroline, die junge Martha und meinen lieben Onkel Helmut-Peter.

Ein besonderer Dank gilt meiner Mutter, die ich nicht immer verstanden, aber stets für ihre tapfere Haltung bewundert habe. Und jetzt mehr denn je. Liebe Mama, mir wird erst jetzt bewusst, dass ich das Buch nicht nur in Gedenken an Katja geschrieben habe, um ihren Wunsch zu erfüllen, anderen Menschen das Geschehen näher zu bringen, sondern dass ich es auch für dich getan habe. Zugegeben, ein recht umständlicher Versuch, dir mitzuteilen, wie viel Liebe ich für dich empfinde. Und hoffentlich nicht zu spät.

Schlussakkord: Katja, dir danke ich einfach für alles. Und wenn ich schon dabei bin: Wie sieht es eigentlich mit den bequemsten Wolken aus? Und dem Stammcafé? Alles schon ausgecheckt da oben? Obwohl ... Lass dir noch Zeit. So bald will ich gar nicht nachkommen.

Nachwort

P.S. vom Herbst 2007: Bitte Katja kümmere dich ein bisschen um meine Mutter, die am 10. Juni 2007 nachgefolgt ist. Du hast ihren zweieinhalbjährigen Kampf gegen die Metastasen ja vielleicht mitbekommen. Wie tapfer sie war, wie diszipliniert sie die Chemos und deren Nebenwirkungen in Kauf nahm, um sich Lebenszeit zu ertrotzen. Wie schlimm dieser Kampf aber auch wurde, wie entwürdigend, weil ihr Körper irgendwann zu geschwächt für die Behandlungen war. Und wie verzweifelt ich war, weil ich sie und die Ärzte nicht mehr verstehen konnte. Immer noch eine Chemo, noch eine Studie, noch irgendeine anstrengende Behandlung. Und ich konnte und durfte nichts tun oder sagen. Wie traurig war ich, weil es letztendlich dein Tod war und meine Erfahrungen mit deinem Sterben, die als Hindernis zwischen meiner Mutter und mir standen und uns immer weiter voneinander entfernten. Mit allem, was ich tat oder nicht tat, war ich für sie die Todesbotin. Diese Missverständnisse entsprangen natürlich ihrer allzu verständlichen Angst vor der unaussprechlichen Realität. Aber sie schmerzten sehr. Viele Monate wusste ich nicht, wie ich es für mich zurechtbiegen soll, dass meine Mutter stirbt und ich sie nie umarmt hätte, weil sie einen nicht an sich heran ließ.

Und wie sich dann alles geändert hat, als die Ärzte plötzlich zu meiner Mutter sagten: »Sie haben noch drei bis acht Lebenstage.« Sie irrten. Viereinhalb Wochen lebte meine Mutter noch. Viereinhalb Wochen, in denen ich erstmalig meine Mutter umarmen konnte und sie mich. In denen sie all ihre Liebe, die sie verborgen in sich trug, herausstülpte. Wochen, in denen sie sich sorgfältig auf den Tod vorbereitete, das Sterben beobachtete und reflektierte, sich von Freunden und der Familie verabschiedete, mit mir besprach, was sie »dort« anhaben wolle, wie sie sich die Totenwache wünsche. Und wie sie vertrauensvoll ihr Sterben in meine Hände legte. Und ich diese Aufgabe nur wagen konnte anzugehen, weil dein Sterben für mich eine Art Wegweiser wurde. Sonst hätte ich es nicht geschafft, ihren Wunsch zu erfüllen, zu Hause zu sterben. Es ist ja schon mit deiner Hilfe derart drunter und drüber gegangen in diesen Wochen, dass mir heute noch ganz schlecht bei dem Gedanken daran wird. Tröstlich nur, dass meine Mutter selber sagte: »Vielleicht gehört das Chaos zum Sterben dazu.« Vielleicht. Eines aber hat sich mir in dieser Zeit nur zu eindringlich bestätigt. Dieser Satz, den ich Monate zuvor von einer Hospizleiterin hörte: »Durch die Behandlungen wird die Lebenszeit meist nicht verlängert. Es wird mit ihnen im Gegenteil wertvolle Lebenszeit geraubt.« Gerade weil meine Mutter in diesen wenigen letzten Lebenswochen diese Kehrtwende zur Liebe und zur Ruhe durchlebte und ihr wahres Ich zuließ, kann ich nicht anders, als die Ärzte anzuklagen, ihr wertvolle Zeit geraubt zu haben. Es hätte definitiv früher Möglichkeiten gegeben, etwas weniger brutal zu formulieren, dass man ihr Sterben nicht mehr aufhalten kann. Mir hatten sie es schon so oft gesagt, aber meiner Mutter gegenüber haben sie geschwiegen. Auch wenn ich daneben saß. Und sie wurde weiter behandelt. Aus Angst? Aus Geldmacherei? Gut. Meine

Mutter trieb in ihrer Verzweiflung diesen Weg selber voran. Aber je mehr sie trieb, desto nötiger wäre Beistand von außen gewesen, egal wie schwer es ist, Patienten die Wahrheit zu vermitteln. Den Ärzten fehlte aber das Bewusstsein dafür, dass Sterben mehr als nur der Moment des Todes ist, auf den es sich letztendlich reduziert, wenn ausschließlich die körperliche Seite eines Menschen betrachtet wird. Und man bei diesem Körper bis zum Sankt-Nimmerleins-Tag noch etwas »machen« kann. Und wenn sich dann vielleicht sogar ein Blutwert von vielen etwas stabilisiert, wird voller Überzeugung von »Heilung« gesprochen. Diese perfid verdrehte »Heilung« im ärztlichen Verständnis, die alles rechtfertigt, auch wenn nichts mehr aufzuhalten ist. Ach.

So, bevor jetzt ein neues Buch entsteht: uns geht es soweit ganz gut. Und euch hoffentlich auch. Aber da mache ich mir eigentlich keine Sorgen. Wenn ich auf den Friedhof gehe, wo eure Gräber fast in Sichtweite liegen, da spürt man richtig, wie vergnügt ihr da oben seid in eurer Leichtigkeit. Ach ja, noch eines: Richte meiner Mutter aus, dass ich den Wecker für sie »fertig« gemacht habe. Er ist zusammengeklappt und wird nie mehr aufgemacht, wie sie es sich von mir wünschte, als sie ihn mir nach ihrem Kampf im Krankenhaus gegeben hat. Diese fünfzehn Stunden Kampf, von denen ich die drei letzten miterlebte, sind tief in mir eingegraben. Wie sie ohne Unterbrechung an dem Wecker drehte und drehte, um ihn auf die richtige Zeit einzustellen, auf die Ewigkeit, damit die Wesen im Wecker und sie selber endlich »raus« können, raus aus dieser Drehmühle, raus an die Luft. Wie sie diesen Wecker nicht einen Bruchteil einer Sekunde locker ließ, keinen Tropfen trank, keinen Bissen aß, weil sie den Wecker stellen musste. Und wie sie mich während des Drehens fragte, ob ich jetzt mit ihr raus käme und ich sagte, ich komme bis zum Ausgang mit, winke ihr nach und freue mich, wenn sie mich eines Tages da abholt. Und wie wir mit den Schritten zum Ausgang begonnen haben. Und sie mir schließlich den Wecker gab und die Augen schloss, um weiter die Schritte zu gehen, und dann eine Krankenschwester, mein Vater, mein Bruder ins Zimmer platzten und wir beide vollkommen durchnässt waren vor Erschöpfung. Und meine Mutter einen riesigen Hunger hatte. Warum dieser schlimmstmögliche Kampf, in den ein Mensch geraten kann, von Profis »Kampf mit dem Engel« genannt wird, muss ich noch eruieren. Mir erschien er eher als die leibhaftige Hölle, das Fegefeuer. Aber vielleicht ist es doch ein Kampf mit dem Engel, den es zu überwinden gilt. Von dem Moment an ließ sie sich helfen. Von dem Moment an sah sie ihre Mutter und Großmutter durch den Vorhang treten und auf sie warten. Von dem Moment an kam ihre Seele zu ihr, sie unterhielten sich. Den Augenblick ihres Todes habe ich verschlafen. Ich habe ihr nicht nachgewunken, wie versprochen. Aber sie wird mich trotzdem abholen, wenn ich an diesem Ausgang stehe. Das weiß ich.

P. P. S. im Sommer 2013: Ich freue mich, dass »Schlussakkord« neu verlegt wird. Seit Katjas Tod, meiner Arbeit an dem Buch und seiner Erstveröffentlichung im Jahr 2006 scheint das Themenfeld Sterben in den Medien und in der Öffentlichkeit präsenter geworden zu sein. Das ist gut so. Gut ist auch, dass Hospize und Palliativstationen mehr ins Bewusstsein der Gesellschaft gerückt sind. Freilich wäre wünschenswert, wenn diese Institutionen und Sterbebegleitung per se noch weiter an Schrecken verlieren könnten und als Normalität und dringende Notwendigkeit anerkannt würden – und zwar nicht nur als Parole, sondern als anerkannt wichtiger und humaner Part im Gefüge des gesamten Krankensystems und der Politik. So schön es ist, dass unzählige Menschen unbezahlt in diesen Bereichen arbeiten und sich derart sogar eine Art Bürgerbewegung zu entwickeln scheint, die Lösung des Problems sollte ehrenamtliche Arbeit aber nicht sein, wie es momentan von der Politik zumeist verkündet wird. Da muss sich in meinen Augen noch einiges verändern. Eine positive Entwicklung wird allerdings nur stattfinden können, wenn auch die Bürger ihre Bedürfnisse und Wünsche deutlich formulieren. Das aber fällt ihnen sicher leichter, wenn sie das Thema Sterben nicht als ein Tabu aus ihrem Leben ausblenden, sondern sich persönlich damit auseinandersetzen.

Wie ich aus bewegenden Leserbriefen und bei interessanten Gesprächen nach meinen Lesungen erfahren durfte, hat offenbar »Schlussakkord« genauso eine persönliche Auseinandersetzung für zahlreiche Menschen bewirkt. Ihnen allen möchte ich danken. Ihre geschriebenen und gesprochenen Worte sind nicht nur eine ungeheure Unterstützung für mich als Autorin, sondern sie sind für mich auch ein Beleg, dass Katjas Wunsch ein wenig in Erfüllung gegangen ist. Der Wunsch, dass ihr junges Sterben anderen Menschen vielleicht hilft, sich dem Thema leichter zu öffnen, als sie es konnte. Bei jeder Bestätigung, dass das Buch jemanden berührt oder in einer bestimmten Art geholfen hat, hörte ich ihr helles, freudiges Lachen. So hoffe ich nun sehr, dass dieses Buch vielleicht weiteren Menschen eine Stütze oder ein Türöffner sein kann. Und ich Katja noch häufig lachen höre.